2017年国家社科基金项目（17BJY119）

供给侧结构性改革背景下的农村金融服务创新与风险控制研究

姚凤阁◎著

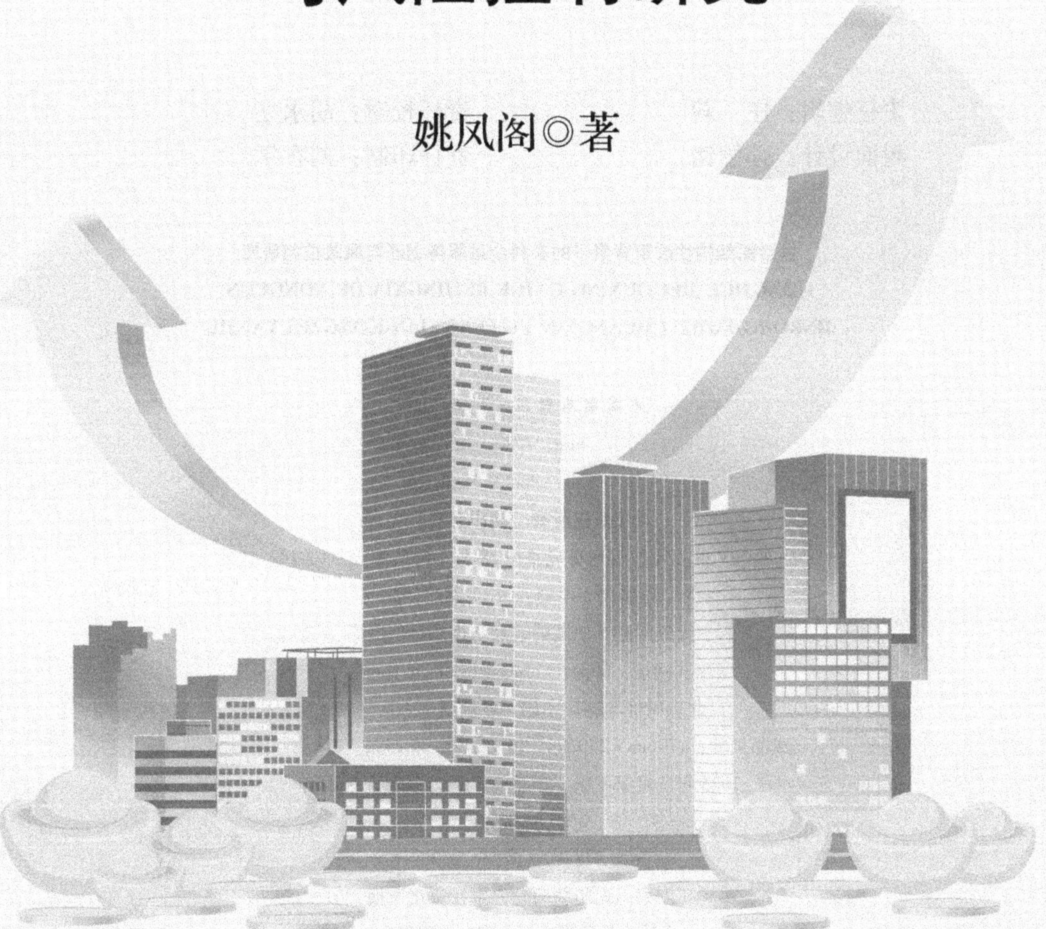

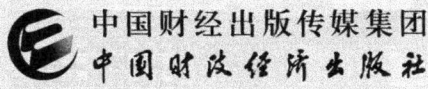

图书在版编目（CIP）数据

供给侧结构性改革背景下的农村金融服务创新与风险控制研究/姚凤阁著.——北京：中国财政经济出版社，2023.7

ISBN 978-7-5223-2322-0

Ⅰ.①供… Ⅱ.①姚… Ⅲ.①农村金融-商业服务-研究-中国②农村金融-金融风险-风险管理-研究-中国 Ⅳ.①F832.35

中国国家版本馆 CIP 数据核字（2023）第 116007 号

责任编辑：庄　莉　　　　　　　责任校对：胡永立
封面设计：孙俪铭　　　　　　　责任印制：刘春年

供给侧结构性改革背景下的农村金融服务创新与风险控制研究
GONGJICE JIEGOUXING GAIGE BEIJINGXIA DE NONGCUN
JINRONG FUWU CHUANGXIN YU FENGXIAN KONGZHI YANJIU

中国财政经济出版社 出版

URL：http://www.cfeph.cn

E-mail：cfeph@cfeph.cn

（版权所有　翻印必究）

社址：北京市海淀区阜成路甲28号　邮政编码：100142
营销中心电话：010-88191522
天猫网店：中国财政经济出版社旗舰店
网址：https://zgczjjcbs.tmall.com
北京财经印刷厂印刷　各地新华书店经销
成品尺寸：170mm×240mm　16 开　16.25 印张　214 000 字
2023 年 7 月第 1 版　2023 年 7 月北京第 1 次印刷
定价：80.00 元
ISBN 978-7-5223-2322-0
（图书出现印装问题，本社负责调换）
本社质量投诉电话：010-88190744
打击盗版举报热线：010-88191661　QQ：2242791300

前言

中国是农业大国,"三农"问题始终是贯穿我国现代化建设和实现中华民族伟大复兴的根本问题。21世纪以来,从2004年至2023年,中央一号文件连续20年提及"三农"问题。在此背景下,农业供给侧结构性改革成为国家发展战略的重要组成部分。农村金融服务对农业发展和农村经济结构调整具有关键作用。然而,当前我国农村金融服务面临金融服务不足、创新不足和风险难以控制等问题。本书以供给侧结构性改革背景下农村金融服务为研究对象,旨在促进农村金融服务创新与风险控制。首先,本书分析了农村金融服务创新的理论基础及作用机制,探讨了农业供给侧发展现状,并运用耦合协调度与障碍因子分析法考察农业供给侧发展态势。其次,本书借鉴国外经验,提出符合农业供给侧改革背景的农村金融服务创新模式。再次,本书对农村金融风险控制体系进行分析,探究了其创新特征及影响因素,并构建了基于 CoVaR 的风险评价指标体系,从而建立农村金融机构风险防范机制。最后,本书分别从国家层面、金融生态环境层面和风险管理功能层面出发,构建与优化农村金融服务创新与风险控制的保障体系。

本书旨在助力农业供给侧改革的深入推进,为促进中国农村金融服务创新与风险控制提供对策依据,研究主要包括以下内容:

第一,构建了中国农村金融服务创新与风险控制研究的理论基础。通过对国内外供给侧结构性改革、农村金融服务创新和农村金融风险管理等文献资料的检索、收集、梳理与分析，立足于当下我国进行供给侧改革的大环境，对中国农业供给侧现状进行调研和考察，提炼供给侧结构性改革、农业供给侧结构性改革、农村金融、农村金融服务、金融风险度量、金融风险管理等概念的内涵；阐述资源优化配置理论、农村政策性金融理论、金融创新理论、农村金融发展理论、金融风险管理理论等农村金融服务创新与风险管理相关理论。

第二，深入挖掘中国农业供给侧发展状况，并利用耦合协调度与障碍因子分析法定量探析我国农业供给侧发展趋势及问题。为了客观显现我国供给侧结构性改革发展趋势、问题及成因，本书通过对我国农业产业发展现状、要素配置现状、科技创新现状、资金支持现状和生态环境现状进行剖析，制定符合我国实际状况的农业供给侧发展水平量化指标体系，并运用熵值法测度中国农业供给侧发展的时空特征，然后再利用耦合协调度和障碍因子分析法，考察中国农业供给侧发展的新态势，从而把握中国供给侧发展的发展趋势、主要问题及其成因。

第三，利用调研资料和 GPCA 模型分析我国农村金融创新服务现状。一方面，通过对我国不同时期供给侧制度和农村金融制度的演化发展分析，从供给侧结构性改革的模式等方面阐述农村金融服务体系的发展状态及主要特征，对中国农村金融服务创新的实践与成就等问题展开研究。另一方面，构建中国农村金融服务发展水平指标体系，通过资料查询与实地调研，获取一手数据，借助 GPCA 模型对当前我国农村金融发展的现状进行定量研究，在此基础上深入分析其中存在的主要问题。

第四，农业供给侧改革背景下的农村金融服务创新模式选择。首先，论证中国农村金融驱动农业供给侧改革的必要性；其次，总结农村金融服务创新要遵循的原则、可能的路径、面临的挑战并解析实例；再次，结合中国农村金融服务创新实践，构建新型农村金融服务创新模式，如政银保多位一体模式、政策性产业基金模式、集中化经营服务模式、农业全产业链金融模式和内部信用合作模式；最后，为中国农村金融服务创新模式提供保障措施，如强化政府支持引导作用、改善农村金融市场环境、健全多层次农业保险体系、优化农村金融风险保障制度、构建农村金融服务创新长效机制及提升农村金融供需均衡水平。

第五，构建基于供给侧改革视角的农村金融服务风险控制体系。一是通过对农村金融服务体系的风险特征进行分析，描述和刻画农村金融服务创新风险呈现的复杂性特征。以此为基础，构建基于 CoVaR 的风险评价指标体系对农村金融机构的风险特征进行量化评估。二是对农村金融服务创新中的潜在风险因素进行剖析，并对其进行风险类型划分。三是完善农村金融服务创新的风向管理基本体系，如加强风险管理意识、加快人才队伍建设、完善风险管理系统、完善风险预警机制、加强风险管理监督。四是基于市场和政府两个视角，完善农村金融服务创新的风险管理保障体系，前者以市场为主导，建立专门的风险缓释基金，后者以政府为主导，要健全相关法律法规与监管体系。

本书是在 2017 年国家社科基金一般项目"供给侧结构性改革背景下的农村金融服务创新与风险控制研究"（17BJY119）所取得的研究成果基础上，吸收课题评审专家的意见，补充和修改了有关章节而完成的。需要特别指出的是，本书涉及许多理论难题和多侧面多角度的问题分析，离不开本书课题组全体成员的共同努力。本书部分内容由宋颖同学参与编写共完成三万字。

目 录

第1章 绪论 / 001
    1.1 研究背景 / 003
    1.2 研究目的和意义 / 006
    1.3 国内外研究现状 / 009
    1.4 技术路线和研究方法 / 024
    1.5 本书研究的创新性 / 028

第2章 新型农村金融机构发展与风险管理的理论基础 / 031
    2.1 核心概念界定 / 033
    2.2 农村金融服务创新与风险管理相关理论 / 045

第3章 中国农业供给侧发展状况分析 / 055
    3.1 农业供给侧现状分析 / 057
    3.2 中国农业供给侧发展水平测度 / 070
    3.3 小结 / 099

第4章 中国农村金融服务现状分析 / 103
    4.1 中国农村金融改革发展脉络 / 105
    4.2 中国农村金融服务创新实践与成就 / 107
    4.3 中国农村金融服务发展水平测度 / 122
    4.4 中国农村金融服务发展的主要问题 / 161

第 5 章 农业供给侧改革背景下的农村金融服务创新模式 / 165

5.1 农村金融驱动农业供给侧改革的必要性 / 167

5.2 农村金融服务创新的实践思路 / 170

5.3 构建新型农村金融服务创新模式 / 185

5.4 农村金融服务创新的保障措施 / 194

第 6 章 农村金融服务风险控制体系构建 / 203

6.1 农村金融服务体系的风险特征 / 205

6.2 农村金融服务创新中的风险和分类 / 216

6.3 完善农村金融服务创新的风险管理基本体系 / 221

6.4 完善农村金融服务创新的风险管理保障体系 / 235

参考文献 / 242

第1章 绪 论

第1章

緒 論

1.1 研究背景

习近平总书记在 2015 年 11 月中央财经领导小组会议上，首次提出"供给侧结构性改革"，随后人民日报指出，供给侧结构性改革即从供给端入手，优化资源配置水平，提升供给质量，减少无效供给，从而提高社会的全要素生产率，推动经济高质量增长。随后"中国市场经济理论之父"吴敬琏结合供给侧结构性改革的背景，根据我国现行经济政策形式，提出我国经济现阶段正面临着"三期叠加"和"四降一升"的严峻挑战。在此期间，吴敬琏提出应从供给侧角度入手，发现问题源头并寻求应对措施，进一步确认供给侧结构性改革的本质在于转变传统经济发展方式，提升供给质量，强化供给效率。

我国供给侧结构性改革在制定实施时，首先对西方国家提出的有关"供给需求管理"的相关理论与措施进行了一定的学习与借鉴，同时结合我国的实际情况进行改动，最终界定我国供给侧结构性改革的核心在于转变政府职能，释放市场经济活力，且其目的是提升国家经济增长质量。

因而在供给侧改革过程中需始终坚持新发展理念，首要保障我国经济健康持续稳定发展。在经济发展的大环境下，我国农业发展也随之面临着新的机遇与挑战，中央经济工作会议中也有提到在农村改革要深入推进农业供给侧的结构性改革，充分发挥金融在经济运行中的重要作用，其重要意义在当前形势下推动农业供给侧结构性中是不可替代的。创新性地推动农村金融供给侧结构性改革，实施乡村振兴战略是新时代党和国家"三农"工作的总抓手。为稳固推行农村供给侧结构性改革，国家多次出台政策文件，2016 年中央一号文件指出推进农村产业融合，促进农民收入持续较快增长，推动金融资源更多向农村倾斜。2017年中央一号文件指出"继续深化农业供给侧结构性改革,加大农村改革力度,补齐农业农村短板,激活农业农村内生发展动力"。在农业领域进行供给侧结构性改革是大有裨益的,首先,对于农业发展能够起到正向的积极作用;其次,能够推动整体经济改革的稳中向好,为此需要金融在其中进行全局支撑。

在以前很长一段时间内,我国农业领域发展呈现在表面的矛盾表现主要聚焦在农产品数量方面。目光转回当下,我国农业综合生产能力已经得到了很大程度提升,农产品总量不足的问题转变为农产品结构性短缺以及结构性矛盾的问题,结构性短缺呈现出的农产品供需结构失衡、资源配置不合理、金融生态环境压力大等具体问题,因时而变,需要对农业发展由表及里进行全面的调整,既要进行方式整改,也要进行结构优化,即根据中央经济工作会议总体要求,通过降成本、消库存、补短板等方式加快农业改革,提升农业供给的整体质量,提高农业运营效率,不但数量有保障,而且品种和质量都要得到长足进步,满足市场需求。也由此为农村金融服务拓展了空间、提供了更丰厚的资金需求土壤,推动了农村金融供给模式及金融产品创新。就目前情况来看,农村金融服务能力仍然不足,远远没有达到满足现代化农业发展及社会主义新农村建设的要求,并在存在较大的地区差异,农村金融服务能力不均衡、服务水平和地区服务效率差异明显等问题仍然存在。

针对现阶段农村地区存在金融供需不均衡、资源配置不合理、新型金融形式出现等问题,国务院常务会议在2015年12月决定在吉林省先行开展农村金融综合改革试验。最近,农村商业银行、农村合作银行、农村信用社等众多的农村金融机构进行了大量的改制尝试,获得了一定程度的发展,在农村金融供给中发挥了重要作用。但2018年经济日报社发布的有关新型农业经营主体调查报告显示,当下现行主体在运行效率和供给型信贷约束方面存在一定的共性问题，即其难以仅靠正规金融机构满足自身经营发展需求，存在不同程度的资金流动性约束。因而要推动供给侧进行结构性改革，离不开政府和市场的共同施力，加快农村金融在产品和服务方面的创新，促进农村金融供给的质量进步与效率提升。

在新型农村金融机构较快速发展状态下，农村金融机构的风险状况不容忽视，潜在风险因素也在不同程度上增加。农村金融机构的风险在机构内部不断生成和积聚，面临着信用风险突出、市场风险明显、经营风险加剧、公司治理结构不完善等一系列问题。目前，国际国内金融监管领域对大型商业银行、大型非银行金融机构、直接融资市场及产品均设置了越来越严格的监管要求，管理手段和方法也日趋完善和先进，大中型金融机构通过构建全面风险管理框架完善风险管理能力，提高风险收益能力。但对农村金融机构而言，鉴于其资本特点、组织架构及产品规模等实际情况，部分监管手段难以运用，以致一些小微金融机构还没有将风险管理纳入规范、严格的管理范畴，系统性的风险评估、监测和防范体系缺失。2009年，银监会发布了《农村中小金融机构风险管理机制建设指引》，制定了建立长效机制有效管控风险的目标规划，并就风险管理要求和方法提出了具体内容。2019年，银保监会认为上一阶段中的重点任务已得到有效控制，下一阶段的有效切入点是对"名单制"管理制度进行重点强化，对于那些进入"名单"的中小高风险金融机构必须进行着重监管，且对每一个存在问题的中小金融机构要摸清原因、一行一策，精准化解。

在供给侧结构性改革背景下，探索农村金融市场深化发展的道路，完善农村新型金融组织体系建设，同时更有效地控制风险，为农村经济发展提供强有力支持，是目前理论界和实践领域的重要课题。在此背景下，进行农村新型金融机构发展与风险控制研究具有时代赋予的重要意义和作用。

1.2 研究目的和意义

1.2.1 研究目的

本书以我国供给侧结构性改革、农村金融服务创新、农村金融服务风险管理等为核心，收集梳理、调查分析、归纳总结其时代背景、发展进程等时间和空间资料，从供给侧结构性改革视角出发，运用资源优化配置理论、农村政策性金融理论、金融创新理论、农村金融发展理论和金融风险管理理论等，结合多学科的学术研究思想和方法，构建我国农村金融服务创新与风险控制研究的全面资料系统。本书借鉴国内外学者的供给需求论以及在整体经济和金融研究方面形成的研究成果，同时结合我国自身本土国情，对农村金融服务创新的影响和需求，立足于农村金融服务创新体系的构建、完善及风险控制，进行理论探讨与实践研究。

（1）构建我国农村金融服务创新与风险控制研究的理论框架

在对国内外已有研究成果进行充分归纳整理的基础上，运用资源优化配置理论、农村政策性金融理论、金融创新理论、农村金融发展理论和金融风险管理理论和方法思考优化农村供给侧结构性改革的方式，定位农村金融发展的特征及金融服务创新模式、金融人能够服务创新及金融风险主体的相关关系、风险测度方法与管理控制技术，在吸收国内外供给需求制度和农村金融发展研究成果的基础上，对我国供给侧结构性改革和农村金融发展的演化路径进行深入分析，构建科学系统的农村金融创新与风险管理理论体系，拓展金融创新与风险管理的理论视角与深度。

（2）阐释我国供给侧结构性改革、农村金融服务与金融风险管理的内在辩证关系

阐述供给侧结构性改革制度的演变、不同时期的农村金融发展理论、农村金融服务的创新模式、农村金融风险管理的功能与地位。对当下我国供给侧结构性改革、农村领域进行金融服务创新和风险管理的局势进行定性分析，呈现我国各个时期农村金融的总体面貌与阶段特征。充分体现我国农村供给侧结构性改革制度的演变、金融服务能力的发展、供给侧结构性改革与金融服务创新、风险控制的相关性与相互作用机理，明确其矛盾的对立与统一，并用动态博弈模型来解释公平、效率与安全的辩证关系。

（3）构建适应供给侧结构性改革的农村金融服务创新体系

明确我国现阶段供给侧结构性改革背景下金融服务创新的功能及风险控制的核心地位，提出金融服务创新体系的内涵目标及其结构。采用系统论的方法，阐释金融服务创新体系的内在有机关系，确认农村金融服务创新发展目标。以国家深化农村经济改革和发展为政策导向，以供给侧结构性改革大背景为出发点，基于时间、空间和对象三种主体差异和三个创新纬度的金融服务创新模式（主体差异即阶段差异、区域差异和规模差异，创新维度即资金供应主体创新、服务模式创新、服务产品），深入研究该体系的动态适用性。

（4）构建多层次农村金融服务的风险管理体系

金融风险催生于经济领域的供给侧改革背景下实施的金融服务创新，其区别于其他风险，呈现出难以测度和管理的特征。在农村金融服务创新中，以风险的系统特征为基础，描述其非线性状态及表现，将供给侧结构性改革方式、金融服务功能与风险管理纳入统一的管理框架，创新风险控制手段和方式，构建多层次的以经济资本计量为核心的综合风险控制体系，建立风险防范机制，促使风险控制成为金融服务创新的驱动力。

1.2.2 研究意义

（1）理论意义

本书的研究一方面丰富了农村金融创新理论体系的深度与广度，研究运用供给侧改革思想、资源配置优化理论、金融发展理论等，立足于分析金融主体的特征和行为，均衡风险主体的利益状态，为农村金融服务创新研究以及风险控制研究制定一个系统的、新鲜的研究框架与学术基础，另一方面为农业供给侧改革中金融创新与风险控制提供方法支持。运用系统论的方法创新金融服务体系；运用 CVaR 方法建立风险测度模型，设计以经济资本计量为核心的风险控制体系，为提升农村金融创新能力和风险管理水平提供新的理论依据与方法支持，为构建农村金融服务创新体系提供了创新性的学术价值。

（2）实践意义

本书研究结果从国家、社会和个体视角切入，在当前整体经济进行供给侧改革的背景下，对于农村金融领域的发展及风险管理的推进都具有重要的实践意义。首先，从国家层面来说，本书通过对国内外研究资料充分收集整理和分析挖掘，搭建多元化分析架构，为国家和地方层面金融支持农业供给侧改革的政策制定提供了参考。其次，从社会层面来说，运用耦合协调度等方法探析我国在供给侧结构性改革中推动金融服务创新的模式与发展方向，构建风险管理体系，为监管部门在供给侧结构性改革中制定金融风险管理政策提供决策证据。最后，从个体层面来说，研究成果预计可以成为科研和教学的阶段性成果，推动农村金融服务创新领域研究的进展。本书运用到教学过程中，可以增加学生对农村金融创新与风险管理理论与方法等知识的学习深度，增强毕业后适应实际工作环境需要的能力。

1.3 国内外研究现状

1.3.1 国外研究现状

(1) 关于供给侧结构性改革的研究

进行溯源分析，可以发现供给侧相关概念的研究最早由西方供给学派根据其西方国家经济下行，传统的供需政策失效等经济原因率先提出，即通过供给管理来优化资源配置，进而推动结构性改革的理念，且其概念的界定最早可追溯到经济学的产生，并始终占据极为重要的地位。供给和需求关系作为一对最基本的经济关系，为促进经济的整体向好发展，需要在数量与结构双重方面始终保持动态平衡。世界领域内的所有国家在不同的发展时期，供需关系的调整面临的挑战也不尽相同，采取的措施根据当下政策也有所差异，相关的经济学理论也随之不断发展和演进。

关于供给侧经济理论的研究。Adam Smith 的《国富论》(1776)作为首次提出供给侧理论的经济学著作，强调资本和劳动等供给要素在经济发展中发挥重要作用，同时将市场、价格与供给需求相连接，认为市场作为"看不见的手"对资源配置优化具有自动调节功能。法国经济学家 Say (1803) 在《政治经济学概论》著作中，认为产物在生产过程中就为与其价值一致的产品创造一定需求，形成萨伊定律，在古典经济学关于供需关系的众多理论中占据最重要的地位，同时在 20 世纪被众多资本主义国家所奉行，强调市场的绝对主体地位，认为在经济总体运行层面，价格可以自由灵活地调整，供给与需求不存在结构失衡的情况，把经济增长的主要动力定位在供给侧。Marx (1857) 在其经济学手稿中提出供给与需求之间是相互对应关系，相比于其他古典经济学家更接近我国实行的现代观点。随着经济发展趋势变迁，凯恩斯的需求管理理论很难推动经济增长，反而会引发经济滞胀，从而导致通货膨胀。进而诸多学者认为政府应采取自由放任的方式管理市场，减少过度干预的行为，此时非凯恩斯经济学的相关研究逐渐兴起，认为政府的作用在于消除制约市场自由发挥的因素，其中以供给学派最为突出。Mundell、Laffer、Wanniski等在供给侧理论方面做出了突出贡献，Mundell（1963）在《固定与弹性汇率下的资本流动和稳定政策》中通过论述不同汇率体制下的货币与财政政策，为供给学派的发展奠定了基础。供给学派内部存在两个分支，分别是以Laffer为代表的"主流供给学派"和以Wanniski为代表的"温和供给学派"，两者的观点和理论逻辑基本一致，均认为要通过减少税收的财政政策来刺激投资增加，同时政府放松监管增加市场活力，最后放大私有化的经济手段，优化经济运行效率。

关于供需结构性矛盾的研究。P Pierre Le Pesant（1697）重点关注农业，提出农业是国家根基，在社会经济中占据重要地位。Quesnay（1758）通过著作《经济表》阐明财富生产和增加的过程，提出"纯产品"学说，进一步验证农业生产与国家财富的正相关关系。Bruce（2000）随着市场经济体制的不断发展和完善，认为当前农业问题的主要矛盾由农产品不足转向农业供需的结构性矛盾，且错综复杂，概括为在低端农产品方面供大于求，而在优势高端农产品方面则呈现为供小于求。Baek（2018）以非洲国家农村经济发展为例，指出随着居民结构消费结构的不断升级，农产品供给体系与市场需求变化存在错配现象，适应性不足。Ye（2018）提出不同社会阶段居民消费水平不同，逐渐由数量导向转向质量导向，而提升优质农产品的供给以适应市场需求的变化成为农村供给侧改革的核心问题，资源供需错配影响了农民的增收致富。Fang（2019）基于我国情况指出推进农业供给侧结构性改革是发展阶段的必然要求与客观选择，现阶段中高端农产品供给不足、农业基础功能开发薄弱、新兴产业需求得不到满足等结构性矛盾日益凸显，成为现阶段农业发展面临的重要问题。Tu（2019）认为供给创造其自身的需求，认为市场经济具有自我调节的作用，不会造成普遍性的生产过剩，只会出现短暂的供需失衡现象。国外学者在此方面的研究不多，主要集中于不同时期供需失衡等问题的研究。

关于农业供给侧结构性改革的研究。一是农业产业结构调整方面。Smith（1776）在农业产业结构调整方面，提出在发展中国家中，可以运动二元经济结构模型来推动经济发展。Naughton（2016）根据 Hirschman 提出的不平衡增长模型，进一步研究发现关联效应等理论逐渐成为促进经济学健康持续发展的重要分析理论。Woo（2016）提出通过农业结构调整，可以有效促进国际国内市场之间的联动，将农业生产目标由量化转变为质变，注重市场导向效益的提升。Boulter（2018）通过阐释"动态比较费用论"，发现对落后国家尚不成熟的产业进行重点扶持，其比较成本能实现转化目标，进而形成比较优势。Gao（2018）在理论基础上认为农业结构调整要站在开放的社会大环境下进行统筹考虑，通过改变农产品进出口贸易情况、放宽投资准入标准进而深入推进农业结构调整。Du（2021）认为发展中国家当前农业供给侧结构性改革，要促进合理的资源配置、增强劳动生产率、加大政策制度扶持，促进农业适度规模经营的发展。二是要素市场完善方面。William. Petty（1662）在《赋税论》中说，在农业中，劳动力和土地这两种要素均占据着不可替换的重要位置，两者结合决定了农产品的最终价值。Toro（1999）通过观察各国不同时期的经济体变化形式，发现任一时期、任一市场存在的物品交换物的价格都不是随机产生的，均由要素组成并决定，其涉及的要素主要是生产农产品的劳动力价格、收益和土地使用价格三个。Buyar（2015）认为经济的核心不是均衡是发展，经济发展的动力不是保持供需平衡，而是优化资源配置，创新生产要素配置。Skåtun（2017）认为农村供给侧结构性改革的主要目的在于提高农产品质量、增加供给效率、提高社会全要素生产率。其中，生产范畴内生产要素往往采取组合的方式进行投入，进而实现理想产出状态，强调要实现生产性和服务型要素的投入与升级相结合、生产要素进行组合搭配和优化资源有效配置相结合。Jovanovic（2020）认为生产要素配置效率能够有效地测度不同资源的投入要素，判断其在实际生产过程中的技术效率和经济效率的同时，有效识别不同资源投入要素之间的关联性，准确把握各要素在不同配置中的作用，为适应经济形式的转变改善资源奠定基础。三是土地制度改革方面。国外学者此项研究开展较早，主要学术观点主要分为地租理论对农地流转的影响、地权对土地所有权投资行为的影响、风险和土地交易中介机构等对土地流转的影响等。Turgot（1776）通过丰富重农主义的理论体系，提出纯产品的概念，即土地与劳动密切相关，而纯产品实则归属于剩余劳动。同时指出应提出冗余税负、设置地租税进而降低税率，突破经济发展障碍，实现经济稳定健康发展。Warriner（1969）研究表明土地对经济的作用根据其所处国家的经济环境和土地制度息息相关。Lipton（2009）指出土地制度，尤其是农村集体土地制度的建立应考虑发挥社会功能、经济功能、环境功能和政治功能，否则会阻碍社会经济的发展。Dore（1959）通过研究日本经济衰退时期的情况，认为产权主体明确是土地制度中最为重要的因素，土地使用权、土地所有权的稳定性和土地交易三者之间相互关联、影响和制约。

（2）关于农村金融服务创新的研究

美国著名经济学家 Joseph Alois Schumpeter（1912）认为要推动经济发展就是要进行创新，人类社会发展的本质也是创新。随着创新理论的提出，国外学者在此基础上进行了广泛的研究，并不断完善。此后自 Marx、Schumpeter 和 Kuznets 的相关著作相继问世，人们逐渐意识到技术创新的重要性以及它在经济发展中的溢出效应。现阶段国外学者考虑到微观层次，可将金融创新分为制度创新、机构创新、运营创新、产品创新、服务创新和环境创新，并在理论和实证层面进行研究。

一是理论研究层面。Vermeulen（2004）通过介绍农村金融机构的现行政策、运营模式、财务绩效、激励措施等基本情况，采取可以学习的成功因素，如提出创新金融工具、完善员工激励措施、加大政府支持等，进而保证农村金融机构更加独立的自我维持和自主经营的目的。kamavi（2008）阐述了农村金融市场的特点，提出了加强农村金融创新的政策建议。Kainth（2010）通过分析印度农村金融创新情况，提出更多创新方案突破传统障碍，减少农业融资中的风险和成本问题。Bos（2013）根据改革存在的障碍，认为设立新的机构，从组织层面重组和加强已有的金融机构，持续推进深化改革措施，并在金融机构内部简化整体流程，提供适合农村需求的新服务。Yawe（2015）对美国农村经济进行了研究，研究表明金融产品的丰富多样能够促进经济增长，同时金融创新有利于减轻货币资源和资本资源的流动约束性，合理进行资源配置产出最佳社会经济效益。Gomber（2018）为解决金融服务存在的交易成本高和信息不对称等问题，构建了微观金融理论框架，并在此基础上实现信任与社会资本相互替代。Huda（2020）以亚洲典型农村金融机构为案例，从政策扶持、资金支持和监管模式等方面为农村金融机构的可持续发展提供创新路径。Posthumus（2013）对美国银行类金融机构的发展情况进行研究，发现技术引入形成技术创新，进而为金融创新奠定基础，金融机构在进行技术创新时更容易满足需求方的需求，进而推动金融服务创新。Abraham（2015）提出金融生态环境是金融服务创新的基础，通过分析撒哈拉等人口聚集的农村地区金融体系情况，发现全社会整体大环境及金融机构，必须从营造良好环境入手，方可带动与促进产品、模式创新，才能从根本上推动金融服务创新，这些创新的前提依旧是技术创新。Dekker（2018）在探究金融创新的影响因素后，结合具体因素指定合理的创新流程，进一步推进业务效率的提升。Miller（2020）结合发展中国家整体概况，认为乡村振兴背景下农村金融机构的金融服务创新需要密切关注农户的需求，结合乡村振兴政策，汇总广大农民的实际需求，设计研发出适合当前金融环境的金融服务产品。Jacolin

(2021)在 Miller 研究的基础上，认为只关注广大农户的实际需求尚不能支撑乡村振兴战略有效展开，必须充分关注农村企业、基础设施和公共服务主体的需求，只有保障全方位的需求得到满足，才能全面推动乡村振兴战略的实施。

二是实证研究层面。White（1984）认为农村创新分为存款创新、汇兑创新、接待创新和技术创新四个方面。农村经济运行概况、金融机构可持续经营情况、农民收入稳定性对其金融创新均产生一定程度的影响，其通过多个西方国家的面板数据对此进行进一步的验证，发现创新措施，即农村金融业务的扩展范围、交易成本和风险的降低等是衡量金融创新评价的标准之一。Zeller（2000）等对农村团体联保监督进行了实证检验，发现对农户团体联保贷款产品进行创新可以有效缓解贷款难的问题，更具优势。Fasnacht（2009）采用问卷调查的方式对团体联保贷款进行调查，通过实证分析指出社区共同还款的价值观和态度与其表现息息相关，保持正确的价值观和态度，能够更为有效地防范金融风险。Luftenegger（2010）对农村地区家庭进行具体调查得到数据，发现南非等贫困地区金融体系发生了巨大转变，通过增加金融中介机构种类而减缓贫困，这一研究结论为设计扶贫金融服务提供了针对性的建议。Gallouj（2009）通过构建动态模型，研究银行监管放松状态下金融产品创新的运作模式，并对其进行评估，认为农村金融产品的创新和服务的开展，可以有效减缓农村金融市场的交易成本，进而提高资本利用率，在推动农村经济增长发展方面发挥积极作用。Vermeulen（2003）运用混合 MADM 模型构建科技金融服务平台，通过实证分析验证了我国金融服务平台与科技结合的有效性，得出信用担保和信用评级是科技金融服务平台创新的主要特征。Gomber（2018）通过研究面板数据，认为农村地区对微型金融产品的创新存在迫切需求，但农村金融机构在向农户提供金融服务和金融产品时，存在风险大、规模小、成本高等特点，与微型金融产品的创新相矛盾，因此建议创新微型金融技术，在农村地区普及微型金融产品、扩大农村客户供给体量。Peppard（2000）通过从社会、经济和个人等角度分析农村经济深化的关键特征，探究在其深化过程中遇到的困难，提出促进农村金融服务的供需、加快金融服务创新措施实施、深化农村金融市场发展和防范金融风险，从而达到宏观经济稳定和金融自由化。

（3）关于农村金融风险管理的研究

国外学者研究农村金融始于20世纪70年代，Muhammad Yunus创立首家穷人合作银行，提出全新抵质押方式"小组联保"，在缓解贫困地区贷款难问题的同时，逐渐关注农村金融风险管理的问题，随着西方国家在发展过程中逐步推进并基本实现农业现代化，与其相对应的农村金融组织体系也不断完善，逐渐与城市金融融为一体。因而国外学者在现阶段的研究成果主要集中于金融风险的成因、农村金融风险的防范、农村金融风险机制的理论、农村金融组织体系等方面。

首先，是农村金融风险的成因方面，Skees（2003）通过研究农村金融市场和农村家庭行为，分析了贫困地区农村金融机构存在的不足，发现其存在的金融风险主要来源于产权不明、体系不健全以及规模小等方面。随着全球经济一体化，非正式金融机构进入农村金融市场，Conning（2007）运用面板数据，采取倾向差异化评分匹配法发现，非正式金融机构呈现规模小、可持续性差等特点，致使农村区域存在的资金需求并未能得到有效满足，同时可能诱发农村金融风险。Chang（1999）研究了台湾农村金融机构和金融中介效率，提出农村存在系统性负投资，即缺少区域性正规贷款供给、城乡差距导致政治经济分割、国家相关政策与金融机构制度缺陷等，均为农村金融风险的主要成因。

其次，是农村金融风险的防范方面。Gonzalez – Vega（2003）从利率管制角度入手，探究农村金融风险问题，发现利率浮动与农民负担存在线性关系，因而加强非价格条件作为配给标准将有效防范金融风险。Ong（2006）指出农村金融机构可以通过完善农村金融机构政策、扩大农村金融服务产品供给、发展农村金融市场、强化农村金融工具等途径，进而防范农村金融风险。Esguerra（1992）通过对比不同国家农村金融体系的运营模式，发现充分利用借贷机会、创新金融工具、促进非正式金融机构正规化、推动大农户贷款或担保等方式能有效防范风险。Yu（2022）运用动态VAR模型，研究农村银行结构，发现美国农村金融组织存在不完全竞争，呈现出市场风险和融资风险，提出促进农村银行政策竞争、健全风险监管机制、完善农村金融融资渠道等方面防范化解风险，进而提高农村银行的效率。

再次，是农村金融风险机制的理论方面。金融活动与金融风险密切相连，国外学者关于金融风险的理论研究颇多。Minskey提出的金融不稳定假说，并利用该理论来诠释农村金融风险产生的原因。Palley（2010）以金融不稳定假说为基础，认为该假说是非理性和非均衡的，其理论基础薄弱。Bhattacharya（2015）认为该假说依赖于主观判断，降低了假说的可行性。Joseph Eugene Stiglitz（2002）探析新型金融机构存在金融风险的主要原因，提出信息不对称理论，发现新型农村金融机构中员工激励措施不到位，导致农村金融机构存在大量的道德风险隐患。随着农村金融服务的推进，农业信贷补贴理论应时而生，是特定时期产生的特殊产物，对农村金融的发展产生深远的影响，Robinson（2001）认为发展中国家的农村储蓄能力和储蓄意愿相对薄弱，农村金融机构资金供给不足问题严重，利用农业信贷补贴理论加大政府扶持力度，对其注入政策性扶植资金有助于帮助农业经济的发展、合理分配农业资金问题。随着发展，农业信贷补贴论逐渐被取代，Shaw et al.（1973）最早提出农村金融市场理论，Reinke（1998）对其进行了深入分析，发现市场力量具有自发调节和资源配置作用，对于农村金融供给和需求方面提供支持，对正规金融发挥了有效补充作用。农村金融市场在上一阶段存在价格扭曲，农村金融市场发展缓慢，Edward Mason对此提出了不完全竞争理论，认为由于农村金融发展进程中存在信息不对称和信用机制缺失，依赖于政府政策干预或市场力量都远远不够。Bajari（2007）认为该理论对发展中国家具有借鉴作用。

最后，是农村金融供给主体方面。Jacoby（1997）通过比较不同国家非正式金融机构的情况，认为发展中国家之间存在相似性，即对非正式金融存在一定的内在要求。Condon（2008）认为道德风险是金融机构面临的主要风险之一。Afriyie（2012）等学者对农村贫困地区的信贷风险进行研究，提出只有保证农村金融机构与政府部门进行有效合作，才能更好地控制信贷风险。Hansen（2019）以农村金融机构信贷风险最优转移作为切入点，落实资产信贷管理行为、改进具体行为，进而应对和规避风险。在此基础上，大多数农村金融机构认为财产和担保能力成正比，与违约风险成反比，更易从正规金融机构获得贷款。

1.3.2　国内研究现状

（1）关于供给侧结构性改革的相关研究

从供给侧结构性改革的现实基础角度分析，改革是我国经济发展路程中的必然选择，也是缓解我国体制上、结构上存在矛盾的必经之路。中国于2015年提出了供给侧结构性改革，从此我国学者也开始从事关于供给侧结构性改革的相关研究。我国学者起初从供给侧结构性改革的内涵、提出背景、本质进行分析（车海刚，2015；刘世锦，2015；马常艳，2015）。我国供给侧结构性改革正处世界经济格局调整的环境中，全球经济格局也在发生变化，治理也迈入了一个崭新的格局（国家行政管理学院经济学教研部，2016）。金融危机的爆发，打破了以往稳定、平衡的经济形势，全球经济转向了一个新的状态，这种经济形势萌芽了供给侧结构性改革的产生（冯志峰，2021）。2016年人民日报曾发文认为，目前，全球正加速调整分工格局，重新分配了跨境资本，各主体经济都力争以调整结构性经济主体来提升各经济体在全球分工中所处的位置。改革开放以来,中国改变了以往的经济地位,在全世界贸易中呈现的地位也有所提升。但是,成本的不断提高,使得以往的比较优势也逐渐减少,在新的优势还没有呈现出的情况下,中国面临着没有竞争优势的现实,因此遭受着发达国家和发展中国家的双重挤压,这种背景下,我国必须要从供给侧出发,为了找到新的竞争优势,必须要加快产业结构转型,关键在于加快结构性改革。陈锡文(2022)认为,目前粮食生产总量供大于求,存货和进口量达到了历史最高点,农产品的种类结构存在着生产和需求之间的矛盾,因此为了破解这种状况,就应该从根本上改变农业产业结构,彻底地解决农业结构性矛盾,提升供给侧结构性改革的可持续性。综上所述,供给侧结构性改革是中国特色社会主义政治经济学的创新理念,供给侧结构性改革的推进对我国未来经济发展起着承上启下的推动作用。

从供给侧改革的路径和特征变现上看,学者们对"供给侧结构性改革"的含义解析上大致从以下三方面入手研究:一是依托西方经济学的相关理念,找寻改革的渊源,该观点认为,我国的供给侧结构性改革起源于西方经济理论的进一步完善。这方面的研究是从西方经济学供给学派的研究入手,阐述了供给学派的发展历程及主要观点,然后结合中国自身的发展情况,提出我国结构性改革的改革渠道。肖林(2016)对供给侧结构性改革的内涵解析,从三个不同角度明晰了"供给侧""结构性"和"改革"的含义,他认为"供给侧"是从供给和生产着手,对资产、劳动力及技术等资源要素的生产成本、投入方式、结构变化等方面进行解析,是为了从资源、质量及配置上有所提升,"结构性"则是结构的优化调整,对结构、收入分配等达到协调发展。"改革"是对原有制度的变革、更新,同时也是对生产力解放和发展的制度保障。冯志峰(2019)认为,供给侧结构性改革应从技术、制度和机理角度推进改革,目的是激发市场活力,让市场机制充分发挥作用。刘辉(2022)认为供给侧结构性改革可以融入各个层面,他从金融行业着手认为当代的金融结构改革应该以金融结构理念为遵循，通过对金融市场的治理、法制法规的规范，为金融业结构性改革做最好的制度保障。二是从供给侧和需求侧的角度探究其内涵及意义。沈坤荣（2016）也是通过从这两个角度探究供给侧结构性改革对我国经济发展的影响进行分析，并指出能够弄清供给侧和需求侧之间的关系是推进供给侧结构性改革持续性发展的关键因素，然后要化解产能过剩的矛盾，最后是要推进税费改革，多角度全方位入手对供给侧结构性改革进行支撑。厦门大学宏观经济研究中心课题组（2021）从我国现阶段的基本矛盾入手，认为现有的供给满足不了多种多样的需求要求，从而造成了供给大于需求，供给有剩余，造成了供需失衡的状态。三是从我国发展现状出发，阐述供给侧结构性改革的内涵。朱方明、蔡彭真（2022）从我国当前经济形势分析，基于2012—2019年中国30个省市的面板数据，对中国制造业的供给水平进行测度，运用双重差分模型分析了供给侧结构性改革对制造业供给质量的政策影响，对传导机制进行了研究，认为在现存的制度下，实体经济供给质量的提高是深化改革的关键。

从供给侧结构性改革的实践路径上看，厉以宁（2017）认为，供给侧结构性改革进程中，创新创业是关键。马晓河（2017）认为供给侧结构性改革的关键因素是创新战略的实施，只有实施了供给的创新战略，改革才能更加彻底、推进才能更加顺利。刘世锦（2015）认为，供给侧结构性改革改革的重中之重应该关注资源、人力、土地等层面，这样才能推动改革的资源优化。陈长（2022）认为金融数字化是金融供给侧改革的驱动力，数字化金融能够驱动绿色共享的普惠金融的有序推进，只有数字化技术与创新驱动的金融体系相结合，完善金融产品的数字化进程，合理推动金融市场的数字化发展，才能促使改革的顺利进行。袁怀宇、李风琦（2022）指出"双碳"目标对我国供给侧结构性改革带来了新的挑战，他们认为，为了推进供给侧结构性改革的实现路径，应该充分运用碳中和的对城乡建设等方面进行规划，从而推进结构性改革的不断深化。任保平、张越（2022）为了实现新经济体制下的供给侧结构性改革，就应该从宏观、微观的经济政策为切入点，构建合理的资本市场，从不同层面满足各型各态企业的融资需求。

（2）关于农村金融服务的研究

随着乡村振兴战略的出台和实施，我国农村经济步入了快速发展阶段，金融是支持农村发展的关键性因素。关于农村金融服务创新的研究，我国学者主要从三个方面进行探索。

第一，关于政府方面发挥引导的研究观点。较早对改革中的中国金融组织进行空间结构分析，研究农户、国家和农贷制度的关系（张杰；1996）；杜晓山（2005）、林毅夫（2006）、蒋定之等（2007）和吕娜（2020）认为为了提高农村金融服务创新的效率，政府应该切实发挥好调节作用，促进融资行为，政府应该推进农村金融担保制度的制定，从而通过政府手段促进农村金融服务的创新。张凌云（2018）指出政府应对农业创新服务做好积极的引导作用，营造较好的金融环境，建立严格的农村金融监管系统，做好民间金融的规范、协调作用，促进农村金融服务机构的良好发展。

第二，关于加强农村金融服务方面的研究。吕娜（2020）认为加强农村金融服务可从以下及方面着手，首先，将金融服务与互联网技术相结合，将金融的特色化成果在网络平台中展现出来，体现了金融服务的普惠性，克服了成本约束，降低金融服务成本；其次，应该更好地优化完善现存的金融服务制度，运用多样的金融工具，利用不同的途径以及有效的监管措施完善农村金融服务；再次，应完善相应的农村金融服务的配套设施，成立担保公司或者建立相应的配套设施，可以对更好地服务农村金融做好政策支撑作用。王小华等（2021）认为持续推进农村金融服务改革，缓解农村融资过程中存在的困难，可以将价格适宜、便携度较高、功能性较全面的金融服务向农村地区的普惠性发展做延伸，从价格、便携性以及功能性角度做好金融发展，让更多的人享受金融服务。张林等（2021）探究了金融服务乡村振兴发展的路径，可以通过完善法律法规、全面建设农村金融服务体系、金融人才回流等方式对农村金融服务进行优化。

第三，关于农村金融信用担保和保险等相关研究。有的学者重点研究了农村金融组织，包括政策性金融、农村商业性金融、农村合作金融组织的改革与发展（杜晓山，2005；林毅夫，2006；蒋定之等，2007）；从政策变化、政策制定主体以及政策出台背景三个层面分析农村金融和农村经济发展不协调的原因（冉光和，2008）；提出我国农村金融改革自由、开放的大方向已经确定，改革应按照经济发展的规律推进（茅于轼，2009）；从微观层面对农村新型金融机构从运行模式及绩效进行实证分析，分析农村新型金融机构发展中存在的问题及对策（王曙光等，2009）；认为农村金融创新滞后的直接原因在于农村信用制度欠缺，提出了农村信用制度构建与农村金融创新有效结合的建议（黄向庆，2009；管鹏，2010；钟献兵等，2014）；同时可以完善健全法律法规，对农村金融机构信用担保方面的法律规定进行完善，而且要完善监管体系，做好贷款发放的监督及用途使用的记载工作（汪发元，2020）。

（3）关于农村金融风险的研究

关于农村金融风险的研究我国于20世纪80年代就有学者陆续开始，主要表现在以下几方面：

第一，关于金融风险的度量研究。金融危机的爆发，使系统性金融风险成了学者研究的热点（尹豪，2020）。近年来，学者们对系统性金融风险的度量进行了深入的探讨，依据学者们对金融风险的度量方式的不同，可将主要的度量方法分为三方面，一是对金融机构的整体风险进行的测度，二是对银行同业拆解导致的银行体系脆弱性的测度，三是对经济部门的债务风险及各个相关联机构之间的风险传导进行测度（杜冠德等，2019）。关于对金融机构整体风险测度的研究方法上，有的学者运用了极端分位数回归方法，对上市金融机构的系统性风险的贡献度进行了度量（吴婷婷等，2020），有的学者运用了DYCI法研究了中国A股市场28家上市金融机构的股票价格数据，运用计量方法测算了金融机构的网络关联性，对机构之间的系统性风险进行了测度（丁慧等，2020）。对于金融机构的风险测度，有的学者基于目前金融体系的特点，构建了基于7个维度的系统性风险指数模型，采用了分段映射的方法对模型进行了延伸和修订（屈剑峰，2020）。关于银行同业拆解导致的银行体系的脆弱，银行体系的金融风险如果控制不及时，将会导致区域性金融风险，学者们通过综合指数法测度了商业银行系统性金融风险的变化，并提出了政策性建议（丁鑫，2020）。关于各部门之间风险传导的相关研究，基于前沿分析、研究，有的学者对我国56家上市金融机构和房地产公司进行了研究，采用了多种方法测算系统性风险，利用VAR、MES、COVAR以及ΔCoVaR模型，结合了金融机构风险溢出网络方法，分别从静态、动态角度考察了我国金融机构系统性风险在部门之间的传递性（杨子晖等，2018）。

第二，关于金融风险的影响因素的研究。张怀文（2022）通过对42个国家及地区上市公司的数据进行讨论，认为金融结构市场化与系统性金融风险这两者之间是有显著正相关关系的，但是金融结构市场化也隐藏着一定的金融风险，这与地区的发展程度、监管力度及法律环境有直接关系。张蕊等（2022）分析了金融不确定性对系统性金融风险的影响，他认为，金融不确定性对系统性金融风险的影响在不同的环境下具有时变性和门槛效应。冯锐等（2022）从理论层面探究了金融资源配置效率对宏观经济、房地产、对外经贸、金融机构、非金融机构及地方财政六个维度金融风险的影响，并对金融风险进行了指数测度，研究结果表明，金融配置效率对六个维度的金融风险影响存在显著的异质性，同时金融资源在区域间的流动能起到促进周边地区对金融风险缓解的作用。沈悦（2022）通过事件研究法对银行、证券、保险等行业的系统性金融风险进行了衡量，认为新冠疫情对金融业的系统性风险有显著的影响，并将银行业、证券业及保险业对新冠疫情的防御能力进行了比较。

第三，关于农村金融风险的应对策略的研究。钟莉莎（2022）借鉴了欧盟、美国、英国在建立金融风险处置机制中的相关经验，认为在金融危机过后，世界各个地方都在建立经济恢复及处置计划，中国也应该把此项工作放在重要位置，基于此提出了适合我国系统重要性金融机构的金融风险防控机制。张岳（2022）梳理了农村金融机构的特点，分析了数字金融发展对农村金融机构经营风险的影响，并提出了为有效控制金融风险的影响程度，应该加大对数字金融的支持。聂勇等（2019）以广西为例分析了广西农村金融发展面临的七大金融风险，分别是自然灾害、农产品波动、农村抵押物、农村信用体系、新型农业主体自身不完善、农村金融机构自身的风险以及互联网金融服务存在的风险，并根据七大风险提出了相应的对策建议。高嘉璘等（2018）从新型农村金融机构的现状进行分析，提出了降低新型农村金融机构风险最有效的途径是提高农村金融机构的服务水平，服务水平的提高可以有效地解决矛盾，能够及时控制风险分散。刘国奇（2018）从金融创新的角度提出了农村金融风险的控制策略，认为金融创新的有效实施是促进农村经济发展、有效制定农村金融风险防控策略的战略方针。

1.3.3 国内外研究动态评述

（1）国外相关研究动态

综上所述，国外对于供给理论、金融配置模式和农村金融服务的研究起步较早，理论研究和实证研究均较深入，并在理论研究方面形成成熟体系；同时对于发展中国家的农村金融市场发展也进行了大量的研究，积累了一定的成果，对于国内开展此方面研究具有一定的借鉴意义。但是国外相关研究基于其特殊的土地私有、产权明晰、市场化程度高的本土国情下，有别于我国的供给侧结构性改革模式及资金支持方法。同样，国外将农村金融机构的研究置身于一般性的金融市场中，主要着眼于发达地区的农村经济，所以，国外关于农村金融机构的研究并不能完全套用至我国农村金融市场，二者存在较大差别。尽管国外对于风险管理理论及方法的研究对指导风险管理实践具有很大贡献，但是国外已有研究的聚焦点在于如何更好地对风险进行量化锁定以及如何去界定监管资本。

（2）国内相关研究动态

国内近期关于供给侧改革的研究视角比较广泛，对于金融支持供给侧结构性改革也进行了基础性和创新性研究。国内学术界普遍认同金融支持在供给侧改革中发挥重要作用，同时关注其中的金融创新问题。而国内对农村金融机构发展及风险控制问题的研究还处于试点和探索阶段，对农村金融风险形成及其管理的系统性研究不够充分。供给侧结构性改革制度、模式及金融支持创新、农村金融风险控制的系统性方法等领域虽然已有些许研究，但是在程度方面仍然停留在表层，缺乏深入探究。通过进行实地走访调研、结合实际情况制定量化指标、建立研究模型等来对农村金融机构服务创新与风险控制的研究成果尚不多见，亟待进一步拓展与深入。

1.4 技术路线和研究方法

1.4.1 技术路线

本书具体技术路线见图 1-1。

（1）确立与构建我国农村金融服务创新与风险控制研究的全新的资料系统与理论基础

通过对国内外供给侧结构性改革、农村金融服务创新和农村金融风险管理等文献资料的检索、收集、梳理与分析，立足于当下我国进行供给侧改革的大环境，对中国农业供给侧现状进行调研和考察，提炼供给侧结构性改革、农村金融服务创新与农村金融风险管

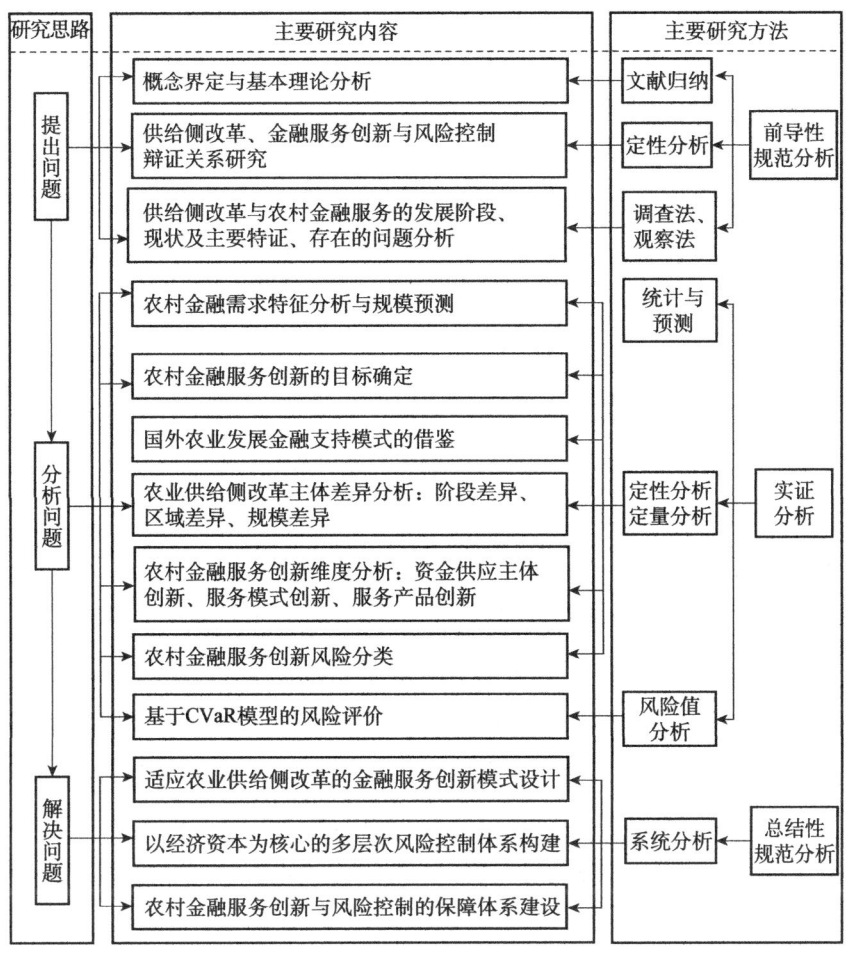

图 1-1 技术路线图

理等概念的内涵；阐述供给侧改革思想、金融发展理论、金融创新理论、系统论、风险管理理论等农村金融服务创新与风险控制的理论基础，系统分析供给侧结构性改革、农村金融服务创新与农村金融风险管理之间的作用机理。

（2）利用耦合协调度与障碍因子分析法深度探析我国农业供给侧发展现状

通过对我国农业产业发展现状、要素配置现状、科技创新现状、资金支持现状和生态环境现状进行剖析；对我国农业供给侧发展水平制定符合实际状况的量化指标体系，运用熵值法进行测度；

利用耦合协调度和障碍因子分析法，分析中国农业供给侧发展的新态势；分析并预测中国供给侧发展的主要问题及成因，客观显现我国供给侧结构性改革发展趋势。

(3) 构建供给侧结构改革背景下农村金融服务创新体系

通过对我国不同时期供给侧制度和农村金融制度的演化发展分析，从供给侧结构性改革的模式等方面阐述农村金融服务体系的发展状态及主要特征，对中国农村金融服务创新的实践与成就等问题展开研究，构建中国农村金融服务发展水平指标体系，通过资料查询与实地调研，获取一手数据，借助统计定量模型，对现实农村金融需求特征进行分析并预测其规模。运用PCA测度法进行测度，对当前我国农村金融发展的现状进行定性，在此基础上深入分析其中存在的主要难题。

(4) 符合农业供给侧改革背景农村金融服务创新模式选择

根据我国农村供给侧结构性改革主题的阶段差异、区域差异和规模差异对农村金融发展的影响，结合国家层面的政策扶持和金融政策支持，确定供给侧结构性改革视角下的农村金融服务创新的特征与目标；借鉴国外金融支持农业发展的经验，结合实际规划创新我国农村具体运行方式，如合作联保金融服务模式、订单农业金融服务模式和农业价值链融资模式；通过农村金融服务创新的三个创新维度，为创新模式提供保障措施，通过模拟运行、个案剖析、跟踪走访等方法检验该模式的动态适用性。

(5) 供给侧改革背景下农村金融风险控制体系构建与完善

通过对农村金融服务创新特征及影响因素的分析，描述和刻画农村金融服务创新风险呈现复杂性和非线性的系统特征，对金融创新的现实风险和潜在风险进行分类；根据我国农业供给侧改革现状以及农村金融发展趋势，以风险分类为基础，构建基于CVaR的风险评价指标体系；通过对我国政治、经济、社会等因素在现实空间及未来发展中对供给侧改革及农村金融发展的相互影响及制约的研究与认识，构建多层次的以经济资本计量为核心的综合风险控制体系，采用风险化解、缓释与承担的风险控制技术，建立风险防范机制。

(6) 基于供给侧结构性改革视角的农村金融服务创新与风险控制的保障体系建设

通过对我国政治、经济、社会诸因素在现实空间及未来发展中对农地改革及农村金融发展的相互影响及制约的研究与认识，从以下三个层面构建与优化农村金融服务创新与风险控制的保障体系：一是国家层面，优化金融服务创新与风险管理的制度环境；二是金融生态环境层面，设计符合供给侧结构性改革方式的信用评级体系，建立包含保险、融资担保、风险补偿基金等的风险缓释体系；三是风险管理功能层面，明确中央、地方政府金融监管职能，强化管理部门管理能力。

1.4.2 研究方法

(1) 文本分析法。对国内外已有资料进行了大量的归纳与整理，全面、正确地掌握国内外对供给侧结构性改革制度建立与发展的情况，对新型农村金融机构的内涵、发展模式及运行效率、风险管理等问题进行深入分析，以期较好把握该领域的研究现状，为后续研究奠定基础。

(2) 系统分析法。基于供给侧结构性改革的时代背景，系统研究中国农村金融改革的历史脉络，基于历时性和共时性，将新型农村金融服务创新及风险控制研究置于系统视角，抛弃片面思维，将系统中的诸要素进行联动分析，牵一发而动全身，在此基础上探寻解决问题的系统方法。

(3) 规范分析法。通过系统方法、定性分析等规范分析方法，构建金融服务创新体系和风险控制体系，明确金融服务创新体系的目标、结构以及风险控制体系的保障措施，使供给侧结构性改革方式、金融服务功能与风险管理相匹配。

（4）实地调查法。通过实地调查、访谈、问卷、观察及个案分析等实证分析方法，调查供给侧结构性改革和金融服务现状；分析不同供给侧结构性改革方式的金融服务模式创新、风险管理现状及影响因素，探求金融创新服务的模式与方法。

（5）研讨会方法。采用研讨会的方法总结、分析、评价研究工作的阶段性进展情况。在研究过程中，不定期召开中小规模的学术研讨会，总结研究进展，发现和解决问题，为后续工作的顺利进行提供保障。

（6）实证分析法。本书在规范分析的基础上，通过构建指标体系，并对其进行测度，同时构建实证模型，以对当下农村金融服务创新模式的选择和风险控制体系的构建进行实证研究。

1.5　本书研究的创新性

1.5.1　研究理论创新

本书综合运用供给理论、资源优化配置理论、金融发展理论等，结合供给侧结构性改革视角，对农村金融服务创新与风险控制进行思考分析，构建供给侧结构性改革方式、金融服务模式与风险管理匹配的农村金融管理体系，形成具有开拓意义、经济学价值与社会价值的金融研究框架，拓展农村金融创新与风险管理视角及理论深度，体现学术思想创新。

1.5.2　学术观点创新

本书以供给侧结构性改革视角为出发点，研究不同空间和时间维度的金融服务创新模式，并对金融风险的影响因素进行度量，研究三者之间的作用机理。通过确定农村金融服务创新体系的整体目标、结构和核心内容等，来规划农村共存供给侧改革的具体方式，同时分析改革主体与监管部门的相关关系及利益均衡，完成金融服务创新体系与风险管理体系的构建，体现学术视角与观点的创新。

1.5.3 研究方法创新

本书运用系统论的方法，从农村金融服务的需求、创新动力及其在经济发展中的地位和影响力出发，探析农村金融服务创新体系的实现路径；同时构建基于CVaR的评价模型，奠定风险控制体系的核心，制定以经济资本计量为核心的多层次风险控制体系，将供给侧结构性改革与金融服务创新、风险控制相匹配，体现了研究方法的创新。

第2章

新型农村金融机构发展与风险管理的理论基础

第 2 章

新型农村金融机构发展与风险管理的理论基础

2.1 核心概念界定

2.1.1 供给侧结构性改革

首先,供给侧结构性改革是要从供给端入手,之所以这样做是因为中国经济进入新常态后,需求端拉动经济的三驾马车已经显现出动力不足的现象。一是国际贸易本就出现萎缩,叠加新冠疫情冲击,加之中国威胁论甚嚣尘上,导致我国最大外贸伙伴美国挑起贸易战,以上因素使对外贸易这驾马车出现故障。二是在政府投资方面,2008 年的四万亿经济刺激计划虽在短期内拉动了经济增长,但其副作用在 10 年后的今天不断显现,造成了大量的产能过剩,2018 年工业产能利用率不足 80%,化解产能过剩是各级政府工作的重点,因此要想推动经济快速增长仅仅靠政府投资是远远不够的。在个人投资方面,过去依靠要素投入总量增大刺激经济增长的模式已经不再奏效,转变为依靠创新驱动经济增长的模式,然而企业创新能力和产业结构升级动力不足,导致个人投资机会减少,个人投资需求疲软。因此政府投资和个人投资两方面问题使得投资这辆马车也出现了故障。三是消费需求,消费是三驾马车中动力最为强劲的,我国有 14 亿人口的巨大国内市场,当投资和外贸都出现问题的情况下,更要依靠国内消费市场来拉动经济增长,这时我国的消费需求是否旺盛是值得深入思考的,一方面我国的储蓄率比较高说明了我国的消费潜力比较旺盛,但是由于城乡二元结构和金融排斥等因素使得低收入群体的消费需求无法释放,导致低收入群体有效需求不足;另一方面,随着中高收入群体的不断增加,人们对于高质量产品的需求也随之增长,而这部分产品往往国内供给不足,于是海外进口产品逐年递增,海外代购和海外购物兴起,而国内产品又出现了产能过剩,所以从本质上讲消费需求不存在总量不足问题,而是存在结构失衡问题,具体而言就是低收入群体有效需求不足、中高收入群体供需错配。这就需要我们将改革的着力点放在供给侧的结构调整上。

其次,我们来分析结构性调整的具体含义。结构性调整的关键在于找出当前供需不匹配、结构失衡的具体问题对症下药,通过调整土地、资本、劳动力、制度和创新五项要素,进而实现资源合理配置,提高有效供给,提升供需动态变化的协调性和灵敏度,进而促进经济增长。当前经济中出现的增长乏力、产能过剩、收入分配不均、失业压力增大等问题都是结构性矛盾突出所引起的。我国目前之所以出现消费需求不足的现象,并不是总产出增长缓慢,也不是国民收入增长缓慢,根本原因是收入分配结构不合理。具体体现在两个方面:一是初次收入分配制度不协调。分配主体主要包括政府、企业和个人,政府收入来源主要依靠税收,企业收入依靠利润,个人收入依靠工资收入,这三个主体对应的三类收入中,政府的税收总量最大且增速最快,然后是企业利润,而个人工资收入总量最低且增速最慢,在大多数年份里工资收入增速往往低于GDP增速,皮凯蒂在《21世纪资本论》一书中指出,贫富差距的根本原因在于资本的回报率远远大于劳动报酬的回报率。收入分配结构不均是我国长时间城乡居民收入增长乏力的根本原因,也是导致消费需求不足的症结所在。二是城乡收入分配结构不合理,我国城乡收入差距巨大,城市居民收入与农村居民收入相差三倍以上。我国农村总人口5.7亿人,农村人口占比40%,农业总产出占GDP的比重为9%,这意味着40%的农村人口贡献9%的GDP,60%的城镇人口贡献91%的GDP,这种分配结构显然不合理。李克强总理在2020年两会记者招待会指出,我国仍然有6亿多人口月均收入不足1000元。国家统计局数据显示,近二十年我国城乡居民基尼系数始终在0.4以上(0.4至0.5为收入差距较大),处于较高水平。综上所述，我国城乡收入结构失调造成了城乡消费失衡，进而引起总需求的不足。

最后，在改革内容方面，习近平总书记指出，供给侧结构性改革的根本目的是要提升供给质量，满足人民需求。重点围绕资本合理配置、企业融资、制度改革、劳动力和人才供给及科技创新五个方面，进行制度化结构性改革。实施五年以来，供给侧结构性改革的具体内容也在不断深化，大致经历了三个改革阶段：第一阶段是从2015年至2018年，以"三去一降一补"为先手，主要任务是淘汰落后产能，压降房地产库存，减少企业负债率，通过简政放权为企业降低成本，加大科技、环保、农村、民生领域投入，补齐发展短板。第二阶段是从2018年至2020年，以"巩固、增强、提升、畅通"八字方针为核心，不断增强经济主体活力，提高产业链水平，畅通国民经济内循环，如果说"三去一降一补"是治疗经济发展的急症和表面症状，那么八字方针则是直击病根，是治本之策，将药方对准企业、制度、创新、资金等各供给要素的机理调理。第三阶段是2020年往后一段时期，以"创新、协调、绿色、开放、共享"新发展理念为落脚点，新发展理念是今后很长一段时期经济发展的指导思想，是解决长远问题的应对之策，是供给侧结构性改革的最终落脚点。

2.1.2 农业供给侧结构性改革

农业是国民经济的基础和立国之本，农业供给侧结构性改革是供给侧结构性改革的重要部分，是改革成败的关键。2015年12月，习近平总书记在中央农村工作会议中指出，要以农业供给侧结构性改革为主线，坚持质量兴农、绿色兴农，加快推进农业由增产导向转向提质导向，加快构建农业现代化产业体系、生态系统与经营体系，不断提高农业生产效益和竞争力，实现我国由农业大国向农业强国的转变。

当前，我国农业面临着高生产要素供给与低生产效率之间的矛盾，问题的根源在于结构性失衡（韩一君、姜楠、赵霞、柳苏芸，2017），解决失衡的核心在于如何降低多余无效的要素供给，进而提升生产要素价值，最终提升农业部门生产效率。农业供给侧结构性改革的重点是以新发展理念为指引，通过完善农业三大体系、加大三农科技投入、调整当前支农政策、强化农业信贷风险保障机制等方式，进而实现调整农产品种结构、农产品质量结构、农产品功能结构、农业效益结构、农业资源利用结构和利用方式（张伟，2016）。另外，农业供给侧结构性改革应结合当前农业发展面临的主要问题，不断完善粮食安全保障机制，提高粮食供给质量，促进粮食生产创新，以此优化粮食供应链，构建具有现代化特征的产销体系，提高农业生产效率和经营效率，改善农业结构，提高农民作业收入（姜长云，2018）。张良悦（2018）认为目前农业供给侧结构性改革的关键是破除传统农业生产体系，创新与新型农业相匹配的组织模式和产业体系。为实现该目标，必须通过创新制度以优化农业生产要素配置，激活家庭式农业发展的内生动力。

总的来说，农业供给侧结构性改革的主要内容，一是农产品结构方面的进阶调整，需转换生产思维，要以市场为导向进行农产品生产，推动特色农产品的快速发展，保证农产品质量，从而使农产品供给更加匹配需求。二是深化农村产业融合发展，利用快速发展的互联网技术，通过农业、工业、服务业三类产业主体合作方式的创新、合作内容的创新，借势二、三产业，促进新型农业的有序发展。三是促进农业生产要素优化，坚持科技兴农，提高土地、劳动力等资源的投入使用效率。四是推进绿色农业、绿色乡村的发展，即在发展农业过程中，需要坚持"两山理念"，坚持可持续发展理论，加强对生态的保护和修复，在促进农业发展，改善农民收入的同时，也能美化乡村生态环境。五是促进农业基础性建设的完善，即为农业生产提供公共服务保障，加强农村水电设施、防洪设施等农田基础建设的投入，为农业的发展引入更多的社会资本和金融资本。

2.1.3 农村金融

只有正确定义了"农村金融"的概念之后，才能准确地发现问题，分析问题出现的原因，进而更好地解决问题。我们可以从以下三个方面来充分认识农村金融：

第一，依据历史资料，关于"农村"概念的界定，农工商联合企业课题组给出了传统的"三农"的范围。即与农村、农业和农民相关的，都可将其划分在"三农"范围里。

第二，进一步加强对于"金融"涉及领域的认识。对于金融的认知，传统观念往往是资金的循环利用。但随着现代金融理论的提出，史忠良（1986）扩大了金融的范畴。例如，目前的金融衍生品，比如期权期货保险等都属于金融的范畴。

第三，要正确认识到农村金融的产生是时代发展的必然趋势，是社会的必然选择。为了促进整体经济的发展，作为整体经济的重要组成部分，必须要大力发展农村经济。而农村金融在农村经济发展过程中扮演着关键且重要的角色，必须要重点发展。唐中吉（1982）认为农村金融的成长和农村经济发展如影随形，大趋势的变化走势相近。农村金融是农村经济发展到一定阶段的产物，是建立在农村经济发展、一定的社会责任、良好的信誉、完善的制度基础上，通过广泛应用金融产品和服务，将资金整合服务于涉农企业和农村居民的一系列交易活动，其本质是信用制度下的产物。农村金融发展要结合农村经济发展特征，不断创新农村金融产品和服务。

2.1.4 农村金融服务

农村金融服务的含义是指金融机构将一系列金融产品服务于农村地区。狭义上的定义是，世界贸易组织（WTO）认为证券业、保险业、银行业等一些其他服务都属于农村金融服务的业务范围。对于证券业来说，农村金融服务的业务主要来自于发行证券，尤其是代课与自行交易。对于保险业来说，农村金融服务的业务主要来自于直接保险、保险转移、再保险以及其他相关业务。对于银行业来说，农村金融服务的主要业务是吸收存款，进而将贷款发放给有资金需求的农户。对于其他业务来说，农村金融服务的业务主要来自于对担保租赁票据业务的管理。赵秋喜（1980）从广义的视角研究了农村金融的服务，认为农村金融服务不仅包含服务农村的农村体系，还应该包含服务与创新意识以及服务水平等，其内容覆盖了农村整体的金融与经济产业。

目前，由于农村实际经济发展的约束，传统的银行信贷服务依旧是我国农村金融服务的主要业务领域。一般农村金融服务地域指在县及县以下地区，类别大致可以分为正规金融服务、非正规金融服务和创新型服务三个大类。当下，我国已逐步形成农村金融体系，该体系的主体是国有商业银行，核心是农村信用社，并将民间借贷作为补充，同时将具有商业性、政策性和合作性的金融机构包括在内。

（1）正规金融服务

农村正规金融服务主要由正规金融机构提供，即信用合作社、银行和保险公司，这些机构主要从事贷款和农业保险。其中，贷款可分为信用贷款、担保贷款和抵押贷款，三者划分依据为是否有担保和抵押，但其本质并无不同。其贷款资金主要由政策性银行、农村信用合作社、商业银行和新型农村机构提供。

除贷款外，农业保险是另一个主要部分。我国于2013年出台《农业保险条例》，并于2016年进行了完善，该条例规范了农业保险的支持政策、角色定位、业务规则和监管。原来的保险监督管理委员会还在市场准入、担保和产品管理等方面对相关机构制定了一系列政策。此外，地方政府和税务部门也提供了相应的配套措施，例如税收优惠、保费补贴、灾害风险准备金等。我国于2014年成立了中国农业保险再保险共同体。截至2020年年底，发展成员公司共32家成员，再保险保障金共3600亿元。同时，继续推进农业保险信息平台建设和大数据应用。

目前，农业保险以政策性保险为主，商业保险和互助保险为辅。在33家开展农业保险的机构中，一些保险机构发挥了独特的作用，例如，专业农业保险公司和综合保险公司、农业互助合作保险组织和互助保险公司。

国家不仅直接向农民提供融资，还在证券市场积极加大对"三农"领域的支持。在股票融资方面，2017年至2018年，共有10家农业企业首次公开募股，募集资金70亿元，增发9家，募集资金100亿元。2018年在新三板上市的400多家涉农企业共募集资金25亿元。以私募股权基金为例，已有1100多家私募股权基金进入农林牧渔业行业，总规模5300亿元，投资项目本金超过800亿元。期货市场上，26种农产品期货和期权上市，涵盖粮食、棉油等大宗农产品，积极引入市场交易商制度。以债券市场为例，2018年，14家涉农企业发行公司债券，募集资金80亿元。农业企业债务融资工具达1400亿元，余额约3000亿元。

（2）非正规金融服务

非正规金融服务，简单来说是由非正规金融机构提供的金融服务，主要表现为不受政府监管、服务透明性较差、外部约束力弱等特点。主要形态体现为企业与企业之间、农民与农户之间或者农民与公司内部的民间借贷活动，它的具体表现又可以看成以亲友为基础的农户之间的无息借贷和以赚取利息为目的的其他群体之间的有息借贷，前者更多表现为基于血缘关系的互助行为和风险分担，而后者则更类似于一般的金融服务。另外的形式还有合会（标会）、民间集资、民间钱庄、民间企业信用、网络信贷平台等不同的特点。

由于金融对风险和稳定性的要求以及乡村金融基础设施、征信制度及质押品不完善，获得的资金实质上存在很大的准入"门槛"，所以当前乡村领域的非正规金融较为频繁。非正规金融不受监管，风险很大。金融合同参与人合法权益的保护存在很大问题。长期以来，我国不鼓励私人信贷以外的非正规金融，而是鼓励将其转变为正规金融机构。

非正规金融服务也有其独特的优势。第一，非正规金融服务的参与者通常具有强大的信息优势，其能更好地了解贷款人的生产、生活和社会状况，有针对性地深入调查贷款人的信用历史、家庭状况、偿付能力等，这样可以从源头上控制风险。第二，非正规金融不受监管约束，操作相对容易。表现在产品合同设计中没有正式金融产品的复杂条款，操作简单，运行效率高，对贷款人的需求反应迅速。同时，由于非正规金融不受监管约束，因此，无须在固定网络中投入物力、人力和财力，也无须支付额外的准备金、风险控制和审计成本。除此之外，非正规金融活动通常规模较小，流动性强。他们可以根据情况的变化随时灵活地决定业务政策和主要产品，机会成本和试错成本也相对较小。第三，非正规金融可以依靠亲属或借款人的声誉来形成特殊或隐性担保。此外，由于贷款双方之间的信息不对称相对较弱，即使是贷款人也可以通过多种手段监控借款人的财产和消费，有效降低违约风险。即使借款人违约，非正规金融的敦促和担保补偿能力通常很强，可以减少违约机会的损失。

总的来说，非正规金融服务有其不足，也有长处，一定要从辩证的角度来审视，积极引导正规金融和非正规金融发挥互补作用。

（3）创新型服务

近年来，金融机构一直在不停地积极探索服务创新，取得了良好的效果。主要集中在信贷和农业保险方面。

在信贷创新方面，各地区结合当地农业发展，因地制宜开发了不同的创新模式，探索了"银行贷款+风险补偿""政银保合作""网络+农村金融""农业PPP项目"等多种模式。例如，中国农业银行创新了多种新产品，如美丽农村贷款、水利专项贷款、小城镇环境综合整治贷款等，给浙江省划拨600亿元贷款。2017年，中国农业银行在银行间市场推出了全国首个"绿水青山"专项资产信贷资产支持证券化项目，以专项控水贷款为主要基础资产，发行规模达到了 14 亿元。

为了支持新型农业经营主体，培育多元化的市场主体，促进农业升级，提高竞争力，银行业金融机构按照"自利原则"，进行了较为规范的经营管理，对象为主要从事农业生产，规模效益相对稳定的家庭农场。按照"宜场则场、宜户则户、宜企则企"的原则，发展了"农民专业合作贷款""农业产业链贷款"等适合其金融服务需求的专属产品，推动了"金融+产业联盟+合作社+农户""金融+龙头企业+基地+农户"的贷款模式。

在农业保险方面，各项创新试点扎实推进，其中有两项具有代表性。一是在江苏、安徽等地试行收入保险。根据《关于开展三大粮食作物完全成本保险和收入保险试点工作的通知》的要求，将保障水平从成本保障提升到高收入保障。参保农民的最低自付比例为30%，中央财政对中西部和东北地区的补贴比例为40%，对东部其他地区的补贴比例为35%。发放贫困卡的贫困农民符合部分自缴保险费的条件，可以减免。

二是"订单农业+保险+期货"模式。大连商品交易所、人保再保险、永安资本等公司在吉林省推进试点，引进龙头企业与参保农民签订订单合同，既保证了农民粮食销售价格，又夯实了粮食销售渠道。在试验期间，保证了 2.2 万吨玉米的价格。玉米的实际价格为1672 元，低于每吨 1727 元的保证价格，每吨 55 元差价全部作为保险赔偿。保险费由龙头企业吉林云天化承担，有效保护了农民利益。

2.1.5 金融风险度量

（1）金融风险

金融风险是金融市场中的金融环境、金融制度、活动主体等要素的变化使金融活动的后果变成不确定事件，并且活动主体有发生损失的可能。金融即资金融通，是市场经济活力的关键因素，投资和融资的金融活动都会存在一定程度的金融风险。在融通资金和货币活动中，利率、汇率、交易对手和资本市场等市场构成发生改变，会引起活动主体的收益发生不确定的变化，比如实际收益和预期收益出现较大差距，预防风险不及时导致的亏损。金融风险是经济活动中最普遍的风险类型，它与金融机构的营业亏损和资产负债有直接关联，企业为了避免金融风险带来损失而采取防控措施，加强风险监管和促进金融创新。

现代金融风险主要有信用风险、操作风险、市场风险、流动性风险等。其主要内容如表2-1所示。

表2-1　　金融风险的主要种类及含义

风险种类	含义	特点
信用风险	指交易对手没有意愿或没有能力履行到期债务所引起的风险	当交易对手发生违约行为或者交易对手的信用评级被降级时，会影响借贷方的债务价值，从而使金融部门遭受违约损失，金融部门的违约损失可使用现金流量和资金成本衡量。金融部门受到的违约损失有两种情形：一是发生违约事件后交易对方受到的直接损失；二是违约事件给交易对方带来的隐患损失。信用风险通常有定性评价和定量评价两种管理策略
操作风险	指因为不完备的信息系统、控制体系、制度缺陷、人为因素或外部事件导致的直接或潜在的损失	操作风险有两大类风险因素：一类是技能原因，包括信息系统失灵、风险预测系统失灵、相关工作者违规等；另一类是体系原因，包括风险监控结构存有弊端、部门工作者缺失、内部制度缺陷等。交易风险、欺诈风险、技术风险也属于操作风险。近年来，操作风险引起的事件频发，损失金额巨大
市场风险	受利率、汇率、股票价格等影响市场波动的因素影响，金融部门的资产组合发生变动会引致损失的概率事件	按风险因素的种类差别，市场风险具体有利率风险、汇率风险、股票价格风险、商品价格风险。市场风险有方向性风险与非方向性风险，其中方向性风险是资产组合受风险因素的直接影响引致的风险，利用久期、贝塔系数和德尔塔值等工具可以线性度量出来风险的强弱；非方向性风险包括非线性风险、对冲风险和波动风险，利用凸性、期权二阶和伽马值等工具可以对这些风险进行非线性度量
流动性风险	资产流动性的不确定变动将使资产遭受损失的风险	流动性风险的缘由是流动性缺陷，资产将遭受的损失是资产价值的贬损或资产收益降低，流动性风险通常包括资产流动风险和融资流动风险。资产流动性风险是指交易头寸过大，企业资产无法按正常价值的价格交易的风险。融资流动性风险是现金流不够支付到期债务，所以提前清算遭受亏损的风险，制订合理的现金流动计划可起到控制该风险的作用

(2) 金融风险度量

风险度量是分析和预估金融风险的强弱,度量是测算各类金融风险引起亏损的概率、范畴、强弱等,度量风险对企业尽可能减少亏损和尽可能增加收益有重大作用,度量是风险管理体系内的核心步骤。度量风险需严谨操作,若低估金融风险,可能不会采取足够的方法防范化解风险,或不会采取措施尽量减少风险引致的损失;若高估金融风险,可能会花费过多的成本应对风险,造成经济活动的效率低下和收益减少。

2.1.6　金融风险管理

在准确进行风险度量后,经济主体需要采取举措加强金融风险管理,风险管理要求企业减少风险暴露,使金融风险调节在可接受的程度内。应该先制定风险管理政策,分析不同类型风险的形式与特征,预计风险强弱,制定针对性的风险管理政策,对同类风险应该再分析其风险环境而实施多个管理政策。应对风险的政策内容应该包括分析并确定风险管理的方案、工具,利用管理手段调整企业的资产负债组织等内容。在执行风险管理政策后,对现存风险进行检测和调节的过程称为风险控制。应监督企业内与风险有关联的部门履行防范化解风险的措施,遵守风险管理的规则条例,保障风险管理策略得到有效发挥。风险管理者应结合外部环境和内部情况的变动,合理及时地安排风险管理的政策。风险控制环节要求风险管理人员应该对体系内各部门实施定时或不定时查验,查验到金融风险问题应及时防范解决。

整体风险管理产生自 20 世纪 90 年代,随着经济全球化发展,影响金融市场的国际和国内因素日益复杂,加之新型金融工具和经济活动涌入市场,电子科技与金融业紧密融合,在当前发展迅速的金融背景下,传统的风险管理方法不再适用于规避现代金融风险。因此创新企业金融风险管理成了金融业发展的必经之路,各类型风险在实际经济活动中多是彼此关联和彼此作用的，在风险管理的措施中既有共性也有非共性的现象。在管理现代金融风险的路径中，需要全面衡量企业暴露的各类型风险，测算治理各类型风险对企业效益的影响，综合考虑风险的相互关联，达到把整体风险降至最低、风险引致的损失降至最小、减少规避风险的成本、增加企业的收益等目标。

学者们探索关于全面金融风险的管理理论、管理结构、管理工具和管理技能，金融业内具备风险治理能力的机构亦主动开展治理全面风险的实践活动。从整体风险管理的意义、整体风险管理的立场、整体风险管理的规模这三个角度来分析整体风险管理的内涵。

（1）整体风险管理的意义

其在于增加企业价值，定位适当的风险与价值均衡点。虽然企业有一定的能力去规避当前的金融风险，但是企业没有必要去规避当前的全部风险，因为承担着某些金融风险的存在，企业也许有实现价值最大化的可能。整体风险管理是在风险可承担的条件下，适度规避风险有助于企业增加利润，实现更高的收益。

（2）整体风险管理的立场

整体风险管理主要体现在对风险的积极应对上。在传统的风险控制中，企业的态度是尽力消除风险，而整体风险管理理论的观点是冒险即存在商业机遇，可控范围内的风险可能带来潜在的商业收获，所以整体风险管理的积极立场有利于金融风险控制的改革与创新。一方面，企业为了施行多资产策略而需要保持某种风险，增加某种风险能够消除全面风险引起的损失；另一方面，若企业能够积极地规避某种风险，掌握了有效规避风险的方法，可以对该风险采取风险交易机制，因此会熟练地利用交易机制转移该风险。

（3）整体风险管理的规模

力求涵盖全体风险的潜在因素。各机构在以往的金融风险管理中都有自己侧重防范的风险，商业银行侧重信用风险和流动性风险；证券投资公司侧重市场风险；保险公司侧重承保风险和市场风险。但是现代金融业的各分支行业相互交叉的金融活动增加，风险的潜在因素也交互存在，所以整体风险管理规模在于企业营业活动有关的全体潜在因素。不但要控制常规风险的潜在因素，也对行业内其他风险的潜在因素考虑在内，以免遭受其他风险的关联作用，引起企业产生关联损失。

2.2 农村金融服务创新与风险管理相关理论

2.2.1 资源优化配置理论

资源优化配置理论是由亚当·斯密提出的，主要倡导由价值规律来调节资源配置。资源的配置主体主要包括政府和市场，而资源配置相关理论的发展也主要是围绕由哪个资源配置主体来进行资源分配这一问题展开。资源优化配置理论强调市场的自发性调节作用，认为在减少第三方干预的情况下，经济市场的供需会通过竞争、谈判等方式进行自动匹配，从而产生一个相对公平的成交价格，以此循环，形成有序发展的市场经济环境。但是，由于市场调节作用存在一定的局限性，在资源配置过程中可能会发生滞后性、错配性等问题，从而阻碍社会经济可持续发展。因此，在资源优化配置中，需要政府进行适当的宏观调控，以促使资源更为有效地被利用。资源的优化配置是一个不断调整、循序渐进的过程，资源结构最优化，资源利用率最大化都不是一蹴而成的，需要市场和政府配合进行有效调整。

2.2.2 农村政策性金融理论

金融对当代中国经济发展的重要性不容分说。高度发达的金融业不仅可以提高人们的生活水平，而且可以促进其他行业的蓬勃发展。邓学圣（1996）在研究我国农村金融时发现，我国长期存在着城乡二元化问题。因此，金融业在农村地区的发展并没有像城市那么好，反而非常安静。这些生产要素在农村的流通不畅，严重阻碍了农村经济的发展。这些障碍最终将影响其他行业和我国的整体经济。白钦先教授（2006）结合国内外诸多历史事实，发现了政策性金融存在的必要性。政府干预是农村金融经济发展过程中必不可少的环节。白教授通过比较研究的方法，完成了国内农村金融适用途径和方法的研究。他逐渐比较了国内外的研究，发现政策性金融的存在有一定的联系。据白教授发现的文献记载，我国第一个政策性金融出现在20世纪中叶。结合历史事实可以看出，正是在第二次世界大战期间，列强忙于打仗，放松了对国内金融的控制。因此，我们在那个阶段达到了发展的黄金时代。但这是一条全新之路。资本主义的经验不可能完全采纳，所以我们也在不停地一步步地摸索，在磕绊中前进。然而，1997年的亚洲金融危机体现了政策性金融的优势。因此，政策性金融机构的成就得到了世界其他发展中国家的认可，他们还建立了各种基本上由政府控制的金融机构。美国、日本等发达国家也在其相对落后的农村地区建立了不同类型的政策性金融机构，以应对不同程度的市场危机带来的金融风险。

政策性金融并不是我国所特有的。由于长期的发展，政策性金融已经成为一个时代的产物。它的存在以各种方式和方法影响着世界人民。它的名字可能不同，但同样的功能造福于所有公民。此功能的服务影响是长期的。因此，我们可以大胆预测，未来市场固有的局限性不会消失，政策性金融的地位也不会崩溃。有很多功能可以起到润滑作用。袁英华（2008）研究了日本在二战中遭受不可磨灭的创伤后为什么在极短时期恢复到发达国家。她发现，日本制定了一项法律，将农村金融机构确定为农业金融政策方面的"永久法人"。我国是一个农业大国。从我国目前的基本国情和外部经济金融运行环境来看，与其他国家相比，发达国家和发展中国家都需要更多的政策性金融支持。因此，政策性金融为农村社会稳定和农村和谐发展做出了不可忽视的贡献。我国农业本身的特点是需要强有力的政策支持，以改善高风险、低回报和效率不稳定的农村项目。政策性金融在市场化初期存在明显缺陷，微观主体结构不合理，经济目标错位、失衡。与城市金融相比，我国农村金融发展落后，选择空间小，市场化程度低，缺乏技术含量高的项目，市场选择能力弱。在我国，城乡两极分化非常严重，贫富差距非常大。如果不利用政策性金融项目加以改善，农村资金就会自发地流入城市，因此需要人为地加以改善。蔡洁教授认为，大力推进农村政策性金融可以改善这一问题。

2.2.3 金融创新理论

金融创新体系的提出，最早是由经济学家熊比特于1912年在《经济发展理论》一书中提出的，熊比特认为企业所在的市场中具有竞争是发起创新的缘由，认为创新是企业对企业要素的重新组合。企业创新包括技术创新和管理创新，技术与管理两个因素都会引起企业生产和供应函数的变化。企业通过将新的生产要素引入原有的生产体系，形成新的生产要素组合，试图经过创新得到的生产组合获得更高的收益和利润，使企业在生产成本与产品质量中占据优势，企业主要将产品、生产技能、资源开发、市场扩展和组织管理进行创新后形成新的生产组合。

（1）约束诱导型金融创新理论

西尔柏提出金融机构为追求利润最大化往往会积极主动地寻求创新，他认为微观金融机构追求金融创新是为了获得更大的利润收益，追求创新是机构减弱遭受的金融遏制而选择的一种自我保护行为，西尔柏以供给的视角分析金融创新。西尔柏研究得出微观金融机构的创新逻辑，金融遏制来自政府的管控和内部的金融压力。在政府管控方面，由于政府管控带来的外部条件会制约金融机构的效用，政府制约其效用会导致金融遏制，金融遏制会增加金融机构的机会成本，所以需要机构进行金融创新以增加效用，尽可能经过减轻金融遏制而避免机会成本引致的利润损失。在内部金融压力方面，因为机构会施行管理资产负债的规章制度，需要保障机构运作所需的资产流动情况、负债偿还情况、经营风险管理等，机构在追求营运安全的同时也增加了机构内部的金融遏制。追求利润最大和管理最优的机构在政府和运营带来的金融遏制下（尤其是外部条件导致的）会尽可能地追求金融创新。

（2）避免型金融创新理论

在英国学者凯恩界定的避免型金融创新中，避免型创新是指避免政府制定的约束条例和各项金融管控，当综合考虑外部干预和市场制度与金融机构的内部需求时，规避金融管控和政府规定条例时机构会做出金融创新的举措。凯恩的避免性金融创新理论强调外部条件对金融机构的作用，认为金融创新起源于金融机构的回避机制。

（3）交易成本金融创新理论

交易成本论（J. K. Hicks，J. Niehans）提出降低交易成本是金融创新的驱动因素之一，认为金融机构的交易成本与服务质量成反比，该理论认为金融创新是利用创新技术进一步降低成本，进而获得更高的利润。该理论将金融需求、交易成本和金融创新三者联系起来，认为金融需求的大小受交易成本影响，交易成本使金融活动参与者的金融需求发生改变，交易成本的缩小会使金融需求向更高层次衍变，从而金融机构随之会推出新的金融工具用于交易，交易成本的陆续缩小会促使金融机构进行创新提高金融服务，所以金融创新是缩减交易成本的结果。

基于熊比特和主流的金融创新理论，综合学术界其余学者对金融创新的理论研究，总结出四类对金融创新的内涵理解。第一，金融创新是对金融机构的升级，金融创新使金融机构发展愈加完善与成熟。经过对金融工具、服务手段、技术技能、机构管理等方面的创新，金融业务得以拓展和改进，传统的金融服务被赋予新的内涵和方式，甚至被新的服务方式所代替。第二，金融创新是追寻利润的表现，对金融业的要素重组而得到的新型生产函数，会增大金融机构获得更多收益的可能性。认为创新以获取更大利润为目标，是金融市场、金融体制、金融工具和金融服务的变更与进步，金融创新实质是调整可能对机构利润有益的各种金融要素的过程。第三，金融创新是更新中介功能，从微观视角探求金融机构的金融风险管理创新、技术创新、信用形式创新等，认为创新与金融机构基本的金融中介属性有关，新型的金融制度、金融工具、金融产品和制度服务会改变并优化金融机构的中介功能。第四，金融创新跟随经济发展趋势，随着时代发展金融呈现出多样化的创新，如资金信用形式创新、机构管理制度创新、金融业务范围创新以及数字技术给金融行业带来的全新机遇。

2.2.4 农村金融发展理论

农村金融发展是金融发展中的重要分支，农村金融理论的明晰对指引农村金融的发展与改革有重要作用，在农村金融逐渐地发展中，根据不同的假说背景形成了占据农村金融核心地位的三大理论，分别是农村信贷补贴理论、农村金融市场理论和不完全竞争市场理论。先后研究了政府干涉、利率约束和市场化水平对农村金融的作用影响，对正规、非正规、政策性农村金融机构的保护与监管问题。

（1）农村信贷补贴理论

早期农村金融理论的主要观点即农村信贷补贴理论。其前提假说是农村群体缺少储蓄实力，农村群体特别是贫穷居民处于资金不足的困境中；因为农业天然固有的脆弱性和周期性，所以农民的生产收入不稳定，农业具有长期投资和低收益的特征，因此以追求利润为目标的商业银行不会将农村列为理想的投资和融资目标。农村金融无法可持续，在二元经济结构下会致使农村金融服务的发展落后，农村生产作业所需的信贷不足导致农业进程缓慢，农村资金向外流出，农村居民的储蓄进一步降低。为此应该向农村实施信贷补贴，由农村外部提供政策性资助，所提供的融资利率低于其他产业，开创非盈利目的的专门机构分配资金投入，提高农业生产效率并促进农村经济增长，从而缩小农村与城镇的结构性收入和分配差距。

其他发展中国家的农村也推行了农村信贷补贴理论的政策，如印度、泰国、巴西等国家设立了政策农村金融机构，向农村投入信贷补贴，并且对农村高利贷等非正规金融行为进行打击。经验表明落实农村信贷补贴相关政策在约束农村高利贷现象和促进农村农民增长增收的方面有积极影响，但农村信贷补贴理论本身存在以下弊端。第一，该信贷补贴理论的主导机制认定农民的储蓄能力不足，没有对农民实行储蓄激励，实际上农民有一定的储蓄意愿和储蓄能力，根据信贷补贴理论实施的政策使农民获得低廉的资助，形成的政府财政压力偏离了农村金融政策的本意。第二，信贷补贴理论致使低息信贷成了农村金融的稀缺资源，由于低利率和低成本获得贷款对农村的非目标群体存在激励，信贷分配会倾斜向富农和中大型农户，较富有的农民因为偏离目标对象的信贷补贴成了政策的主要受益人，而非最需要资金支持的部分农民，金融资源的错配和浪费违背了信贷补贴的初衷。第三，政策性的农村信贷机构因为自身的营利属性不明显，所以没有对借款人的借贷及还贷行为构成充分有效的监督，导致不如期还贷的拖欠行为多有发生。在农村信贷补贴理论的作用下，政策性金融资源对农村金融提供了资金支持，但是也阻碍了农村民间金融机构的生存能力，减弱了农村金融的可持续发展能力。

（2）农村金融市场理论

20世纪80年代，我国开始进入市场经济改革的初始阶段，农村金融发展中也提出了农村金融市场理论,并成为理论和实践的热点。其更重视市场机制的作用,认为农村群体无论贫穷与否都具备存储能力,农村金融发展不应过度依赖政策性资金,而应该更大力发展市场化金融供求主体的作用、重视市场化因素对农村金融服务、金融产品的影响。

农村金融市场理论主张在农村金融发展中发挥市场调节机制,减少政府干预和利率限制等政策性因素的影响,减少因不恰当的政策安排导致的农村金融资金缺乏的困境,所以要消除农村金融市场的干扰因素,不再推行政策性的低息信贷补贴,应该实行市场化利率促使农村资金达到供需均衡,一方面刺激农村居民向金融机构储蓄,另一方面有利于农村金融机构保证经营成本并取得收益;农村非正规金融机构的正常发展,有助于农村金融市场保持竞争力;非正规金融也有其存在的必要性,其和正规金融机构并存的格局,会在农村金融市场形成竞争体系,为农民使用信贷资金提供选择;农村金融的发展进程不能全根据存贷款对农村农业生产值的影响程度判断,也应该重视农村金融机构的盈利状况和可持续经营能力。

农村金融市场理论假设市场处于完全竞争条件下,其不足在于忽略了金融市场发展滞后带来的影响。现阶段,我国农村金融市场还不健全,所以在农村金融市场的发展过程中需要政府适度管控农村金融机构的经营情况,尤其是信贷业务。不完全竞争市场理论强调政府的适当管控,该理论接纳政府对金融市场的调节作用,认定应该在农村金融体系健全的前提下,政府制定监管农村金融的制度标准,消除农村金融市场发展进程中的不利因素,对农村金融市场进行干预并推进农村金融改革。政府监管农村金融的具体职能有:提供低通货膨胀的宏观环境以便农村金融稳健运行;限定农村金融的准入门槛等措施保护农村金融机构;制定政策提高资金利用率,改善农村非正规金融机构的低效率现象。不完全竞争市场理论主张非市场要素对发展农村金融市场的有效影响,主张政府在一定范围内发挥应有的作用,这为之后发展农村小额信贷等新型金融业务奠定了理论基础。

2.2.5 金融风险管理理论

这里主要探讨风险管理基本理论中的保险理论、资产组合理论、套利定价与无套利定价理论、资本资产定价理论和风险管理理论与方法。

（1）保险理论

保险理论以概率理论和风险分散理论为理论基础，企业利用购买保险的方式移除难以规避的风险。

（2）资产组合理论

该理论提出理性的投资人往往会采用投资组合收益的方差和均值来确定最佳资产组合，该理论有两个前提假定，分别是资本市场有效和收益曲线正态分布，投资组合理论是投资者进行自主风险管理的理论基础，该理论认为不同证券具有关联，可凭借证券的关联特点去选取资产投资组合，证券的关联性为负则表明资产组合具备降低风险的能力，证券的关联性为正则反之。

（3）套利定价与无套利定价理论

套利定价认为有相同敏感性的证券应该具备相同的预期收益，而无套利均衡主要用于金融产品的定价，无套利定价是资产定价中的核心理论，常常用于交易活动的风险管理。

（4）资本资产定价理论

资本资产定价理论认为资产的期望收益和风险之间具有显著的相关关系，该模型表明资产组合若包含无风险资产和风险资产，就能够找到一个市场均衡价格，风险资产的价值能够从资产组合的价值中体现。

（5）风险管理理论与方法

风险管理理论是指通过出台相关政策或者控制金融风险以达到化解风险的目的，即按照合规的规章条例操作可起到消除部分风险的效果，该理论是规避操作风险的根本理论。

金融风险管理方法主要分为定性和定量两种方法。定性方法包括预防风险、规避风险和自留风险。预防风险是在风险未引起实际亏损时采取措施，防止金融风险发生或将亏损降至最低，预防风险是金融机构应对信用风险和流动性风险时常用的管理手段，具有成本低和效率高的特征；规避风险是施行相关程序达到消除或降低金融风险带来的亏损，该方法需要支出分析风险和分配资本的费用，规避风险的弊端在于移除了风险也有可能移除了部分资产收益；自留风险是选择承受风险的行为，机构自留风险的表现形式是对即将发生的损失预留资金，一般实行自留风险的动机是做好弥补损失的准备，自留方式有预备基金、自保险、资本充足控制和约束内部风险。

金融风险管理的定量方法主要包括限定损失、离散风险、移动风险和套期保值。限定损失是在已经无法规避风险时采取手段降低损失至一定水平下，这种方法和开展金融活动并不冲突，在开展活动的同时采取手段使损失降到可承受水平；离散风险是利用多种类的资产投资达到分散风险的目的，哈里马科维茨的投资组合理论认为，如果单个资产之间的相关系数小于1，那么投资组合的总标准差将低于独立资产标准差的加权平均值，所以寻找相关系数较低的资产组合可以既不干预收益，又有效减少金融风险，该离散风险的逻辑同样适用于证券管理风险和汇率风险；移动风险是购置特定金融产品以转换风险或将风险合规地转移给其他投资者，当投资者无法承担某金融风险或没有控制某金融风险的能力时，应选择合规的手段移除该风险，前提条件是被移动者同意承担该风险，移动风险的形式有保险、担保、延时付款；套期保值是持有与标的资产相关性为负的资产或金融衍生品，对冲标的资产的损失，套期保值既可以控制系统风险又可以控制非系统风险，调整对冲比重可以将风险控制到可承担状态，套期工具有期货合约、远期合约、期权合约等金融衍生工具。

第3章

中国农业供给侧发展状况分析

3.1 农业供给侧现状分析

3.1.1 农业产业发展现状

当前我国农业产业存在着结构性矛盾,其原因可以追溯到新中国成立之初。当时的中国人口众多、经济水平相对落后,这就导致了我国在粮食总量供给上面临着巨大的压力。因此,新中国成立初期,我国将农业发展的重点落在了粮食产量持续稳定增收上,自然也就忽视了对农业内部产业结构的关注。我国经济的发展伴随着居民消费水平的提高,现如今,我国居民农产品的消费需求从"温饱型"过渡到"小康型",甚至有一部分已经过渡到了"富裕型",这也意味着对我国农业产业的结构提出了更高的要求,需要农业产业提供出更加丰富、多样化的产品以满足不同消费群体日益丰富的消费需求。就目前情况来看,我国的农业产业结构尚不能满足这些新的需求,虽然供给量较多,但结构性的矛盾却十分突出。

1952年以来,我国农业发展态势持续向好。从2003年至2020年的数据来看(见图3-1),我国农业近年来稳步发展,农林牧渔总产值逐年攀升,2003年农林牧渔总产值为29691.8亿元,2015年为101893.5亿元,首次实现了十万亿元的突破,2020年达到137782.2亿元。

2003—2020年,在农林牧渔总产值不断攀升的同时,农林牧渔业增加值也在递增。2003年农林牧渔业增加值为17380.6亿元,2012年农林牧渔业增加值已经增长至50581.2亿元,与2003年相比增长率为191.02%。2016年农林牧渔业增加值为62451.0亿元,2020年升至81103.9亿元。

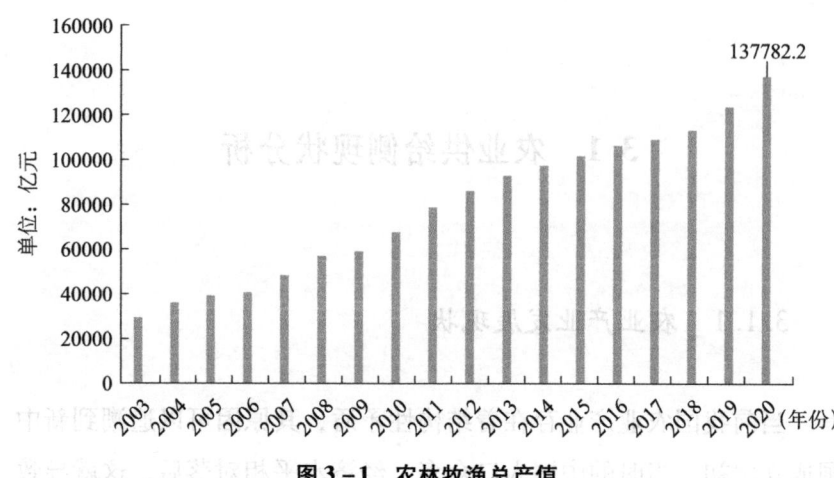

图 3-1 农林牧渔总产值

数据来源：《中国农村统计年鉴》（2004—2021 年）。

如表 3-1 所示，2003 年以来，农林牧渔总产值稳步提高，2003 年为 29691.8 亿元，2020 年已经增长到 137782.2 亿元。与此同时，农林牧渔业的内部结构形态较为稳定，变化幅度小、速度慢。农业、林业、牧业、渔业的产值结构变化并不显著，说明我国农林牧渔内部结构的调整能力较弱。从数据上看，农业在农林牧渔总产值中的主导地位相当明显，2003 年占 50.1%，2020 年占 52.1%，始终维持在 50% 左右。占比位于第二的是牧业，近些年来一直维持在 30% 左右，因此，农业和牧业构成了我国农林牧渔总产值中的绝对主体，二者之和占据了产值结构的 80% 以上，占比最小的是林业，渔业的占比相对稳定，始终维持在 10% 上下。与成熟的农林牧渔业结构相比，我国的产业结构仍存在着较明显的差距，为此，在保证农业稳步增长的同时，也应积极促进林业、牧业以及渔业的发展，使农林牧渔业到达相对合理的结构水平。

表 3-1　2003—2020 年我国农林牧渔总产值及产值结构

年份	农林牧渔总产值	产值结构（%）				产值（亿元）			
		农业	林业	牧业	渔业	农业	林业	牧业	渔业
2003	29691.8	50.1	4.2	32.1	10.6	14870.1	1239.9	9538.8	3137.6
2004	36239	50.1	3.7	33.6	9.9	18138.4	1327.1	12173.8	3605.6

续表

年份	农林牧渔总产值	产值结构（%）				产值（亿元）			
		农业	林业	牧业	渔业	农业	林业	牧业	渔业
2005	39450.9	49.7	3.6	33.7	10.2	19613.4	1425.5	13310.8	4016.1
2006	40810.8	52.7	3.9	29.6	9.7	21522.3	1610.8	12083.9	3970.5
2007	48651.8	50.2	3.9	33	9.1	24444.7	1889.9	16068.6	4427.9
2008	57420.8	48.2	3.8	35.4	8.9	27679.9	2180.3	20354.2	5137.5
2009	59311.3	50.6	3.9	32.3	9.3	29983.8	2324.4	19184.6	5514.7
2010	67763.1	53	3.8	30.2	9.2	35909.1	2575	20461.1	6263.4
2011	78837	51.2	3.9	32	9.3	40339.6	3092.4	25194.2	7337.4
2012	86342.2	51.9	3.9	30.7	9.7	44845.7	3407	26491.2	8403.9
2013	93173.7	52.5	4.1	29.6	9.9	48943.9	3847.4	27572.4	9254.5
2014	97822.5	53	4.3	28.6	10.1	51851.1	4190	27963.4	9877.5
2015	101893.5	53.2	4.3	28.1	10.1	54205.3	4358.4	28649.3	10339.1
2016	106478.7	52.3	4.4	28.6	10.2	55659.9	4635.9	30461.2	10892.9
2017	109331.7	53.1	4.6	26.9	10.6	58059.8	4980.6	29361.2	11577.1
2018	113579.5	54.1	4.8	25.3	10.7	61452.6	5432.6	28697.4	12131.5
2019	123967.9	53.4	4.7	26.7	10.1	66066.5	5775.7	33064.3	12572.4
2020	137782.2	52.1	4.3	29.2	9.3	71748.2	5961.6	40266.7	12775.9

数据来源：《中国统计年鉴》（2004—2021 年）。

近些年来，在各种政策的推动下，我国农业发展进入了黄金时期，我国粮食总产量不断提高，从 1990 年的 44624.3 万吨增长到 2020 年的 66949.2 万吨。在我国粮食总产量增长的同时，进口量也在增长，如表 3-2 所示。

表 3-2　　　　　　　海关进口主要农产品数量

年份	小麦（万吨）	玉米（万吨）	大豆（万吨）	棉花（万吨）	食用植物油（万吨）
2003	45	—	2074	87	541
2004	726	—	2023	191	676
2005	354	—	2659	257	621
2006	61	7	2824	364	669
2007	10	4	3082	246	838
2008	4.3	5	3744	211	816

续表

年份	小麦（万吨）	玉米（万吨）	大豆（万吨）	棉花（万吨）	食用植物油（万吨）
2009	90.4	8	4255	153	816
2010	123	157	5480	284	687
2011	125.8	175.3	5264	336	657
2012	370	520.8	5838	513	845
2013	554	326.6	6338	415	810
2014	300	260	7140	244	650
2015	301	473	8169	147	676
2016	341	317	8391	90	553
2017	442	283	9553	116	577
2018	310	352	8803	157	629
2019	349	479	8851	185	953
2020	838	1124	10031	216	983

数据来源：《中国农村统计年鉴》。

我国大豆产量虽然较为稳定，但国内生产的大豆以低端大豆为主，缺乏优质大豆，因此我国在大豆方面仍有较大的进口需求，从表3-2中的数据可知，大豆的进口量仅有较少的几次下降，整体上处于增长的趋势，2020年的大豆进口量达10031万吨。

目前，我国农业市场对中高端需求的适应能力不足，相比于消费结构升级的速度来说，农业产业结构升级的速度仍然存在着差距，低品质的农产品需求量有所减少，但供给结构并没有做出相应调整。

近些年来，我国农业发展迎来了黄金时期，农业综合生产力得到了有效提高，百姓的"菜篮子"产品变得多样化，逐渐满足居民不同的消费需求。畜牧业的波动性较为明显。

3.1.2 农业要素配置现状

农业生产要素指的是，在农业生产经营活动中所必需的各种资源，因此，农业要素配置的效率自然会影响到农业综合生产能力。

研究农业要素的配置效率对农业的发展以及农业产业结构的改善有着至关重要的意义。提高农业要素配置的效率，本质上就是在提高各项基础要素上，增强创新在提高农业要素配置效率方面的作用，将创新引入调整农业要素配置中，并提高其所占地位，使创新成为促进农业要素配置效率提高的驱动力。

家庭联产承包责任制的提出，在一定程度上增加了农民生产的积极性，导致改革开放后，劳动力要素的投入量大大增加，1978年到1991年，我国第一产业的就业人员数量增加了1.08亿人，平均每年增长了近1000万人。随后的几年，在户籍制度放活以及土地制度的改革推动下，第一产业的就业人员数量出现了短暂的下降，接下来虽然又出现了暂时的上升，但劳动力要素投入的减少已成趋势。如表3-3所示，自2003年起直到目前，第一产业就业人员数量逐年递减，与此同时，乡村人口数以及乡村就业人员数量也在下降。

表3-3　　　　2003—2020年我国第一产业就业情况

年份	乡村人口数（万人）	乡村就业人员（万人）	第一产业就业人员（万人）
2003	76851	47506	36204
2004	75705	46971	34830
2005	74544	46258	33442
2006	73160	45348	31941
2007	71496	44368	30731
2008	70399	43461	29923
2009	68938	42506	28890
2010	67113	41418	27931
2011	64989	40193	26472
2012	63747	38967	25535
2013	62224	37774	23838
2014	60908	36646	22372
2015	59024	35404	21418
2016	57308	34194	20908
2017	55668	32850	20295

续表

年份	乡村人口数（万人）	乡村就业人员（万人）	第一产业就业人员（万人）
2018	54108	31490	19515
2019	52582	30198	18652
2020	50979	28793	17715

数据来源：《中国农村统计年鉴》（2004—2021）。

与此同时，与劳动力要素的发展趋势所不同的是，我国资本要素投入得到了较快的增长，土地要素的投入量在波动中实现了增长。如表3-4所示，从2003年到2020年的数据来看，以农作物总播种面积来表示土地要素在农业生产要素中的配置，2003—2005年农作物的总播种面积逐年递增，在随后的三年内土地要素投入量出现了一定的波动，经过波动后，在2008年回到了155566千公顷，略高于2005年的土地要素投入量，2009—2016年，我国农作物总播种面积始终在增加，从2009年的157242千公顷，增加到2016年的166939千公顷，从2017年起，又出现了一次短暂的波动，导致2018年为165902千公顷，随后又回到逐年递增的趋势上来，土地要素的投入量总体上实现了在波动中增长的趋势，截至2020年，增长到了167487千公顷。

表3-4　　　　　2003—2020年全国农作物总播种面积

年份	农作物总播种面积（千公顷）
2003	152415
2004	153553
2005	155488
2006	152149
2007	153010
2008	155566
2009	157242
2010	158579
2011	160360
2012	162071
2013	163702

续表

年份	农作物总播种面积（千公顷）
2014	165183
2015	166829
2016	166939
2017	166332
2018	165902
2019	165931
2020	167487

数据来源：《中国农村统计年鉴》（2004—2021）。

总体上看，我国劳动力与土地结构配置，虽略有波动，但整体情况较好，农村劳动力的转移在一定程度上改善了劳动力与土地结构的比例，使其向更加合理的方向发展。从资本与土地结构配置方面来看，从2003年开始得到了明显的改善，2003年每公顷土地农业资本投入达到了1084元，首次实现了千元的突破。在国家实施各项强农惠农政策的背景下，资本与土地结构的配置不断得到改善，朝着更加合理的方向继续发展。就劳动力与资本投入的结构方面来看，从2007年开始，劳均资本进入了快速增长阶段，平均每年增速可达到25.8%。

总而言之，新中国成立之后，我国城乡之间实行着不同的资源配置制度，这就直接导致了农村的资源配置方式相对落后，在要素市场方面城乡之间难以形成有效的衔接，影响了生产要素的流通。改革开放以后，户籍制度的放活加之土地制度的改革，使得生产要素的流通在城乡之间开始逐渐变得顺畅，这也在很大程度上促进了劳动力要素、资本要素、土地要素等要素的投入结构趋于合理化。虽然在整体上投入结构有了一定的改善，但是目前来看，我国的农业领域仍然存在着劳动力等传统要素投入量占比过大的问题，资本等现当代要素配置占比仍然不足，因此长期以来的农业要素配置效率低的问题仍然没有得到明显的改善，某些关键环节的改革仍然不足。

此外，我国目前仍然存在着高素质劳动力未充分进入农业领域的问题，劳动力从农村流向城镇的过程中，很多高素质的劳动力也随之流向城镇，开始转向其他产业的工作，这就导致了总体上的农业从业人员知识匮乏，进而出现了农业生产效率不高等问题，为此，近些年来我国不断出台相关政策，培养新型职业农民。

3.1.3 农业科技创新现状

与传统的农业相比较而言，现代的农业更注重运用先进的工具及生产技术等，农业科技的创新是提高全要素生产率的重要部分。自新中国成立以来，在农业科研工作者的不断努力之下，我国的农业科技得到了一定的发展，我国农业科技进步贡献率也得到了较大的增长。改革开放以来，国家相继出台一系列政策，并实现了多方面的改革，在政府的主导下，我国农业实现了产学研有效的结合。

科技创新是实现农业产业现代化升级的有力支持，然而目前我国的农产品科技含量水平较低，并且由于我国农业科技经费不足、科研人员发挥作用有限，我国农业科技成果的转化率及应用率与发达国家的情况相比差距十分明显。与此同时，我国农民受教育程度普遍偏低且对知识产权的保护不足等现状，导致当前科技创新难以为我国的农业生产提高强有力的支撑，一个新的农业技术在我国得到普遍应用平均需要花费6年左右的时间，而与之相比，这在发达国家仅需要1.5至2年的时间，其中仍然存在着不小的差距。

近些年来，党和国家不断加大对农业科研的投入，建立了相关的农业创新平台。同时，我国实现了农业生产方式的转变，由传统的人畜力为主转向了现代化、机械化等生产方式。

农业R&D经费的来源逐渐趋于多样化，其中政府资金一直是经费的主要来源，占比在80%左右，企业资金的占比呈现出递增的趋势，国外资金占比相对较低，其他资金占比略有波动，自2015年开始持续增加。投入经费从总体上来看逐年递增。与此同时，在推进农业科技体制改革的进程中，农业科技资源的投入力度得到了一定的加强，农业科研机构在数量方面有了一定的精简，科技人员的数量也在波动中呈现出先减后增的趋势。我国农林牧渔业R&D课题数量在2000—2002年出现了短暂的波动，随后呈现出递增的趋势，至2008年达到23267项，在2009年出现下降的情况，降至14123项，在接下来的几年里，我国农林牧渔业R&D课题数量呈现出在波动中增加的趋势。10年间，重大科技成果数量在波动中实现了一定的增长，发表科技论文数量相对稳定，但其所占比例在波动中出现了一定的下降。申请专利数量以及有效发明专利均实现了较大规模的增长，增速较快。

从我国目前的农业科技现状来看，需要推动创新，将农业科技人员的作用发挥到最大化，创造良好的科研环境、培养相关的农业科技人员、建立相对完善的激励机制，同时还要提高对基础研究的重视程度，积极推进相关成果的转化，缩短其转化及推广所需的时间，提高转化效率。创新离不开科研经费的支持，因此还应加大对农业科技研究的经费支持力度，提高国家财政在相关方面的支出，激发新活力，形成新格局。

3.1.4 农业资金支持现状

农业是我国最重要的基础产业，在国民经济中占据了举足轻重的地位，始终受到政府的高度关注，在制定各项宏观经济政策时，农业也是不可或缺的考量因素。在财政资金支持方面，近年来，在统筹疫情防控与农业经济发展需求的同时，我国积极推动财政支农政策落地，推出了一系列有利于农业发展的政策，增加财政对于农业的支持，如表3-5所示。

表 3-5　　　　　　　　财政用于农林业支出

年份	农业（亿元）	林业（亿元）
2008	2278.9	424.0
2009	3826.9	532.1
2010	3949.4	667.3
2011	4291.2	876.5
2012	5077.4	1019.2
2013	5561.6	1204.3
2014	5816.6	1348.8
2015	6436.2	1613.4
2016	6458.6	1696.6
2017	6194.6	1724.9
2018	6156.1	1931.3
2019	6554.7	2007.7
2020	7514.4	2035.1

数据来源：《中国农村统计年鉴》（2009—2021）。

农业和林业共同占据了我国农林牧渔业的绝对主导地位，因此可以从农业和林业的财政支出看出国家对农林牧渔业的资金支持趋势。从表 3-3 中的数据可以看出，2008—2020 年，财政用于农业和林业的支出增加幅度较大。2008 年财政用于农业的支出为 2278.9 亿元，2020 年已经达到 7514.4 亿元，在林业方面的支出从 2008 年的 424.0 亿元增长至 2020 年的 2035.1 亿元，增加了 379.98%。虽然近些年来我国农业财政支出不断提高，且增长幅度较大，但是相对于农业农村发展的资金需求来说仍然不足。

在市场经济体制不断深化的进程中，农业的投资需求趋于多样化，因此不能仅仅依靠财政支出作为农业发展的资金来源，金融机构对农业的信贷支持同样不容忽视。在筹集资金方面，金融机构可以高效率低成本地筹集资金，以满足农业发展资金需求，同时金融机构还能起到传递市场信息的作用，进而引导农业生产，降低市场风险，因此，金融机构对于农业发展的信贷支持作用不容忽视。

表 3-6　　1999—2009 年我国金融机构农业存贷款数量

年份	农业贷款（亿元）	农业存款（亿元）
1999	4792.4	2126.3
2000	4889.0	2642.9
2001	5711.5	3083.3
2002	6884.6	3764.2
2003	8411.4	4898.3
2004	9843.1	5526.3
2005	11529.9	6203.8
2006	13208.2	7414.0
2007	15429.0	9283.0
2008	17629.0	10075.0
2009	21623.0	14568.0

数据来源：《中国统计年鉴》（2000—2010）。

短期贷款的分类从 2010 年有所变化，所以表 3-6 选取了 2010 年之前 11 年的数据。从表 3-6 中所列的数据来看，农业贷款和农业存款在 1999—2009 年均处于持续增加的状态，1999 年农业贷款数量为 4792.4 亿元，2009 年已经达到 21623.0 亿元。与此同时，农业存款的数量由 2126.3 亿元增加到 2009 年的 14568.0 亿元，均实现了较大幅度的增长。

此外，不仅是金融机构，工商企业资金支持以及农户资金的投入对于农业产业的发展来说，都起着内在推动力的作用，目前，很多企业通过合同等方式与农户之间建立联系，增强了企业的活力。虽然我国在大力推动农业的发展，但是对于多数农户来说，缺乏充足的资金来扩大自己的生产经营规模，并且缺乏科学的指导，这些导致了农户面临着较大的风险。

总体来看，我国财政对于农业资金的支出尚不充足，这也在一定程度上阻碍了农业发展的脚步。我国农产品需求大，农业的发展现状还不足以满足农产品需求，而农业的发展离不开资金的支持，提高对于农业的资金支持力度是当前我国农业发展的关键之路。多年以来，虽然国家相继出台了多项惠农政策以及专项补贴，但与此同时农资价格也在不断上涨,这导致农民从政策中获得到的实惠,并不能使他们达到增收的目的。

3.1.5 农业生态环境现状

农业的高速发展十分重要,但环境保护作为我国的一项基本国策,同样不容忽视。改革开放以来,随着农业的迅猛发展以及农业科技的引入,我国农业逐渐增加了许多机械化、工业化的元素,我国农业生态环境受到了一定的损害,同时农药和农用塑料薄膜的使用也给环境带来了一定的压力。

表3-7　2003年及2020年各省份农业生态相关指标

位置	省份	年份	水土流失治理面积（千公顷）	受灾面积（千公顷）	农药使用量（万吨）	农用塑料薄膜使用量（吨）	农用化肥施用折纯量（万吨）
东部省份	北京市	2003	672.56	59.00	0.52	14419.00	14.32
		2020	928.69	2.00	0.21	7562.00	6.06
	天津市	2003	34.53	142.50	0.25	12922.05	17.80
		2020	101.84	17.00	0.12	7521.00	15.29
	河北省	2003	5791.68	2998.00	7.52	89096.00	283.31
		2020	5934.37	371.00	5.43	103742.00	285.71
	辽宁省	2003	5533.40	1169.00	4.45	80316.00	112.62
		2020	5723.58	1322.00	4.47	114381.00	137.57
	上海市	2003	0.00	1.10	0.85	22472.00	15.87
		2020	0.00	5.00	0.26	12864.00	6.89
	江苏省	2003	817.53	2863.70	8.79	69678.00	334.67
		2020	950.69	136.00	6.57	111776.00	280.75
	浙江省	2003	2145.01	612.80	6.17	42429.00	90.38
		2020	3659.68	114.00	3.66	66892.00	69.61
	福建省	2003	1154.91	1097.00	5.53	26491.00	120.29
		2020	4031.80	65.00	4.32	51824.00	100.81
	山东省	2003	3645.76	2632.00	17.09	305676.00	432.65
		2020	4430.25	382.00	11.43	265659.00	380.88

续表

位置	省份	年份	水土流失治理面积（千公顷）	受灾面积（千公顷）	农药使用量（万吨）	农用塑料薄膜使用量（吨）	农用化肥施用折纯量（万吨）
东部省份	广东省	2003	1267.10	1194.30	8.60	32063.00	199.61
		2020	1953.71	84.00	8.32	42558.00	219.80
	广西壮族自治区	2003	1327.73	1831.00	4.98	20540.00	183.69
		2020	3048.05	279.00	6.60	48712.00	247.85
	海南省	2003	27.59	277.00	1.34	5095.00	33.92
		2020	139.33	40.00	1.97	30580.00	42.61
中部省份	山西省	2003	4548.92	828.80	1.95	29169.00	89.91
		2020	7395.74	1030.00	2.49	48592.00	107.41
	内蒙古自治区	2003	8391.78	3227.00	1.06	32066.00	93.19
		2020	15221.50	2368.00	2.34	95297.00	207.69
	吉林省	2003	3213.25	1905.00	2.36	42793.00	122.26
		2020	2801.60	1219.00	4.69	51364.00	225.29
	黑龙江省	2003	3764.88	6659.00	3.66	49884.00	125.70
		2020	5747.49	3179.00	6.07	70501.00	224.22
	安徽省	2003	1884.13	3747.40	7.88	67565.00	281.28
		2020	2157.00	1238.00	8.33	103299.00	289.90
	江西省	2003	3320.81	1823.00	5.35	33930.00	110.98
		2020	6195.89	943.00	5.27	52296.00	108.81
	河南省	2003	3986.15	4965.00	9.87	98809.00	467.89
		2020	4033.79	670.00	10.24	151717.00	647.98
	湖北省	2003	4426.28	3099.00	9.99	67621.00	270.32
		2020	6396.04	1632.00	9.31	58039.00	267.32
	湖南省	2003	2427.02	2741.00	9.54	50609.00	188.33
		2020	4063.13	817.00	10.15	83005.00	223.73
西部省份	重庆市	2003	1729.94	959.00	1.95	24245.00	71.60
		2020	3856.00	159.00	1.62	41694.00	89.83
	四川省	2003	4755.74	2743.00	5.39	81751.00	208.39
		2020	10974.60	633.00	4.21	118818.00	210.82
	贵州省	2003	2483.97	1060.10	0.90	24629.00	74.92
		2020	7577.00	233.00	0.84	45411.00	78.78

续表

位置	省份	年份	水土流失治理面积（千公顷）	受灾面积（千公顷）	农药使用量（万吨）	农用塑料薄膜使用量（吨）	农用化肥施用折纯量（万吨）
西部省份	云南省	2003	3746.22	1493.00	2.69	61542.00	129.22
		2020	10543.11	1225.00	4.48	121558.00	196.65
	西藏自治区	2003	358.33	4.00	0.06	578.96	3.19
		2020	711.91	9.00	0.07	1866.00	4.40
	陕西省	2003	8657.78	2136.00	0.98	21778.11	142.73
		2020	8163.74	532.00	1.20	44724.00	201.91
	甘肃省	2003	7241.16	1051.00	1.27	77200.00	69.57
		2020	10099.98	396.00	4.03	152956.00	80.36
	青海省	2003	707.26	174.00	0.17	994.22	6.85
		2020	1607.76	43.00	0.12	7378.00	5.45
	宁夏回族自治区	2003	1530.74	245.40	0.16	5919.00	25.36
		2020	2471.53	175.00	0.22	16388.00	38.06
	新疆维吾尔自治区	2003	121.45	767.70	1.21	99390.00	90.74
		2020	2202.31	638.00	2.18	259674.00	248.23

数据来源：《中国农村统计年鉴》(2004、2021)。

从表3-7中的数据可以看出，2020年与2003年相比，各地区（除上海市、陕西省外）水土流失治理面积均得到了一定程度的提高，且有些省份提高幅度十分显著，例如新疆维吾尔自治区从2003年的121.45千公顷提高到2020年的2202.31千公顷，云南省从2003年的3746.22千公顷增加到2020年的10543.11千公顷。相当一部分的省份降低了农药的使用量。

3.2 中国农业供给侧发展水平测度

3.2.1 熵权测度法与指标体系构建

农业供给侧结构优化调整不仅能够解决城乡居民先前涌现的

"粮价跌、伤心菜、贱苹果"等问题，更有助于解决我国长期重视的"三农"问题，提升农民的生活水平及生活质量。因此，本书从全局角度结合前文农业供给侧发展现状及前人研究成果，从农业规模、农业生态、农业技术及农村基础四个角度构建我国31个省份的农业供给侧发展指数（ASDI），从而为我国农业供给侧结构改革提供经验证据。在指标计算方面选用熵值法作为计算方法，熵值法是常用的客观赋值方法，在一定程度上能避免主观因素的影响和偏差，适合用来确定多维指标的权重。假设需要测度 m 个省份 n 年的省份农业供给侧发展指数，所需指标数为 z，则 x_{ijt} 为 i 省份第 t 年的第 j 个指标。依据设定，ASDI 的测度步骤如下。

第一步，依据指标的指向性，采用极值法对数据进行标准化处理。其中式（1）为指向性为正的指标计算方式，式（2）为指向性为负的指标计算方式。同时将所得归一化结果乘以 0.9 后加上 0.1 作为指标的非零化处理。

$$x_{ijt}{'} = [(x_{ijt} - minx_{ijt})/(maxx_{ijt} - minx_{ijt})] \times 0.9 + 0.1 \tag{3-1}$$

$$x_{ijt}{'} = [(maxx_{ijt} - x_{ijt})/(maxx_{ijt} - minx_{ijt})] \times 0.9 + 0.1 \tag{3-2}$$

第二步，对指标进行归一化处理，如式（3-3）所示。

$$Y_{ijt} = x_{ijt} \Big/ \sum_{t=1}^{m} \sum_{i=1}^{n} x_{ijt} \tag{3-3}$$

第三步，计算各指标的熵值，如式（3-4）所示。其中 $k = 1/(\ln(mn))$

$$e_j = -k \sum_{t=1}^{m} \sum_{i=1}^{n} Y_{ijt} \ln(Y_{ijt}) \tag{3-4}$$

第四步，如式（3-5）所示，依据熵值计算出每一个指标的信息熵。信息熵越大，则指标对于测度的效用也就越大。

$$d_j = 1 - e_j \tag{3-5}$$

第五步，依据信息熵，计算出每一个子指标的权重，如式（3-6）所示。此时，各维度城市韧性的评价公式如式（3-7）所示。

$$w_j = d_j \Big/ \sum_{j=1}^{z} d_j \quad (3-6)$$

$$ASDI_a = \sum_{j=1}^{z} w_j x_{ijt} \quad (3-7)$$

本书以中国农业供给侧发展指数为目标层，在目标层下设有农业规模、农业生态、农业技术及农村基础四个一级指标及19个二级指标（见表3-8）。其中，各项二级指标的指向性及权重如表3-8所示。从2021年政府提出《关于全面推进乡村振兴加快农业农村现代化的意见》的工作细节可以看出，国家尤为重视农村工作的全面性，因此本书在合成目标层ASDI指数阶段，对所有一级指标赋予相同的权重，以体现ASDI的全面性及均衡性。本书的数据来源于2004—2021年《中国统计年鉴》《中国农村统计年鉴》以及各个省份的统计年鉴。对缺失的数据，采用平均法进行填补。其数据及计算结果描述如表3-9及表3-10所示。

表3-8　　　　　　　　ASDI测度指标体系

一级指标	二级指标	权重	三级指标		权重
农业供给侧发展指数	农业规模	0.28	农林牧渔业总产值（亿元）	X1	0.19
			肉类产量（万吨）	X2	0.17
			水产品总产量（万吨）	X3	0.32
			粮食产量（万吨）	X4	0.19
			农业总产值指数	X5	0.01
			家庭经营收入（元/人）	X6	0.12
	农业生态	0.15	水土流失治理面积（千公顷）	X7	0.55
			受灾面积（千公顷）	X8	0.04
			农药使用量（万吨）	X9	0.19
			农用塑料薄膜使用量（吨）	X10	0.10
			农用化肥施用折纯量（万吨）	X11	0.11
	农业技术	0.29	有效灌溉面积（千公顷）	X12	0.26
			农业机械总动力（万千瓦）	X13	0.25
			农用柴油使用量（万吨）	X14	0.18
			人均农村用电量（万千瓦时/人）	X15	0.30

续表

一级指标	二级指标	权重	三级指标		权重
农业供给侧发展指数	农业基础	0.28	水库总库容量（亿立方米）	X16	0.25
			村卫生室数（个）	X17	0.32
			新型农村合作医疗覆盖县（市、区）数（个）	X18	0.22
			乡镇文化站（个）	X19	0.21

表3-9　　　　ASDI测度指标原始数据描述

一级指标	二级指标	数量	均值	标准差	最小值	最大值
农业规模	农林牧渔业总产值（亿元）	558	1452.56	1228.50	39.60	5556.90
	肉类产量（万吨）	558	254.97	197.89	3.53	866.01
	水产品总产量（万吨）	558	184.11	239.54	0.01	950.19
	粮食产量（万吨）	558	1875.26	1647.54	28.76	7615.78
	农业总产值指数（%）	558	104.17	4.13	74.70	122.70
	家庭经营收入（元/人）	558	3439.77	1771.16	589.70	9141.10
农业生态	水土流失治理面积（千公顷）	558	3585.072	2947.910	0.000	15221.500
	受灾面积（千公顷）	558	1049.015	1018.267	0.000	7393.700
	农药使用量（万吨）	558	5.208	4.263	0.060	17.350
	农用塑料薄膜使用量（吨）	558	71371.170	65091.480	440.570	343524.000
	农用化肥施用折纯量（万吨）	558	175.054	141.320	3.190	716.090
农业技术	有效灌溉面积（千公顷）	558	1995.60	1562.63	109.24	6177.59
	农业机械总动力（万千瓦）	558	2926.81	2766.30	93.97	13353.02
	农用柴油使用量（万吨）	558	64.16	65.62	0.81	487.03
	人均农村用电量（万千瓦时/人）	558	0.04	0.06	0.00	0.44
农村基础	水库总库容量（亿立方米）	558	241.548	220.884	0.000	1263.890
	村卫生室数（个）	558	19956.510	16544.290	1162.000	66389.000
	新型农村合作医疗覆盖市区数（个）	558	92.082	44.296	16.000	183.000
	乡镇文化站（个）	558	1097.177	766.390	86.000	4375.000

表3-10　　　　ASDI测度指标描述

二级指标	数量	均值	标准差	最小值	最大值
农业供给侧发展指数	558	0.40	0.15	0.17	0.77
农业规模	558	0.33	0.15	0.12	0.83

续表

二级指标	数量	均值	标准差	最小值	最大值
农业生态	558	0.51	0.11	0.29	0.90
农村技术	558	0.36	0.17	0.10	0.82
农村基础	558	0.27	0.13	0.10	0.62

3.2.2 研究区域

本书选取中国31个省份作为样本,并按照由沿海到内陆划分为东部、中部、西部三大区域。此外,由于南北温度差异,本书将秦岭—淮河设为南北区域分界线进行ASDI差异化分析。

3.2.3 全国层面时空特征分析

表3-11从静态角度描述了我国ASDI及其子维度的总体水平,其中省份排名将在空间分析中予以阐述。总体上,我国ASDI发展状况如表3-11所示,其中,超过中位数的省份及超过均值的省份数量均达到了14个,说明我国2003—2020年ASDI增长明显且区域发展水平整体上较为均衡并处于中等水平。子维度层面,从横向来看,农业规模的均值为0.327,标准差为0.146,变异系数为0.447,中位数为0.315;农业生态的均值为0.513,标准差为0.106,变异系数为0.207,中位数为0.510;农业技术的均值为0.361,标准差为0.168,变异系数为0.464,中位数为0.356;农村基础均值为0.268,标准差为0.127,变异系数为0.473,中位数为0.235。从纵向来看,四个维度发展水平由高到低排名依次为生态、技术、规模以及基础,中位数排名也是如此。从发展均衡程度来看,变异系数由高到低依次为生态、基础、规模以及技术。由此可知,在农业生态发展领域区域差异化并不明显,但是在农村基础、农业规模以及农业技术领域,区域差异化较大。尤其是农业技

术，是农业供给侧发展的短板。

表3-11　　　　ASDI及其子维度总体描述

	均值	标准差	变异系数	中位数
规模	0.327	0.146	0.447	0.315
生态	0.513	0.106	0.207	0.510
技术	0.361	0.168	0.464	0.356
基础	0.268	0.127	0.473	0.235
ASDI	0.400	0.151	0.377	0.408

本书选取均值描述我国2003—2020年ASDI总体水平的时变特征。如表3-12及图3-2所示，总体上，2003—2020年，我国农业供给侧发展水平呈现出上扬的趋势。从子维度来看，农业规模呈现出了上升趋势。农业生态在2014年前趋势平稳，而在2014年后出现了增长趋势。农业技术在整体呈现上升趋势，但是在2015年前后增速由快变慢。农村基础在2018年前呈现出了上升趋势而在2018年至2020年出现了下降趋势。

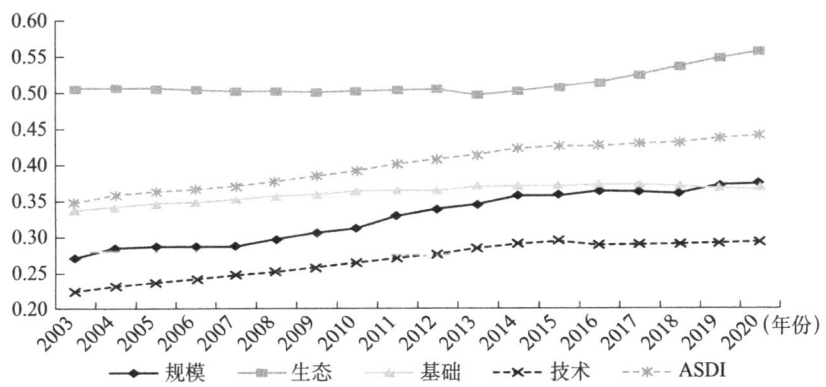

图3-2　ASDI及其子维度变化的时间趋势（均值）

表3-12　　我国2003—2020年ASDI及其子维度测算结果（均值）

年份	农业规模	农业生态	农业技术	农村基础	ASDI
2003	0.271	0.506	0.224	0.337	0.348
2004	0.285	0.508	0.231	0.342	0.358
2005	0.287	0.507	0.236	0.346	0.363

续表

年份	农业规模	农业生态	农业技术	农村基础	ASDI
2006	0.287	0.505	0.241	0.348	0.366
2007	0.287	0.502	0.247	0.352	0.370
2008	0.296	0.503	0.252	0.356	0.377
2009	0.306	0.502	0.258	0.360	0.384
2010	0.312	0.503	0.264	0.363	0.391
2011	0.329	0.504	0.270	0.366	0.401
2012	0.339	0.506	0.276	0.364	0.408
2013	0.344	0.498	0.285	0.370	0.414
2014	0.358	0.503	0.290	0.370	0.423
2015	0.358	0.508	0.294	0.370	0.426
2016	0.363	0.514	0.288	0.372	0.427
2017	0.363	0.525	0.290	0.372	0.430
2018	0.362	0.537	0.290	0.370	0.431
2019	0.370	0.548	0.291	0.368	0.437
2020	0.374	0.558	0.293	0.367	0.441

从农业规模来看，随着我国对"三农"问题的重视程度不断提升，我国也为农业提供了财政支持，这使得农业产量不断上升，这有助于农民提高产量，扩大生产规模。此外，灾害带来的农产品价格异常波动，比如，"粮价跌、伤心菜、贱苹果"，以及中国人口数量的上升都会提高政府对于农产品稳定生产的重视程度。因此，我国农业规模在持续稳定的增长。

从农业生态来看，随着政府对三农问题的重视程度不断加强，以及绿色可持续发展理念的兴起，中央及地方也越来越重视农业生产过程中对环境产生的影响。2006 年中央积极推进土壤有机质提升补贴项目的实施，鼓励和引导农民使用有机肥替代化肥。同年颁布实施《畜牧法》，加大畜禽养殖污染防治力度。此外，2008 年我国在 8 个省（市）开展低毒生物农药示范推广补贴试点，并于当地相关部门开展农药安全使用培训班 350 期次。以上措施均说明我国一直很关注农业生产过程中生产工具及生产活动带来的污染问题，一定程度上推动农业生态优化。

从农业技术领域来看，传统的农业技术伴随了我国几千年的农业发展，但传统的农业技术以经验为主，经验的总结需要大量的实践，且耗费的时间相当长。为适应时代发展对农业的要求，很多国家对于农业技术的发展做出了调整。农业技术的发展离不开有效的推广，近些年来，我国产生了很多农业技术推广组织，这些组织的形成与发展，为农业技术的推广做出了贡献，向更多的农民展现出了农业技术带来的便利，激发了农民学习并推广农业技术的积极性。同时，我国积极鼓励、大力支持农业技术的相关研究，营造了良好的科研环境与学术氛围，2016年至2020年农业科研机构课题经费共投入610.19亿元，在全球农业总体科技论文竞争力方面位居全球第一。

从农村基础来看，2018年前我国农村基础一直处于上升趋势，而2018年后出现了下降趋势。从医疗角度来看，2018—2020年，国务院明确提出要积极推动乡村医生向执业（助理）医师转变，并制订到2025年乡村医生中执业（助理）医师比例要达到45%的工作计划，从规划报告及工作计划可知，这一举措会对农村的医疗体系产生巨大帮助。从数据来看，2018年我国村卫生室拥有执业（助理）医师资格人员数约为22万人，占比为24.35%，而2020年达38.5%，增幅超过14%，除绝对数量增加之外，另一重要因素就是乡村医生总数这个分母的变化。2018年，全国有乡村医生和卫生员90.7万人，而到了2020年，这一数字就减少到了79.1万人。由此可以看出，农村医师正大量流失，这也使得农村的卫生室等相关的医疗基础建设设施出现了不同程度的减少。此外，疫情的出现，各地提升了对医疗的重视程度，医师需求量大，相比农村，城镇的大型医院有更好的就业机会与薪资水平，因此会发生农村医疗从业人员流失的现象。

ASDI的空间分布从格局特征上来看，有两个特点。第一，我国ASDI高的省份多位于黄河、长江及淮河的流经地。靠近水源能够为农业发展提供稳定的灌溉条件。黄河流域农耕文明历史基础深厚。黄土土壤肥沃，有利于土壤结构的发育和植物的吸收，更易于耕作。长江流域的气候适宜，年平均气温呈现出南高北低，西高东低的特点，其主要处于亚热带季风区，气候温暖，湿度适宜，雨热同期，适合农作物的生长。第二，平原地势 ASDI 发展较为发达。一方面，平原地带地势低平开阔，另一方面，我国平原位于东部且沿海的地区，沿海地带具有先天的水产养殖优势。河北省及山东省地势平坦且降水丰富，有着发展旱地农业的基本先天优势条件，这使得河北及山东更适宜农作物生长，此外，山东位于东部沿海地区，河北位靠北京，良好的区位优势能够为其带来先进的技术、理念以及人才，这有助于两省份的农业发展。在秦昭王末年修建的都江堰，为四川引流灌溉提供了重要保障，为四川的农业奠定了良好的基础。河南一直以来在农业方面具有较好的表现，黄河以南的区位优势为河南带来了丰富的水源。同时，河南省土地资源丰富且地势低。气候方面，四季分明且无霜期达到 200 天以上，适宜多种农作物生长。湖南省地形地貌类型丰富，东面有山脉与江西相隔，耕地面积达 414.88 万公顷，林地面积达 1221.03 万公顷，土地资源丰富。此外湖南省河流众多，水资源总量位居全国第六。大陆性亚热带季风湿润气候使得该地区更适宜农作物生长。相反，宁夏回族自治区位于我国内陆，地貌较为复杂，其中丘陵分布较为广泛，且水资源在空间上分布不均匀，在时间上变化较大。宁夏回族自治区匮乏的水资源、干旱的气候以及不充足的耕地面积在一定程度上阻碍了农业发展。海南作为中国最南端的岛屿，土地面积小，土质不够肥沃，又经常受强光照射、台风暴雨等天气的影响，导致农业供给侧发展效益具有不稳定的特性。西藏位于我国高原地带，地势高且土壤稀薄，相对恶劣的区位条件并不利于农作物生长。此外，西藏地区地势复杂，人才流动阻碍大，基础设施建设难度大，基础建设水平相对薄弱，务农人员整体文化普及水平较低，这些都对农业技术发展有着制约作用，使得西藏农业供给侧发展面临困境。北京、天津则是受产业结构影响。北京作为首都，第三产业占地区生产总值比重在 2007 年就超过了 70%，2016 年突破了 80%，从产业结构的角度来看,已经和西方发达国家的产业结构相类似,截至2020年第一产业从业人员只有0.16%。可以看出,相比第一产业,北京更加重视第三产业的发展,产业结构的侧重水平使得北京的农业供给侧发展水平较低。与北京类似,自2003年至2020年,天津第一产业产值占比从4%下降到1.5%,截至2020年第一产业从业人员只有0.12%。因此虽然上海、北京、天津作为直辖市整体发展位居前列,但是从农业供给侧角度来看这三个直辖市还是相对薄弱的。

从农业规模来看,农业规模发展较高的省份大多位于靠近水源以及平原地带,由沿海到内陆成递减的分布格局,这说明农业规模的空间分布受自然条件约束较为明显。山东、河南以及四川的排名与ASDI基本一致。广东省以及江苏省排进前五,原因如下:首先,广东省位于南部沿海地区,地势平坦,属于东亚季风区,因此,能够为粮食、树木生长提供良好的生存环境,也能够为渔业发展提供丰富的自然资源,其作物熟制一年两熟到三熟;其次,作为中国历史上商品性农业最早发展的地区之一,广东省成为中国最大的商品交易中心,这为广东的务农人员提供了相对完备的交易场所;最后,广东省也是中国经济排名靠前的省份,沿海地区的区位优势使得广东能够引进相对先进的理念以及技术,这也在一定程度上为农业提供了技术动力,促进农业增产以及农业规模的扩大。江苏省具有湖泊众多且地势平坦开阔的特点,适合规模化生产。而且江苏处于亚热带和暖温带,降水量充足且光热充沛,这使得江苏在发展农业上有着巨大的优势。后五名中,西藏、天津以及北京的排名与ASDI基本一致,山西以及上海位列后五,原因如下:与北京、天津类似,上海作为国际化都市,其发展重点并不在农业;山西省位于我国华北地区,地形复杂且地势较高,其山区面积高达80.1%,虽然山西省境内河流较多但这些河流具有季节性特点,这使得山西省水源季节分布不均,不利于农作物生长。

农业生态发展水平的高值主要集中于黄河,且以中部地区居多,排名前五的省份分别为内蒙古、陕西、甘肃、山西以及四川,而排名后五位的省份为广东、安徽、河南、江苏以及山东。据全国水利普查数据显示，内蒙古水土流失面积位居全国第二。这也使得内蒙古注重水土流失治理技术的发展。比如，1995年内蒙古自治区开展征收企业及个人水土流失防治费用的相关工作。2016年，内蒙古地区对水土流失重点预防区及水土流失重点治理区进行划分并提升重视程度。政府管制在一定程度上优化了内蒙古农业的生态环境。作为水土流失最严重的省份之一，黄河中下游河道淤积的粗泥沙有90%来自陕西，这使得陕西省有更强烈的土地保护意识。陕西省拥有90多个省部级以上科研平台和7000多名农业科教人才，技术支撑有助于促进陕西优化水土流失治理水平，减少灾害侵蚀。此外，陕西省在生态建设方面也付出了诸多努力，如2007年政府进行排污权交易试点政策。甘肃省地处中国西部地区，山脉交错，地形丰富多样，戈壁生态农业是甘肃省发展农业生态的创新，相比于传统的农业而言，戈壁生态农业更加符合因地制宜的原则，对环境更加友好，资源更加节约，目前，甘肃省的戈壁生态农业发展态势良好。从自然资源方面来看，水资源较为充足，甘肃省的水力发电量位居我国第四。山西省提出了"山西省农药零增长"的方案，山西省的农药使用量从2015年开始下降，2020年的山西省农药使用量为2.49万吨，小于2009年的农药使用量。截至2020年山西省水土流失的治理面积增长至7395.74千公顷。"十四五"期间，四川省提出对农村空间实行分区管理，科学划分，以达到种养平衡，建立健全农村生态发展的体系，2035年达到农业面源污染得到有效遏制的目标。

农村基础发展水平分大多位于中南部位靠水源的平原地区，排名前五的省份分别为四川、河南、河北、湖南以及山东，而排名后五位的省份分别为海南、北京、宁夏、天津以及上海。四川、河南以及山东人口众多，农村人口也较多，区域基础设施诉求较高，有助于推动区域农业基础的发展。河北省农业规模大，历史悠久，此外，由于河北位靠北京，能激发河北地区的模仿效应且能够受北京的影响引进先进的技术、人才以及发展理念，有助于优化农业地区的基础设施建设。此外,随着我国对"三农"问题的重视不断加强,区域农村人口素质的提升不仅能更好地促进农民对政策的理解,而且能够提升农业技术发展,尤其是在农业规模发展较大的地区。相反,北京、天津、上海的发展重点并不在第一产业,作为直辖市,区域发展重点在于高附加值的产业,且农业生产要素成本较高,因此农业发展有限。此外值得一提的是,直辖市城镇化水平较高基础设施相对完善,因此,城镇与农村基础设施共享程度较高,比起农村的卫生室,大型医院的医疗技术水平更好,更能够保障居民生活,因此专为农村服务的基础设施较为薄弱。宁夏地区位于内陆,区域经济发展水平较为落后,这使得区域的人才吸引力较弱且基础设施整体较差,地势复杂基础设施的建设难度大。海南地区,自然灾害破坏性大,基础设施首当其冲,此外,海南的农业发展规模较小,务农人员较少,基础设施诉求较低,因此海南的农业基础较弱。以上结果从图3-3中也能够得到证实。

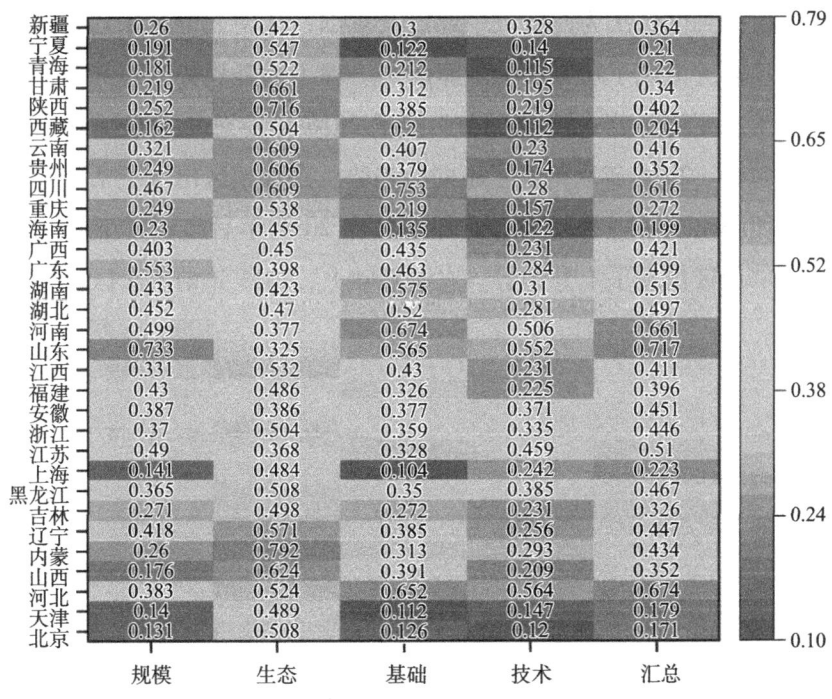

图3-3 ASDI及其子维度热图

3.2.4 区域层面时空特征分析

图3-4至图3-8体现出了区域层面ASDI及其子系统的时间变化趋势。总体上ASDI呈现出上涨趋势，从东中西分区来看，中部的ASDI发展最好，而西部的ASDI发展相对落后。从南北分区来看，2012年以前北部地区的ASDI高于南部地区，而2012年以后北部地区的ASDI落后于南方地区。从农业规模来看，各地区的农业规模发展均呈现出了上升趋势，从东中西分区来看，东部以及中部地区农业规模发展水平相当，而西部地区相对落后。从南北分区来看，南部地区的农业规模水平要高于北方地区。农业生态领域，2013年前分地区的农业生态水平发展较为缓慢，而2013年以后，区域的农业生态出现了上升趋势。从东中西分区来看，在2013年当年东部出现了短暂的下降，而中西部出现了上升，农业生态发展水平由高到低依次为西部、中部以及东部；从南北分区来看，2013年当年北方出现了短暂的下降而南方出现了上升趋势，南部地区的农业生态要优于北方地区。农业技术2016年前总体上也呈现出了上升趋势，2016年后出现了不同的趋势。东部地区出现了下降趋势而中西部出现了上升趋势；北部地区在2016年后出现了下降趋势而南部地区出现了上升趋势。农业基础上，2013年前各个区域呈现

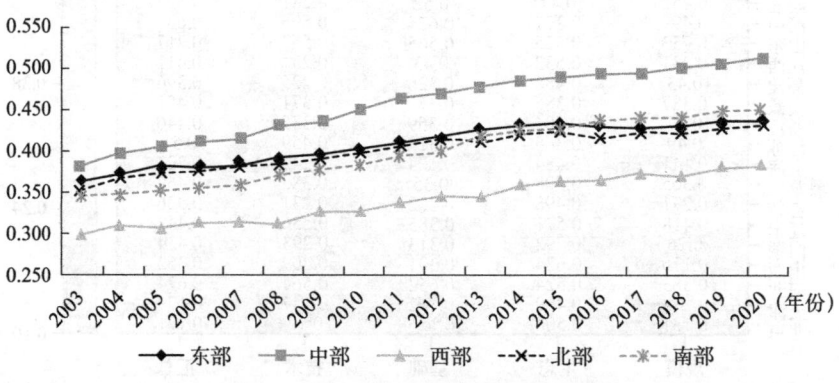

图3-4　ASDI指数分区域变化趋势

出了上升趋势；2013年后西部地区呈现出上升趋势，东部以及中部地区出现了不同程度的下降。从南北分区上来看，南北也在2013年后出现了下降的趋势。

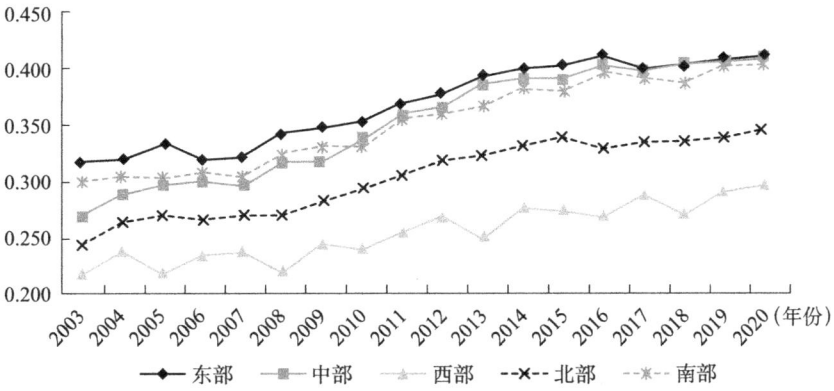

图3-5　农业规模指数分区域变化趋势

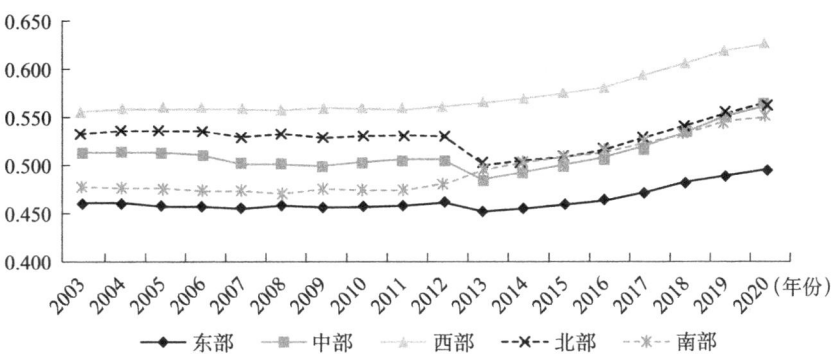

图3-6　农业生态指数分区域变化趋势

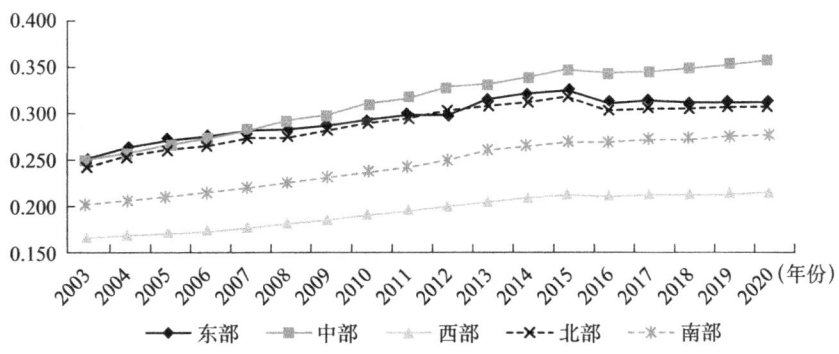

图3-7　农业技术指数分区域变化趋势

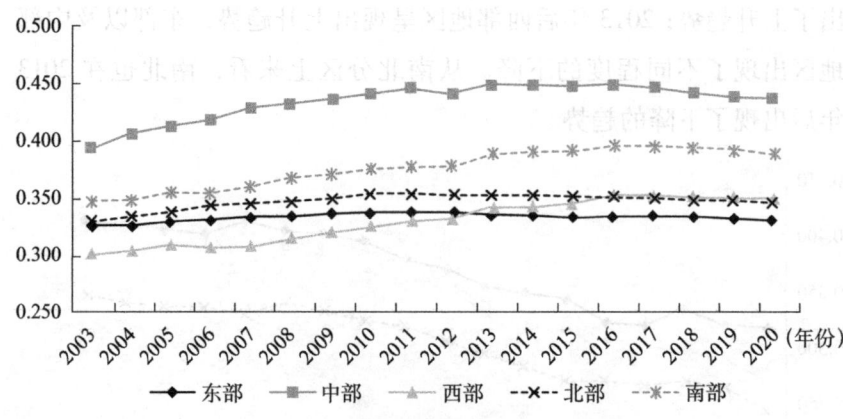

图 3-8 农村基础指数分区域变化趋势

表 3-13 为 ASDI 东中西及南北差异表现。从静态角度来看，东中西分区上，ASDI 均值从高到低依次为中部（0.457）、东部（0.407）、西部（0.340），从中位数来看，东部及西部地区全国平均水平。从数据离散程度排序从高到低依次为东部（0.454）、西部（0.368）及中部（0.215），说明在区域内部，东部 ASDI 差异化最大，而中部 ASDI 差异化最小。南北分区上，ASDI 均值从高到低依次为北方（0.401）、南方（0.398）。从数据离散程度排序依次为北方（0.425）、南方（0.317），说明在区域内部，相较于南方而言，北方 ASDI 区域发展更不平衡。从中位数的角度来看，北部的 ASDI 中位数低于南部，且北方地区离散程度要大于南方地区，区域差异大导致北方地区的均值大于南方地区。

表 3-13 ASDI 东中西及南北差异表现（2003—2020 年 ASDI 均值）

	省份数量	均值	标准差	变异系数	中位数
全国	31	0.400	0.151	0.377	0.408
东部	12	0.407	0.185	0.454	0.433
中部	9	0.457	0.098	0.215	0.451
西部	10	0.340	0.125	0.368	0.346
北部	16	0.401	0.171	0.425	0.383
南部	15	0.398	0.126	0.317	0.416

在农业规模层面上（见表 3-14），从东中西分区来看，发展

水平从高到低依次为、东部（0.369）、中部（0.353）、西部（0.255），中位数排序与均值排序一致，农业规模发展均衡水平依次为中部（0.293）、西部（0.343）、东部（0.497），这与ASDI的排序情况基本一致。从南北分区来看，北方的农业规模为0.304低于南方的发展水平，中位数比较与均值一致，从发展均衡水平来看，北方农业规模的变异系数为0.515，南方农业规模的变异系数为0.353，由此可知北方的农业规模发展的区域差异化更大。

表3-14　农业规模东中西及南北差异表现（2003—2020年均值）

	省份数量	均值	标准差	变异系数	中位数
全国	31	0.327	0.146	0.447	0.315
东部	12	0.369	0.183	0.497	0.393
中部	9	0.353	0.103	0.293	0.365
西部	10	0.255	0.088	0.343	0.249
北方	16	0.304	0.157	0.515	0.260
南方	15	0.352	0.124	0.353	0.370

在农业生态层面上（见表3-15），东中西分区上，发展水平从高到低依次为西部（0.573）、中部（0.512）、东部（0.463），中位数排序与均值排序一致，其发展均衡水平依次为西部（0.147）、东部（0.150）、中部（0.254）。从南北分区来看，北方的农业生态为0.529高于南方的发展水平，中位数与均值排序一致，从发展均衡水平来看，北方农业生态的变异系数为0.235，南方农业生态的变异系数为0.150，由此可知北方的农业生态发展的区域差异化更大。

表3-15　农业生态东中西及南北差异表现（2003—2020年ASDI均值）

	省份数量	均值	标准差	变异系数	中位数
全国	31	0.513	0.106	0.207	0.510
东部	12	0.463	0.070	0.150	0.485
中部	9	0.512	0.130	0.254	0.498
西部	10	0.573	0.084	0.147	0.576

续表

	省份数量	均值	标准差	变异系数	中位数
北方	16	0.529	0.124	0.235	0.515
南方	15	0.496	0.074	0.150	0.486

在农业技术层面上（见表3-16），东中西分区上，发展水平从高到低依次为中部（0.313）、东部（0.295）、西部（0.195），中位数排序与均值排序一致，农业技术发展均衡水平依次为中部（0.302）、西部（0.362）、东部（0.524）。从南北分区来看，北方的农业技术为0.290，南方的农业技术均值为0.245，低于北方的发展水平，中位数与均值排序一致，从发展均衡水平来看，北方农业技术的变异系数为0.516，南方农业技术的变异系数为0.360，由此可知，相比于南方，北方的农业技术发展的区域差异化更大。

表3-16 农业技术东中西及南北差异表现（2003—2020年ASDI均值）

	省份数量	均值	标准差	变异系数	中位数
全国	31	0.361	0.168	0.464	0.356
东部	12	0.295	0.154	0.524	0.249
中部	9	0.313	0.095	0.302	0.293
西部	10	0.195	0.071	0.362	0.185
北方	16	0.290	0.149	0.516	0.243
南方	15	0.245	0.088	0.360	0.231

在农村基础层面（见表3-17），东中西分区上，发展水平从高到低依次为中部（0.434）、东部（0.333）、西部（0.329），中位数排序与均值排序一致，农村基础发展均衡水平依次为中部（0.303）、西部（0.534）、东部（0.551）。只有中部地区以及西部地区均值高于全国水平。从南北分区来看，北方农村基础的均值为0.347，而南方的农村基础均值为0.376，从发展均衡水平来看，北方的农村基础的变异系数为0.492，而南方的农村基础的变异系数为0.456，由此可知，相比于南方，北方的农村基础发展的区域差异化更大。

此外，从横向比较各区域 ASDI 子维度发展水平（见图 3-14）可以看出，农业技术是 ASDI 发展的短板领域。

表 3-17　农村基础东中西及南北差异表现（2003—2020 年 ASDI 均值）

	省份数量	均值	标准差	变异系数	中位数
全国	31	0.268	0.127	0.473	0.235
东部	12	0.333	0.183	0.551	0.344
中部	9	0.434	0.131	0.303	0.391
西部	10	0.329	0.176	0.534	0.306
北方	16	0.347	0.171	0.492	0.331
南方	15	0.376	0.171	0.456	0.379

综上可知，东中西划分中，我国 ASDI 由高到低依次为中部、东部以及西部。子维度上，农业规模由高到低依次为东部、中部以及西部；农业生态由高到低依次为西部、中部以及东部；农业技术由高到低依次为中部、东部以及西部；农村基础由高到低依次为中部、东部以及西部。南北分区上，我国南方的 ASDI 要优于北方。在子维度上，农业规模以及农村基础上北方要弱于南方，而在农业生态以及农业技术方面，北方优于南方地区。此外横向比较各区域 ASDI 子维度发展水平（见图 3-9）可以看出，农业技术是 ASDI 发展的短板领域。

农业规模上，农业生产过程中，作物对地势、降水、湿度、土壤、光照等自然环境依赖性很强，我国整体地形呈现出西高东低的特征，中东部地区多为平原，且由于位靠水源，中东部地区降水量充足。不仅如此，中东部地区先天的自然优势使得中东部地区更适合发展农业，形成规模化生产。相比中部地区，东部地区的交通更加便利，劳动力相对充足，平原地形多，而西部地势复杂，土壤贫瘠且远离海洋，导致农作物发展的自然条件并不充足。因此中部地区农业发展水平弱于东部地区，因此农业规模由高到低呈现出东、中、西的排列次序。

农业生态上，农业生产中需要投入农药、化肥以及塑料薄膜，

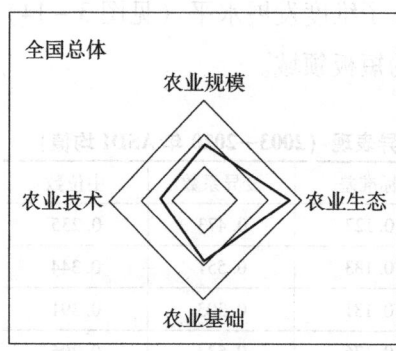
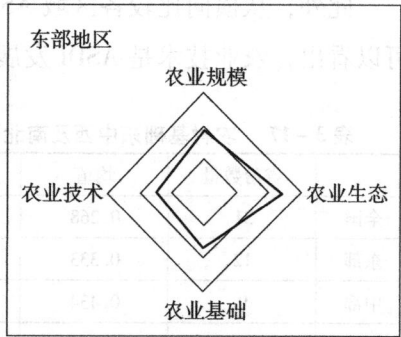
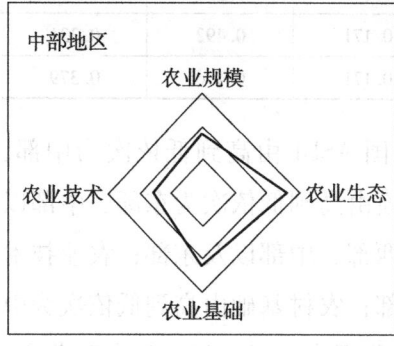
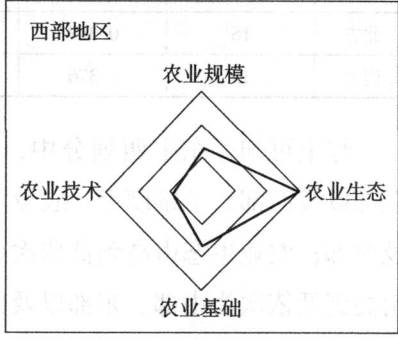
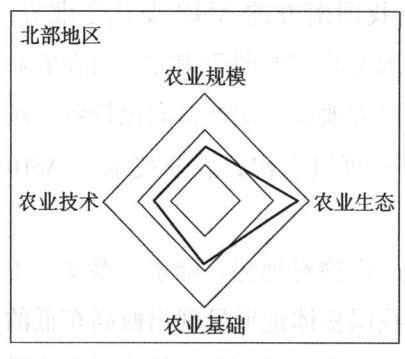
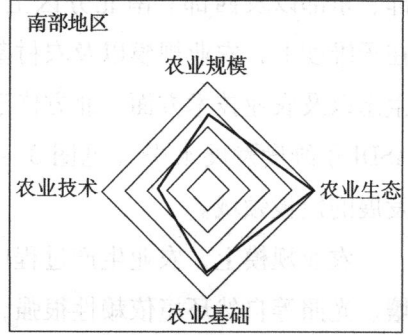

图 3-9　各地区 ASDI 子系统发展雷达图

这对土地以及空气都会造成污染，现有的生态环境监管体系也重视农业生产过程中带来的环境污染问题。农药化肥需要投入研究进行生产，西部地区基础设施落后使得技术水平也相对落后，农药化肥的使用量分别为 2.18 万吨以及 66705.96 吨，在东、中、西三区中排名第三，这一定程度上减轻了土地的压力。同时西部地区水土流失严重，这使得西部地区的农业发展往往伴随着水土流失的治理，生态环境理念早已深入贯彻在农业生产的过程中，此外，西部因为区位劣势，政府的资金、技术支持更强。从农业规模上来看，中部地区农业生产规模大，因此中央以及地方更加注重中部地区在进行农业生产过程中带来的环境污染问题，同时中部地区的基础设施水平较高，技术较强，能够更好地用技术对生态进行管理。而2003—2020年东部地区水土流失治理在东中西三个分区中排名第三，此外东部地区的农业塑料薄膜量为74925.33吨，在东中西三个分区中排名第一，这一方面使得东部地区在面对水土流失时技术出现短板，同时塑料污染使得农业生态压力较大。

在农业技术领域，一方面东部以及中部地区平原较多，土地开阔，适合农作物生长以及畜牧业发展，形成规模化生产，这促使中部地区加强技术研发以提高农业生产效率。但是相比中部地区，东部地区的产业重点更多地倾向于高附加产业，无论是第一产业的经济贡献还是第一产业从业人员，东部地区的占比均较小。西部地区地广人稀，昼夜温差大，农作物具有特色，比如新疆现有耕地7600多万亩，其甜瓜以及棉花远近闻名，这也推动着西部地区加强农业生产过程中的机械化普及，此外西部地区水源较少，为促进农作物生长，西部地区会加强灌溉技术的研发，提升产量。但西部地区的基础设施相对落后，这在一定程度上会阻碍区域对人才以及技术的吸引力。

在农村基础方面，由高到低依次为中部、东部以及西部。一方面，中部地区的人口密度大且第一产业从业人员较多，此外，中部地区的生活成本相较于东部地区低，使得中部地区的基础设施诉求较大，因此中部地区的农村基础较为完善。从全国空间布局分析可知，目前我国农村医师存在人才流失的现象，东部地区城乡差距大，城区待遇更好，这会加速农村基础设施从业人员的流失。因此，即使东部地区的农村人口数量比较大，但是东部地区由于劳动力区位转移等因素，农村基础设施水平较低。值得一提的是，东部地区城市化水平高且交通水平发达，能够推进基础设施城镇农村共享，因此，东部地区农村基础设施也会相对较少。西部地区位处内陆。地势复杂，基础设施完善程度较低，劳动力以及资源流通存在空间障碍，一定程度上使得西部地区的农村基础水平较低。

南北差异方面，ASDI 及其子系统均具有出南部优于北部的特点。从自然条件来看，南方降水以及光照更为充足，且我国大部分平原地区位于南方，这有助于农业的发展，农业发展潜力大，当地农产品的内需更强烈，且这使得南方的农业规模优于北方。此外，南方的农村人口更多，基础设施诉求更为强烈，这使得南方的农村基础设施较为完善。因此南方的农业规模以及农村基础相较于北方更优异且更为均衡。在农业基础方面，南方优于北方，但是北方的农业基础差异化较大，各地区发展不平衡，北方的山东、黑龙江等地区为我国著名的粮仓，农业基础水平较高，但其他地区的农业基础水平与之存在着较大的差距，这就导致北方整体的平均水平受到一定的影响。然而南方能够更好地吸引先进农业资源以及人才，地区之间的发展相对平衡。此外，沿海地区渔业畜牧业等产业丰富，由于南方地区基础设施较好，技术吸纳程度高，使得南方的农业技术得到更为均衡的发展。在农业生态领域，北方地区优于南方地区。一方面，南方的技术较为发达，使得南方在农药以及塑料使用方面多于北方地区，这对南方地区的农业生态产生了负面的影响；且部分北方地区存在水土流失严重的问题，为了保障区域的农业经济发展，北方地区相较于南方地区有更高的土地保护意识，底线思想更为强烈。因此北方的农业生态较南方平均水平更高，但是，近年来，中央在解决三农问题时，也注重农业生态以及农业的可持续发展，南方地区能够更好地利用基础优势，研发环境友好型化肥，促进农业生态均衡发展。

3.2.5 耦合协调度分析

为进一步研究 ASDI 内部指标间的耦合协调发展状况以及发展水平，本书采用耦合模型进行分析，具体将通过耦合模型来判断我国 ASDI 内部指标间的作用程度,并引入耦合协调度来分析我国不同地区 ASDI 内部指标见的耦合协调状况。

首先对四个指标进行无量纲化处理,这与熵权法中的式(3-1)与式(3-2)的公式一致。在无量纲处理后,对 ASDI 内部指数的耦合度进行计算。本书主要对 ASDI 子系统间的相互协调状况进行考察,深入研究我国不同地区 ASDI 指标间相互作用程度。耦合度公式如式(3-8)所示。其中 a、b、c 以及 d 分别为无量纲处理后的农业规模、农业生态、农业技术以及农村基础。

$$C = \left\{ \frac{a \times b \times c \times d}{[(a+b+c+d)/4]^4} \right\}^{1/4} \quad (3-8)$$

协调指数算法有两种,一种是熵权法计算协调指数,另一种是等权法计算协调指数,本书采用熵权法对协调指数进行呈现,其公式为式(3-9)所示。本书将最终结果呈现在表中。

$$T_1 = a \times 0.28 + b \times 0.15 + c \times 0.28 + d \times 0.29 \quad (3-9)$$

基于以上的耦合度以及协调度指数,计算出 ASDI 子系统间的耦合协调度指数,其公式如式(3-10)所示,其耦合协调度指标等级如表 3-18 所示。当数值越接近于 1,表明 ASDI 子系统的耦合协调程度越好。基于此,ASDI 子系统间的耦合协调度指数如表 3-18 所示。

$$D_2 = (C \times T_1)^{1/2} \quad (3-10)$$

表 3-18　　　　　　　耦合协调度指标等级分布

耦合阶段	协调程度	耦合协调度 D 值区间	协调度等级	耦合协调程度
极不耦合	低度协调	(0.0~0.1)	1	极度失调
		[0.1~0.2)	2	严重失调
中度耦合	中度协调	[0.2~0.3)	3	中度失调
		[0.3~0.4)	4	轻度失调
		[0.4~0.5)	5	濒临失调
基本耦合	基本协调	[0.5~0.6)	6	勉强协调
		[0.6~0.7)	7	初级协调
		[0.7~0.8)	8	中极协调

续表

耦合阶段	协调程度	耦合协调度 D 值区间	协调度等级	耦合协调程度
高度耦合	极度协调	[0.8~0.9)	9	良好协调
		[0.9~1.0)	10	优质协调

表3-19为ASDI子系统耦合协调度指标等级分布,从各个指标的耦合度以及协调度可以看出,自2003—2020年ASDI子维度间耦合度、协调度以及耦合协调度均呈现出了上涨的趋势(见图3-10)。从等级中可以看出,自2003—2020年我国ASDI子指标的耦合度基本在[0.8-1.0)之间,处于高度耦合状态,这说明我国ASDI子系统处于较为紧密的状态。一方面,我国对于三农问题的重视程度在不断加强,ASDI子系统间的紧密程度以及其协调程度也在不断加强,促进了农业的协调发展。另一方面,随着国际竞争局势逐渐激烈化,农业专业化规模化发展能够提升区域在农业市场中的竞争力,而扩大生产需要技术支持,农村基础的完善能够保证农业从业人员的稳定,抑制人才流失,提升区域的人才吸引力。同时,农业生产过程中的化学制品投入对生态造成了一定的压力,随着我国对生态环境的重视不断加强,生态治理也重视农业领域带来的压力,客观上提升了农业生产个体在生产过程中的环保意识。

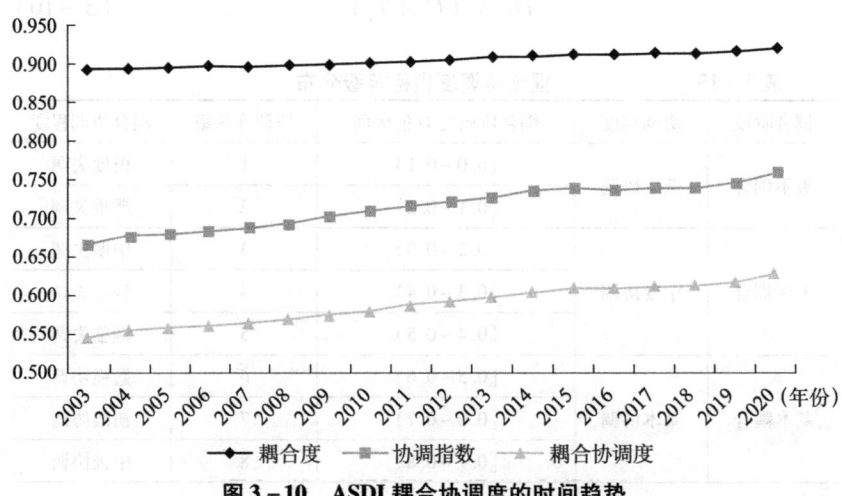

图3-10 ASDI耦合协调度的时间趋势

表 3-19　　ASDI 子系统耦合协调度指标等级分布

年份	耦合度	耦合阶段	协调指数	协调程度	耦合协调度1	等级
2003	0.892	高度耦合	0.667	基本协调	0.546	勉强协调
2004	0.894	高度耦合	0.677	基本协调	0.554	勉强协调
2005	0.895	高度耦合	0.681	基本协调	0.557	勉强协调
2006	0.896	高度耦合	0.684	基本协调	0.560	勉强协调
2007	0.896	高度耦合	0.688	基本协调	0.563	勉强协调
2008	0.898	高度耦合	0.694	基本协调	0.568	勉强协调
2009	0.900	高度耦合	0.702	基本协调	0.574	勉强协调
2010	0.901	高度耦合	0.708	基本协调	0.579	勉强协调
2011	0.903	高度耦合	0.717	基本协调	0.587	勉强协调
2012	0.905	高度耦合	0.724	基本协调	0.592	勉强协调
2013	0.908	高度耦合	0.727	基本协调	0.598	勉强协调
2014	0.910	高度耦合	0.735	基本协调	0.605	初级协调
2015	0.910	高度耦合	0.738	基本协调	0.608	初级协调
2016	0.912	高度耦合	0.738	基本协调	0.608	初级协调
2017	0.913	高度耦合	0.741	基本协调	0.611	初级协调
2018	0.914	高度耦合	0.741	基本协调	0.612	初级协调
2019	0.916	高度耦合	0.746	基本协调	0.617	初级协调
2020	0.920	高度耦合	0.759	基本协调	0.628	初级协调

从空间上来看，耦合度、协调度以及耦合协调度指数在呈现出了由沿海向内陆，由地势低向地势高递减的分布情况。平原地区地势开阔平坦，沿海地区水源丰富，这都有利于种植业、畜牧业、渔业等产业的发展。如图 3-11 所示，从热图分布情况来看耦合协调度排名前五的省份分别为山东、河北、河南、四川以及湖南，而耦合协调度排名后五的省份分别为宁夏、西藏、海南、天津以及北京，这与 ASDI 排名一致。这说明 ASDI 发展好的省份其子系统间的紧密程度以及协调程度也更强烈。

3.2.6　障碍因子分析

障碍度计算过程如下，第一步，计算因子贡献度 F，其计算公

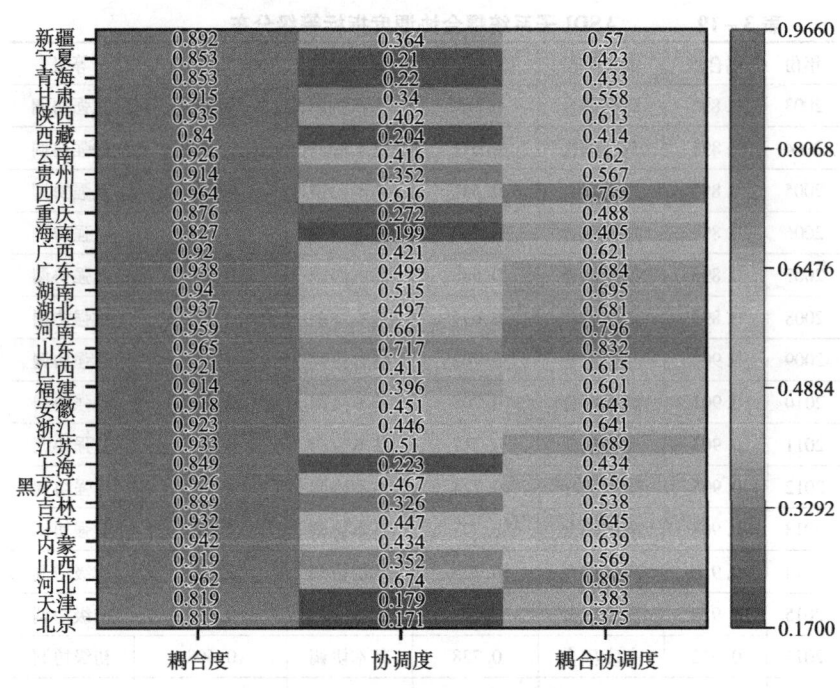

图 3-11 ASDI 耦合协调度的热力图

式如式（3-11）所示。其中准则层权重设为 W，指标层权重设为 P。第二步，将指标进行标准化，这一步与熵权法中的标准化步骤一致。第三步，计算各因子的障碍度 I，其计算公式如式子（3-12）所示。其指标层障碍度的计算公式如式（3-13）所示，其中 j 代表指标序号，m 代表指标总数，此时其准则层的障碍度计算方法如式（3-14）所示。

$$F = W \times P \tag{3-11}$$

$$I = 1 - x_{ijt'} \tag{3-12}$$

$$o_j = \frac{F \times I}{\sum_{j=1}^{m}(F \times I)} \tag{3-13}$$

$$U = \sum o_j \tag{3-14}$$

各个准则层对 ASDI 的障碍程度及变化趋势如表 3-20 所示，从障碍强度来看，研究期内各个准则的障碍强度基本稳定，障碍度由高到低依次排序为：农业基础 > 农业技术 > 农业规模 > 农业生态,这说明农业基础以及农业技术是 ASDI 提升的主要因素。从障碍度演化趋势来看,农业规模以及农业技术的障碍度呈现出下降趋势,农村基础和农业生态的障碍度呈现出上升趋势。这说明农业规模以及农业技术对 ASDI 的阻碍作用有所下降,而农村基础以及农业生态对 ASDI 增长的阻碍作用不断上升。因此,完善农村基础设施建设,提升农业生态保护意识促进农业可持续发展是 ASDI 增长的重要突破口。

表 3-20　　　　　　准则层障碍度时序变化表

年份	农业规模	农业生态	农业技术	农村基础
2003	0.24	0.18	0.27	0.31
2004	0.24	0.18	0.27	0.31
2005	0.24	0.18	0.26	0.31
2006	0.24	0.18	0.26	0.31
2007	0.24	0.18	0.26	0.31
2008	0.24	0.18	0.26	0.32
2009	0.24	0.18	0.26	0.32
2010	0.24	0.18	0.26	0.32
2011	0.23	0.19	0.26	0.32
2012	0.23	0.19	0.26	0.32
2013	0.23	0.19	0.26	0.33
2014	0.22	0.19	0.26	0.33
2015	0.22	0.19	0.26	0.33
2016	0.22	0.19	0.26	0.33
2017	0.22	0.19	0.26	0.33
2018	0.22	0.19	0.26	0.33
2019	0.22	0.19	0.26	0.33
2020	0.22	0.19	0.26	0.33

图 3-12 展示了各省份准则层的障碍度情况,从各省市的分布情况来看,农村基础障碍度普遍较高,进一步证明了农村基础是阻碍 ASDI 发展的主要因素。从空间分布来看,农业规模障碍度主要分布于两个领域,一个是地势高,土地质量相对较弱且自然环境较

差的区域，另一个是经济较为发达的直辖市。造成这一分布的原因在于，一方面，自然环境约束不利于种植业与林业生长，远离水源使得渔业发展受限，从而使得农业多元化发展受限；另一方面，经济发达的地区土地等生产要素价格高，不适合规模化生产。农业规模障碍度上，上海、北京、天津居于前三，山西排名第四，西藏排名第五。从总体分析上来看，上海、北京、天津是产业结构所致，西藏是自然环境相对较差所致。值得一提的是，山西省的规模障碍较高。山西省受山多地少、土壤贫瘠、水资源匮乏的自然条件限制，农业规模化以及多样化发展受限。农业生态障碍度主要集中于农业规模较大的平原以及靠近水源的地区。农业生态障碍度山东、河南、河北、江苏、广东位居前五。前五名省份均为农业生产规模较大的省份。由于农业生产过程中的辅助生产要素如农药、化肥会对农业规模大的区域造成一定程度的生态压力。农业技术障碍度主要集中于西部高原地区以及南部沿海地区，西部地区基础设施落后，对人口以及资源吸引力弱，导致技术相对落后，排名前五的省

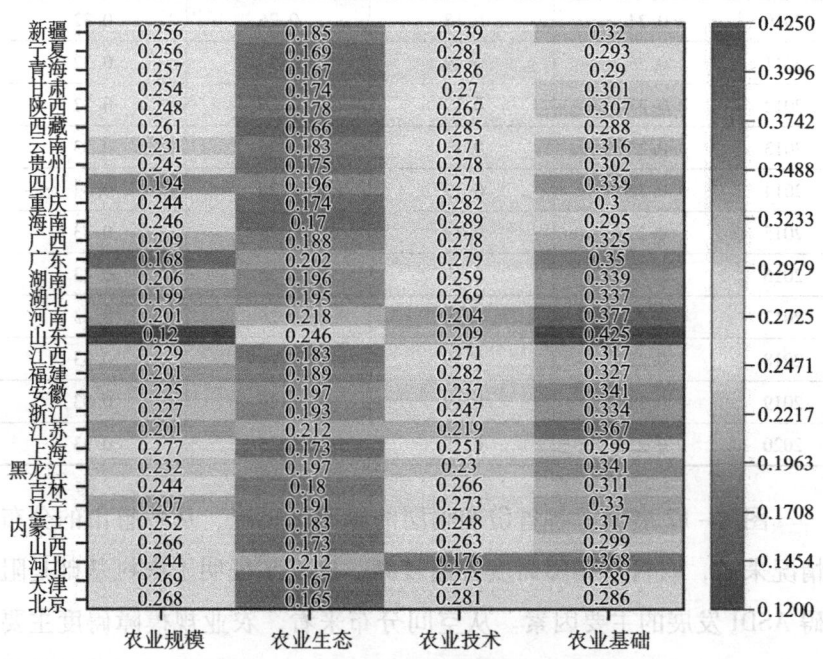

图 3-12　ASDI 准则层障碍度的热力图

份依次为海南、青海、西藏、福建、重庆。从数据上来看,福建与重庆农业机械化水平在前五名中排名靠后,因此推进农业机械化水平是促进两地农业技术发展的重点。农村基础障碍度主要集中于农村人口较多的区域,排名前五位的省份分别为山东、河南、河北、江苏、广东,这五个省份农村人口密度大,农村人口较多的区域往往基础设施诉求较高,更容易出现基础设施与人口容量不适配的现象。此外,随着城镇化水平不断上升,基础设施农村城镇共享,相比农村的卫生室,城镇医院的医疗水平更高,这一定程度上减少了农村的医疗设施,从而使得农村自有的医疗基础设施下降。

为精准识别影响 ASDI 发展的主要障碍因子,本书将各地区指标由高到低进行排序,结果如表 3-21 所示,并对障碍因子进行频次统计(见表 3-21)。从整体上来看,障碍因子由高到低依次为:X17 > X7 > X15 > X3 > X16 > X18 > X19 > X13 > X12 > X14 > X4 > X1 > X2 > X9 > X6 > X11 > X10 > X8 > X5。其中,前五名分别是:X17 为村卫生室数量,X7 为水土流失治理面积,X15 为人均农村用电量,X3 为水产品总产量,X16 为水库总库容量,这说明医疗水平不足,土地治理水平低,区域发电基础设施不完善,区域水产品产量低以及生产基础设施不完善是造成 ASDI 偏低的主要因素。因此政府应该加强农村医疗技术提升土地治理水平,提升农村发电机的发电容量,完善基础设施建设。值得一提的是,水土流失治理水平以及水产品产量区域差异较为明显。在水产品的阻碍作用方面,由于水产品在生产过程中对水源依赖性强,因此区域根据自身的区位优势以及自然环境,选择适配的农业发展方向,从而实现自然资源利用最大化。在水土流失的阻碍作用方面,对水土流失严重的区域进行积极治理,而对水土流失不严重的地区采用备案方式,提高农村土地保护意识,防患于未然。

表 3-21 分地区障碍因子排序表

省份	指标																		
北京	x17	x7	x3	x15	x12	x13	x16	x18	x19	x4	x1	x14	x2	x9	x6	x11	x10	x8	x5

续表

省份	指标																
天津	x17	x7	x3	x15	x12	x13	x16	x18	x19	x1	x4	x14	x2	x9	x6	x11	x10	x8	x5
河北	x17	x7	x3	x15	x16	x18	x19	x9	x4	x1	x6	x13	x2	x12	x14	x11	x10	x8	x5
山西	x17	x7	x3	x15	x16	x18	x13	x12	x19	x14	x1	x4	x2	x9	x6	x11	x10	x8	x5
内蒙古	x17	x7	x3	x15	x16	x18	x19	x13	x14	x1	x12	x2	x9	x6	x11	x10	x8	x5
辽宁	x17	x7	x15	x16	x18	x13	x19	x12	x3	x14	x4	x1	x9	x2	x6	x11	x10	x8	x5
吉林	x17	x7	x3	x15	x16	x18	x19	x13	x12	x14	x1	x2	x9	x4	x6	x11	x10	x8	x5
黑龙江	x17	x7	x3	x15	x16	x18	x19	x13	x14	x2	x1	x9	x6	x12	x11	x10	x4	x5
上海	x17	x7	x3	x12	x13	x16	x18	x19	x1	x4	x14	x2	x15	x9	x6	x11	x10	x8	x5
江苏	x17	x7	x16	x18	x19	x13	x15	x3	x14	x9	x4	x2	x12	x6	x1	x11	x10	x8	x5
浙江	x17	x7	x16	x18	x13	x12	x15	x19	x4	x2	x3	x1	x9	x14	x6	x11	x10	x8	x5
安徽	x17	x7	x15	x3	x16	x18	x19	x13	x1	x9	x4	x12	x2	x6	x11	x10	x8	x5
福建	x17	x7	x15	x16	x18	x13	x12	x19	x4	x14	x1	x2	x9	x3	x6	x11	x10	x8	x5
江西	x17	x7	x15	x16	x3	x18	x13	x19	x12	x14	x4	x1	x9	x2	x6	x11	x10	x8	x5
山东	x17	x7	x15	x16	x18	x19	x14	x9	x6	x4	x11	x1	x10	x12	x13	x3	x2	x8	x5
河南	x17	x7	x3	x15	x16	x18	x19	x14	x9	x6	x1	x13	x11	x10	x12	x4	x2	x8	x5
湖北	x17	x7	x15	x16	x18	x19	x13	x3	x14	x12	x4	x9	x1	x2	x6	x11	x10	x8	x5
湖南	x17	x7	x15	x16	x3	x18	x19	x14	x13	x12	x4	x9	x1	x2	x6	x11	x10	x8	x5
广东	x17	x7	x16	x18	x15	x13	x19	x12	x14	x4	x9	x1	x2	x6	x11	x3	x10	x8	x5
广西	x17	x7	x15	x16	x18	x3	x19	x13	x12	x14	x4	x1	x9	x2	x11	x6	x10	x8	x5
海南	x17	x7	x15	x12	x3	x13	x16	x18	x19	x4	x14	x1	x2	x9	x6	x11	x10	x8	x5
重庆	x17	x7	x3	x15	x12	x16	x13	x18	x19	x14	x4	x1	x2	x9	x11	x6	x10	x8	x5
四川	x17	x7	x15	x3	x16	x18	x19	x13	x14	x12	x9	x4	x1	x11	x6	x10	x2	x8	x5
贵州	x17	x7	x3	x15	x16	x18	x12	x13	x19	x14	x1	x4	x2	x9	x11	x6	x10	x8	x5
云南	x17	x7	x3	x15	x16	x18	x13	x19	x12	x14	x4	x1	x9	x2	x11	x10	x6	x8	x5
西藏	x17	x7	x3	x15	x12	x16	x18	x19	x1	x4	x14	x2	x9	x11	x6	x10	x8	x5
陕西	x17	x7	x3	x15	x16	x18	x13	x12	x19	x4	x14	x2	x1	x9	x11	x10	x6	x8	x5
甘肃	x17	x7	x3	x15	x16	x18	x13	x12	x19	x14	x1	x4	x2	x9	x11	x10	x6	x8	x5
青海	x17	x7	x3	x15	x12	x13	x16	x18	x19	x4	x1	x14	x2	x9	x11	x6	x10	x8	x5
宁夏	x17	x7	x3	x15	x12	x13	x16	x18	x19	x1	x4	x14	x2	x9	x11	x10	x6	x8	x5
新疆	x17	x7	x3	x15	x16	x18	x13	x19	x14	x4	x1	x2	x9	x12	x11	x10	x6	x8	x5

3.3 小结

科学认知农业供给侧发展水平，能够为我国解决三农问题找寻突破口，从而推动农业经济健康持续发展。本书从全局角度构建农业供给侧发展水平分析框架，采用熵权法，并结合耦合协调度模型以及障碍度模型从农业规模、农业生态、农业技术以及农村基础四个维度构建农业供给侧发展指数（ASDI），研究 2003—2020 年我国 ASDI 时空演变以及 ASDI 子系统的耦合协调度及障碍度。本书得到以下研究结论。第一，全国层面时间上，2003—2020 年，我国 ASDI 及其子维度均呈现出波动上涨的趋势，农业技术是 ASDI 发展的短板领域。第二，全国层面空间上，ASDI 高值大多集中于平原以及靠近水源的地区，且呈现出由沿海到内陆成递减的分布格局，其子维度除农业生态外，农业规模、农村基础、农业技术均与 ASDI 的分布特征类似，农业规模高的地方农业生态较弱。第三，从东中西分区角度以及南北分区角度来看，时间上，ASDI 均呈现出上涨趋势。子维度上，各区域农业规模、农业生态以及农业基础均呈现出波动上升的趋势，而农业基础在 2013 年后除西部地区外各地区出现了不同程度的下降。第四，分区域空间上，ASDI 由高到低依次为中部、东部以及西部，且北部优于南部。子维度上，农业规模由高到低依次为东部、中部以及西部，且南部优于北部；农业生态由高到低依次为西部、中部以及东部，且北部优于南部；农业技术由高到低依次为中部、东部以及西部，且北部优于南部；农村基础由高到低依次为中部、东部以及西部，且南部优于北部。第五，自 2003—2020 年 ASDI 子维度间耦合度、协调度以及耦合协调度均呈现出了上涨的趋势。第六，各个准则的障碍强度由高到低依次排序为：农业基础 > 农业技术 > 农业规模 > 农业生态，医疗水平、土地治理水平、区域发电基础设施是造成ASDI偏低的主要障碍因子。

在农业规模方面，继续加大财政对于农业的支持，强化服务保障。随着我国对"三农"问题的重视程度不断提升，有关部门积极鼓励发展带动农民收入的产业，加强对相关产业的政策扶持与保护，及时调整有关农业项目的衡量指标。自然灾害带来的农产品价格异常波动，比如，"粮价跌、伤心菜、贱苹果"，为农业生产带来了一定的压力，给农民的收入带来了更大的不确定性，增加了农业生产的风险，阻碍了农民扩大生产规模的动力。整合项目建设推力和发展动力。建立完善推进机制，加快农业规模发展的步伐。通过政策落实、宣传推广、激励方式等激发农业扩大规模的潜力，发挥多方面积极性，综合考虑各地农业发展的差异，让更多规模农业项目落地。

在农业生态方面，农业生产的中投入的农药、化肥以及塑料薄膜等，都对土地以及空气的质量带来了一定的负面影响，因此生态环境监管体系应当更加重视农业生产过程中带来的环境污染问题。在农药的使用方面，提供相应补贴，鼓励农民减少使用传统农药，尽量选择低毒生物农药。提高基础设施水平较高，较强的技术，能够更好地用技术对生态进行管理。降低塑料薄膜的使用量，加强对水土流失的治理。

在农业技术方面，作为农业大国，传统的农业技术伴随了我国几千年的农业发展，但传统的农业技术以经验为主，经验的总结需要大量的实践，且耗费的时间相当长。农业技术的发展离不开有效的推广，应当向更多的农民展现农业技术带来的便利，激发农民学习并推广农业技术的积极性。丰富农业技术宣传的模式，宣传方式不应局限于报纸等传统的宣传媒介，还应该积极引入网络等宣传方式，扩大宣传的范围，深入丰富推广工作的广度和深度。积极鼓励农业技术的相关研究，加强研究成果的转化率，努力缩短研究成果转化的周期，加强农业生产过程中的机械化普及，培养更多的专业化人才。

在农业基础方面，农村医师正大量流失，使得农村的卫生室等相关医疗基础建设设施也出现了不同程度的减少。因此，加强农业基础方面的建设，就要积极推动乡村医生向执业（助理）医师转变，助力农村医疗体系升级。提升对医疗的重视程度，相比农村，城镇的大型医院有更好的就业机会与薪资水平，在同样有医师执照的情况下，农村医疗从业人员会出现流失的现象，城乡待遇相差越大，这一现象就会越明显。因此应当适当提高农村医疗从业人员的待遇，减少农村医师方面的人员流失，加强对相关基础医疗设施建设的财政投入。

在南北区域分布方面，黄河、长江及淮河的流经地省份，靠近水源能够为农业发展提供稳定的灌溉条件。从发展水平上看，各方面数据显示出南部优于北部的特点，南方的农村人口更多，基础设施诉求更为强烈，这使得南方的农村基础设施较为完善。因此应当加强北方的基础设施建设。从农业基础上来看，南方优于北方，但是北方的农业基础差异化较大，北方的山东、黑龙江等地区为我国著名的粮仓，其粮食产量以及粮食安全备受中央以及地方的重视，政府会对该区域的农业技术给予大力支持，并提供优惠的人才引进政策，这一定程度上提升了北方农业技术的整体平均水平，因此应当加强对南方粮食产量以及粮食安全的重视。南方能够更好地吸引先进资源以及人才，沿海地区渔业畜牧业等产业丰富，这一定程度上促进了南方农业技术多元化，使南方的农业技术得到更为均衡且持久的发展。因此，北方农业供给侧发展也应当积极丰富产业，实现多元化，形成更加均衡、合理的发展结构。

第4章

中国农村金融服务现状分析

4.1 中国农村金融改革发展脉络

我国农村金融是从改革开放时期起步的。在发展的初级阶段，主要是依靠金融体系的多元化，从而更深一步去推动农村经济的发展。为了更好地建设四个现代化，使得资金能够更有效扶持农业的发展和生产，自 1979 年开始，我国开始更加重视农村金融体系的建设工作。那时的农业银行兼具商业银行和政策性银行的功能。但由于人民公社的解体，农村金融的角色更多地由农村信用社来承担。中国农业银行在当时现行体制中担负着对农村信用社进行管理与领导的职能。但是，农村信用社不是农业银行的一部分。它在农村基层以一种特殊形式起着办理农村金融业务的作用。由农业银行对农村信用社各项经营活动给予大力支持。所以农业银行对农村信用社具有管理权与决策权。在这种情形下，农村地区的金融市场主要由中国农业银行主导。传统金融模式受城市化、工业化影响较大，所以人们急需新的金融服务模式。基于此，中国建设银行、中国工商银行、中国银行都不同程度地增设了网点，以更好地适应经济新形势下的发展。不少大的国有企业纷纷进军农村金融市场。但由于定位不明确，它在农村金融中的参与程度往往受到限制。在此时，邮政储蓄银行大量设置网点和办事机构，并恢复存款业务，进而积极参与农村金融业务。结果，农村地区金融服务由农村信用社为主的局面受到一定影响。但由于邮政储蓄银行仅仅办理存款业务而不办理贷款业务，这使得大量的农村资金迅速由农村流向城市。在农村地区，农村地区除了正式的金融机构以外还存在着大量的非正式金融机构，它们共同组成了我国农村金融体系，在一定程度上推动了农村融资，促进了农村金融的发展。但是由于过分看重商业利益，部分非正式的农村金融机构往往会脱离政策，给市场带来不良影响。另外在此阶段,家庭联产承包责任制在广袤的农村地区开始推行,家庭联产承包责任制的推行标志着此时农村转型,正在进入关键阶段。这时农村经济与农村金融飞速发展,工业化进程快速推进,农村金融业务由此获得了高速发展。但是因为当时制度不健全、监管不到位等原因,很容易出现金融风险,给农村金融健康发展造成了不利影响。

4.1.1 现代农村金融组织体系基本形成阶段：1993—2002 年

改革开放使得我国的社会环境产生了诸多变化,进而影响了社会经济的运行趋势。农村金融改革的步伐也因此受到影响,在此期间不断摸索前进,形成诸多有益经验。1996 年 8 月,在国务院关于地方金融改革的决定中,明确提出地方信用社要与农业银行分开管理。国有银行的基层金融机构网点因为 1997 年发生的亚洲金融危机大幅度收缩,截至 2001 年年底裁撤了将近四万个农村金融机构。此时,农村金融业务的中坚力量再次由农村信用社承担,并且快速地向商业化进行转变。

4.1.2 现代农村金融制度构建探索阶段：2003—2012 年

在此期间,为进一步深化改革农村金融服务,2003 年,政府在《深化地方信用社改革试点方案》中明确提出,要扩大改革试点的范围,由原先的 8 省市进一步扩展至 21 个省市。地方政法主管农村信用社,并组建农村信用社省、市级联社。农村信用的监管主要由 2003 年成立的银监会负责。2006 年和 2007 年,针对农村银行业金融机构的准入条件,中国银监会于 2006 年至 2007 年,相继发布众多政策文件和管控措施,旨在放宽准入条件。新型农村金融机构的逐步设立和发展,使农村金融的发展步入了一个崭新的阶段。

4.1.3　农村金融制度改革创新深化阶段：2013 年至今

农村金融在发展农村经济、增加农民收入、缩小城乡收入差距、实现城乡一体化等方面发挥着重要的支持与保障作用。从 2013 年开始，国家一号文件对农村金融体制创新体制改革一再提出明确要求。为了积极促进地方金融发展和满足人民群众不断增长的良好需求，政府积极促进普惠金融发展。2015 年《政府工作报告》明确指出：大力发展普惠金融，使所有市场主体都能分享金融服务的雨露甘霖。为建立与完善符合农村实际的农村金融体系，2018 年我国政府发布了《乡村振兴战略规划（2018—2022）》。文件表示为满足农村金融日益多样化的需求，要加强金融创新，合理配置金融资源，弥补农村经济发展的不足点，并突出其重点领域，达到金融支持"三农"的力度和目的。2019 年 2 月，人民银行与四部委联合发布了《关于金融服务乡村振兴的指导意见》。在此期间，农村金融发展创新，普惠金融及金融扶贫均得到迅速发展并取得良好成效。

4.2　中国农村金融服务创新实践与成就

4.2.1　金融基础设施建设取得积极进展

农村基础设施不够完善、运营主体较少等问题是农村金融迅速发展的主要限制因素。因此，必须加快完善农村金融基础设施，促进农村金融持续健康发展。本书主要从以下几个方面对我国农村信用体系建设进行研究。信用体系是整个金融体系的基础和核心。信用体系是为人们提供金融服务的基础和前提，而信用卡、贷款等金融服务又是建立在信用体系之上的。第一，加强农村信用信息系统建设。随着社会经济的不断发展和信息技术的进步，农村金融市场也发生了很大变化。一方面，农村信用社经营环境逐步改善；另一方面，农村商业银行面临巨大挑战。无论是城市地区还是农村地区都存在着大量的个人消费信息，因此建立和完善农村信用体系显得尤为重要。第二，加快完善农村地区支付结算网络。农村支付结算网络是支撑农业生产经营活动的关键环节，也是提高农民生活水平和促进农村经济发展的重要条件。第三，加强农村信用环境建设。建立和完善农村信用体系是我国人民银行面临的一项长期工程。第四，完善农业保险政策体系。目前我国农业保险政策仍存在诸多问题，亟待改革和完善。人民银行和各级地方政府金融机构在提供贷款服务过程中建立了较为完善的信用档案，在了解农村尤其是村镇的信用情况、提高农户对贷款资质的认可程度、加强信贷支持力度等方面发挥着重要作用，同时也需要通过建立信贷支持农民发展的预授信及正向激励机制来引导更多的金融企业参与其中。一是建立金融信用信息基础库和"中国人民银行征信系统"，加强农村信用体系建设；二是推进建设动产融资统一登记簿制度。第五，推进农村支付服务体系建设。一是建立农村支付清算网络。二是完善农村支付结算环境。三是加快农村电子银行系统建设。四是大力发展农村第三方支付平台。五是积极培育新型农民金融组织。六是搭建应收账款融资服务平台；七是加强支付领域的数据基础建设，完善农村支付服务基础设施；继续推进农村从现金到刷卡方式的转变、减少刷卡手续费、方便银行卡的使用。第六，大力推进现金服务。央行各分支机构对农村现金服务给予了大量扶持，因地制宜地开展现金服务工作，供、收两手都要硬，采取上门服务和其他多种手段供应小面额新钞，强化以旧换新和新币找零工作，增强人民币整洁度。要把普惠金融和反假币工作结合起来，安装点验钞工具、增强反假币意识、推动农村金融不受假币危害。

4.2.2 农村金融服务发展取得的成效

农村经济与农村金融之间存在着密切的、互补的联系。农村金融发展对农村经济也有很大带动作用,给农村经济发展带来新动力源泉。截至今日,农村金融的发展和改革取得了阶段性的突破和成果,保持着良好的发展劲头和强劲的发展动力。从 2007 年开始,涉农贷款成为中国人民银行单独列出来的统计指标,贷款的规模进一步扩大,从最初的 6.1 万亿元一步步扩大到了 2020 年年末的 39 万亿元,其占全国总贷款的规模高达 22.55%,并着重将落脚点放在发展和服务实体经济上,以此作为农村金融服务的本源。其涉农金融机构网点数目在这一时期也有所提升。我国农户储蓄存款余额从 2009 年至 2020 年不断上升。其具体数据从表 4-1 中可以看出。由此可见,我国农村金融服务发展与改革到了新阶段。

我国的农业生产发展离不开农村经济的发展。在政府相关部门和金融机构的共同努力之下,近年来,"三农"信贷投入持续稳定增长,有力地支持了我国农业生产与农村经济的发展。截至 2019 年年末,我国的涉农贷款余额达 351850 亿元。我国的农户贷款余额为 103443 亿元。各省的具体数据见表 4-2、表 4-3。

4.2.3 农村金融服务覆盖面持续扩大

2009 年,我国农村金融机构数量为 77268 家,截至 2020 年年末,我国农村金融机构数量增加到 82870 家,增幅为 7.2%。在这 12 年间,我国的农村金融机构总资产由原先的 82870 亿元增长至 314891 亿元,增幅高达 280%。而我国农村金融机构从业人数由 2009 年年末的 761619 人增长到 2020 年年末的 1020491 人,增幅高达 34%。具体来说,各省份的总资产、农村金融机构个数、从业人数等数据从表 4-4 至表 4-6 均可得知。

表 4-1　2009—2020 年全国各省农户储蓄存款余额

单位：亿元

地区 年份	北京	天津	河北	山西	内蒙古	辽宁	吉林	黑龙江	上海	浙江
2009	1089.08	631.23	3546.22	1865.51	823.10	1361.76	904.49	760.75	861.73	4189.78
2010	1302.01	695.51	4158.38	2171.85	1042.25	1605.06	1006.31	918.85	1012.11	4962.89
2011	1540.86	762.40	4942.68	2597.66	1372.48	1933.24	1118.62	1105.10	1183.97	5800.09
2012	1804.35	883.14	5765.05	3055.05	1705.68	2299.37	1307.95	1329.63	1429.06	6890.21
2013	1945.12	1005.37	6590.06	3646.16	1986.12	2627.26	1526.00	1599.72	1628.89	8118.43
2014	2189.56	1114.71	7484.91	4036.22	2204.53	2970.73	1766.01	2014.93	1789.08	9060.87
2015	2067.34	1060.04	7037.49	3841.19	2095.33	2799.00	1646.01	1807.33	1708.99	8589.65
2016	2128.45	1087.38	7261.20	3938.71	2149.93	2884.86	1706.01	1911.13	1749.03	8825.26
2017	2097.90	1073.71	7149.34	3889.95	2122.63	2841.93	1676.01	1859.23	1729.01	8707.46
2018	2113.17	1080.54	7205.27	3914.33	2136.28	2863.40	1691.01	1885.18	1739.02	8766.36
2019	2105.53	1077.12	7177.31	3902.14	2129.45	2852.66	1683.51	1872.20	1734.01	8736.91
2020	2109.35	1078.83	7191.29	3908.23	2132.86	2858.03	1687.26	1878.69	1736.52	8751.63

地区 年份	江苏	安徽	福建	江西	山东	河南	湖北	湖南	广东	广西
2009	3416.88	1437.08	983.11	1144.90	4764.21	2765.44	1099.30	1869.80	5934.04	1142.03
2010	4069.92	1768.71	1179.40	1454.15	5607.27	3234.85	1403.09	2211.32	6961.63	1502.83
2011	4653.77	2240.42	1414.03	1844.87	6517.67	3838.64	1743.31	2667.60	7969.37	1889.80
2012	5741.91	2815.49	1735.99	2313.05	7765.94	4724.35	2167.04	3189.23	9172.58	2317.36
2013	7114.58	3505.36	2068.42	2797.98	8991.61	5670.52	2701.84	3782.80	10484.27	2749.87
2014	8363.06	4201.98	2390.87	3269.71	10217.9	6518.78	3217.62	4453.63	11549.48	3219.78

续表

年份\地区	江苏	安徽	福建	江西	山东	河南	湖北	湖南	广东	广西
2015	7738.82	3853.67	2229.65	3033.85	9604.79	6094.65	2959.73	4118.22	11016.88	2984.83
2016	8050.94	4027.83	2310.26	3151.78	9911.38	6306.72	3088.68	4285.92	11283.18	3102.30
2017	7894.88	3940.75	2269.95	3092.81	9758.09	6200.68	3024.20	4202.07	11150.03	3043.56
2018	7972.91	3984.29	2290.10	3122.29	9834.73	6253.70	3056.44	4244.00	11216.60	3072.93
2019	7933.90	3962.52	2280.03	3107.55	9796.41	6227.19	3040.32	4223.03	11183.31	3058.25
2020	7953.40	3973.40	2285.07	3114.92	9815.57	6240.44	3048.38	4233.51	11199.96	3065.59

年份\地区	海南	重庆	四川	贵州	云南	陕西	甘肃	青海	宁夏	新疆
2009	148.41	1169.03	2582.91	723.74	1290.40	1364.26	681.07	75.06	205.61	446.70
2010	210.82	1451.06	3089.60	927.04	1660.86	1648.11	856.09	100.21	270.10	598.09
2011	269.36	1778.15	3866.50	1207.12	2107.68	1993.43	1087.44	133.02	327.49	766.08
2012	356.59	2152.91	4844.27	1525.88	2615.27	2456.63	1346.81	172.76	444.39	1007.18
2013	441.73	2537.14	5928.99	2064.66	3182.94	2972.24	1675.91	211.79	527.51	1185.43
2014	534.01	2990.61	7097.46	2366.06	3614.98	3407.19	1928.02	250.53	603.22	1277.67
2015	487.87	2763.88	6513.23	2215.36	3398.96	3189.72	1801.97	231.16	565.37	1231.55
2016	510.94	2877.24	6305.34	2290.71	3506.97	3298.45	1864.99	240.85	584.29	1254.61
2017	499.41	2820.56	6659.28	2253.04	3452.97	3244.08	1833.48	236.00	574.83	1243.08
2018	505.17	2848.90	6732.31	2271.87	3479.97	3271.27	1849.24	238.42	579.56	1248.85
2019	502.29	2834.73	6595.80	2262.45	3466.47	3257.68	1841.36	237.21	577.19	1245.96
2020	503.73	2841.82	6714.06	2267.16	3473.22	3264.47	1845.30	237.82	578.38	1247.40

数据来源：中国金融年鉴以及各省统计年鉴。

表 4-2 2009—2020 年全国各省农户贷款余额

单位：亿元

地区 年份	北京	天津	河北	山西	内蒙古	辽宁	吉林	黑龙江	上海	浙江
2009	33.85	69.22	900.10	598.69	388.05	561.29	367.50	707.93	36.97	2776.07
2010	43.78	89.53	1164.2	774.40	501.93	726.02	475.36	915.70	47.82	3590.80
2011	52.15	106.65	1386.9	922.48	597.91	864.85	566.26	1090.80	56.96	4277.44
2012	43.19	73.59	1449.6	1056.88	751.94	920.71	566.20	1190.16	81.96	4879.74
2013	53.56	91.25	1797.5	1310.53	932.41	1141.68	702.09	1475.80	101.63	6065.88
2014	107.30	139.34	2412.4	1390.96	1205.28	1122.82	723.62	1268.86	95.83	6993.38
2015	139.24	156.61	2947.6	1473.78	1369.89	1268.54	723.17	1256.76	110.83	8003.41
2016	22.00	179.00	3490	1574.00	1574.00	1351.00	721.00	1209.00	174.00	9388.00
2017	29.74	197.30	4045	1777.77	1809.21	1382.98	650.51	1165.45	192.49	8695.71
2018	37.00	243.00	4335	1963.00	2073.00	1413.00	688.00	1154.00	183.25	9041.85
2019	84.00	299.00	4566	2149.00	2218.00	1390.00	729.00	1160.00	187.87	8868.78
2020	60.50	271.00	4450	2056.00	2145.50	1401.50	708.50	1157.00	185.56	8955.32

地区 年份	江苏	安徽	福建	江西	山东	河南	湖北	湖南	广东	广西
2009	1458.46	691.40	742.20	736.11	2100.36	1315.47	394.19	828.40	748.87	648.41
2010	1886.49	894.32	960.03	952.14	2716.78	1701.54	509.88	1071.52	968.65	838.72
2011	2247.23	1065.33	1143.6	1134.21	3236.28	2026.91	607.38	1276.41	1153.88	999.22
2012	2536.73	1310.01	1435.3	1340.68	3174.60	2030.40	818.38	1737.04	1207.39	1037.90
2013	3145.55	1624.41	1779.8	1662.44	3936.50	2517.70	1014.79	2153.93	1497.16	1287.00
2014	3479.52	2161.73	2404	2226.42	3702.68	3061.71	1340.37	2743.36	2038.13	1478.53

续表

年份	地区 江苏	安徽	福建	江西	山东	河南	湖北	湖南	广东	广西
2015	4177.25	2503.67	2790.8	2687.34	3838.22	3552.68	1608.52	3229.89	2588.62	1750.97
2016	5067.00	3067.00	3095	3249.00	4318.00	4114.00	2001.00	3653.00	3140.00	2250.00
2017	4622.12	2785.34	2942.9	2968.17	4078.11	16119.4	1804.76	10186.0	2864.31	2000.49
2018	4844.56	2926.17	3018.9	3108.59	4198.06	10116.7	1902.88	6919.50	3002.16	2125.24
2019	4733.34	2855.75	2980.9	3038.38	4138.08	13118.0	1853.82	8552.75	2933.23	2062.86
2020	4788.95	2890.96	2999.9	3073.48	4168.07	11617.3	1878.35	7736.13	2967.69	2094.05

年份	地区 海南	重庆	四川	贵州	云南	陕西	甘肃	青海	宁夏	新疆
2009	36.28	224.50	955.10	455.14	725.50	697.03	469.17	33.58	182.59	292.10
2010	46.93	290.40	1235.4	588.72	937.84	901.60	606.87	43.44	236.18	377.83
2011	55.90	345.93	1471.6	701.30	1117.18	1074.01	722.92	51.75	281.34	450.08
2012	58.35	499.01	2093.0	951.90	1190.20	1343.11	1086.75	68.83	350.69	754.74
2013	72.35	618.77	2595.3	1180.36	1475.85	1665.46	1347.57	85.35	434.86	935.88
2014	102.45	1072.81	3509.8	1691.57	1524.54	1898.23	1860.77	98.97	483.84	1113.66
2015	140.05	1188.61	3822.1	2038.30	1733.27	2075.38	2281.90	133.39	512.35	1228.62
2016	164.00	1336.00	4254	2448.00	1943.00	2175.00	2647.00	161.00	581.00	1322.00
2017	152.03	1262.31	4038	2243.15	1838.14	2125.19	2464.45	147.20	546.68	1275.31
2018	158.01	1299.15	4146	2345.58	1890.57	2150.10	2555.73	154.10	563.84	1298.66
2019	155.02	1280.73	4092	2294.36	1864.35	2137.64	2510.09	150.65	555.26	1286.98
2020	156.52	1289.94	4119	2319.97	1877.46	2143.87	2532.91	152.37	559.55	1292.82

数据来源：中国金融年鉴以及各省统计年鉴。

表4-3 2009—2020年全国各省涉农贷款余额

单位：亿元

地区 年份	北京	天津	河北	山西	内蒙古	辽宁	吉林	黑龙江	上海	浙江
2009	817	714	4010	2423	1531	2552	1687	2068	813	14125
2010	1163	1138	5149	3284	2414	2990	2056	2755	937	17851
2011	1667	1457	6806	4392	3129	3865	2254	3302	1338	21178
2012	1810	1652	8412	5402	3967	4800	2660	3909	1488	25011
2013	2319	2186	10154	6656	4881	5880	3425	4669	1770	28372
2014	2595	2553	11758	7402	5579	6639	4257	5724	1975	28911
2015	2697	28187	1389	8246	6560	7396	5332	726	2188	30383
2016	1958	2650	13054	8691	7492	7677	6110	7993	2037	30079
2017	1990	2359	14196	9753	8363	7739	6039	8518	1838	30231
2018	2299	1831	14994	10000	8402	8148	5501	8306	1938	30155
2019	2482	1945	16039	10390	8434	8638	5441	8331	1888	30193
2020	2391	1888	15517	10195	8418	8393	5471	8319	1913	30174

地区 年份	江苏	安徽	福建	江西	山东	河南	湖北	湖南	广东	广西
2009	11557	2314	3461	2174	9203	4700	2243	2594	3918	1908
2010	14940	3093	4562	2697	11591	5997	2985	3110	4556	2556
2011	17992	4045	5745	3336	14216	7104	3781	3944	5516	3197
2012	20781	5117	7124	4187	16760	8304	4632	4701	6636	3955
2013	22685	6324	8522	5119	19192	9949	5621	5838	7957	4777
2014	24182	7418	10141	6132	21649	11710	6576	6719	8983	5479

续表

年份	江苏	安徽	福建	江西	山东	河南	湖北	湖南	广东	广西
2015	26128	8523	11315	7188	23379	13508	7702	7887	9270	6003
2016	28271	9665	11700	8432	24688	14913	9027	8960	9733	6765
2017	27200	9094	11508	7810	24033	16120	8365	10187	9501	6384
2018	27735	9379	11604	8121	24361	15517	8696	9574	9617	6574
2019	27468	9237	11556	7966	24197	15819	8530	9880	9559	6479
2020	27601	9308	11580	8043	24279	15668	8613	9727	9588	6527

年份	海南	重庆	四川	贵州	云南	陕西	甘肃	青海	宁夏	新疆
2009	361	1571	4444	1481	2937	1561	1186	457	588	1610
2010	538	1971	5800	2088	3605	1952	1648	641	739	2279
2011	764	2416	7308	2643	4193	2537	2067	830	928	3058
2012	1004	2803	9003	3111	4914	3125	2640	1010	1135	3878
2013	1072	3385	10755	3835	5591	4292	3332	1320	1421	4695
2014	1246	3940	12379	4848	6234	4803	4142	1543	1626	5451
2015	1436	4375	13805	6003	7135	5454	5274	1825	1686	5823
2016	1429	4677	15199	7258	8006	5858	6266	1995	1817	6359
2017	1433	4526	14502	6631	7571	5656	5770	1910	1751	6091
2018	1431	4602	14850	6944	7788	5757	6018	1953	1784	6225
2019	1432	4564	14676	6787	7680	5707	5894	1931	1768	6158
2020	1431	4583	14763	6866	7734	5732	5956	1942	1776	6192

数据来源：中国农村金融服务报告。

表 4-4　2009—2020 年全国各省农村金融机构数量

单位：个

地区 年份	北京	天津	河北	山西	内蒙古	辽宁	吉林	黑龙江	上海	浙江
2009	714	609	4923	3084	2507	2443	1718	2003	351	4028
2010	701	581	4865	2958	2301	2478	1818	1958	332	4044
2011	701	593	4836	2988	2334	2556	1553	1981	353	4154
2012	699	595	4612	2885	2391	2396	1584	2003	379	4292
2013	708	619	4901	3473	2401	2460	1560	2014	397	4375
2014	726	638	4953	3210	2306	2357	1661	2036	409	4713
2015	731	667	5029	3130	2424	2379	1718	2049	428	4431
2016	732	664	5090	3293	2624	2306	1777	2047	415	4464
2017	714	654	5166	3329	2524	2445	1791	2047	531	4433
2018	711	643	5185	3040	2386	2559	1689	2037	530	4593
2019	713	618	5197	3067	2639	2909	2117	2035	521	4362
2020	712	630.5	5191	3053.5	2512.5	2734	1903	2036	525.5	4477.5

地区 年份	江苏	安徽	福建	江西	山东	河南	湖北	湖南	广东	广西
2009	3122	3072	1837	2548	5364	5377	2242	4144	5847	2294
2010	3100	2961	1831	2442	5282	5360	2180	4062	5770	2284
2011	3029	3356	1859	2565	5225	5400	2187	4184	5811	2305
2012	3113	3012	1883	2576	5266	5386	2150	4119	5759	2368
2013	3194	3120	1926	2611	5270	5458	2281	4098	5876	2444
2014	3330	3210	1953	2652	5132	5514	2298	4106	5920	2533

续表

年份\地区	江苏	安徽	福建	江西	山东	河南	湖北	湖南	广东	广西
2015	3440	3747	1997	2690	5921	5592	2232	4108	6003	2578
2016	3510	3358	2115	2674	5395	—	2296	4157	6214	2977
2017	4198	3406	2005	2703	5386	5758	2347	4192	6220	2630
2018	3448	3418	2013	2671	5397	5739	2224	4209	6222	2618
2019	3651	3414	2022	2638	5501	5750	2337	4203	6019	3000
2020	3549.5	3416	2017.5	2654.5	5449	5744.5	2280.5	4206	6120.5	2809

年份\地区	海南	重庆	四川	贵州	云南	陕西	甘肃	青海	宁夏	新疆
2009	388	1773	5644	2061	2443	2815	2226	316	367	1008
2010	396	1757	5680	2024	2399	2927	2103	340	375	1016
2011	415	1788	5860	2097	2401	2946	2300	360	390	1198
2012	418	1804	5902	2144	2424	2946	2203	366	396	1029
2013	439	1822	5958	2288	2440	2957	2285	374	405	1105
2014	453	1843	6013	2362	2454	2859	2289	380	413	1154
2015	478	1826	6069	2448	2459	2977	2369	348	606	1228
2016	493	1881	6111	2500	2440	2859	2719	472	440	1273
2017	485.5	1891	6164	2549	2438	2996	2706	359	444	1275
2018	489.2	2174	6190	2407	2424	3007	2302	384	444	1274
2019	487.3	1894	6139	2604	2407	2864	2298	379	160	1368
2020	488.3	2034	6164.5	2505.5	2415.5	2935.5	2300	381.5	302	1321

数据来源：区域金融运行报告及中国银监会网站、中国人民银行网站。

表4-5　2009—2020年全国各省农村金融机构服务人员

单位：人

地区 年份	北京	天津	河北	山西	内蒙古	辽宁	吉林	黑龙江	上海	浙江
2009	7975	7540	51124	34227	27083	32473	22701	24081	5182	43444
2010	7867	7720	50185	34183	30003	32035	25406	23549	5180	44562
2011	7326	7392	51418	35279	28522	29316	22425	23636	5358	46479
2012	7502	7961	52559	38301	31057	30678	22931	25849	5654	50437
2013	8355	8637	50251	41485	30263	34387	21510	27943	6316	55520
2014	9158	9395	49699	38586	30835	33316	25584	28695	7070	63790
2015	9644	9849	50386	44679	31299	35780	27898	29511	6730	55377
2016	9623	10165	50677	41244	30941	34480	36243	30700	6823	57037
2017	9733	9945	51435	43768	31974	34676	47059	30999	8495	57298
2018	9534	9542	52407	44653	31979	34489	31909	30697	8942	57282
2019	10042	9730	53564	45070	34277	34676	32426	29781	9122	57748
2020	9788	9636	52985	44861	33128	34582	32167	30239	9032	57515

地区 年份	江苏	安徽	福建	江西	山东	河南	湖北	湖南	广东	广西
2009	37166	28453	17233	21212	57715	46887	27400	36727	64510	21566
2010	37223	29639	17587	21828	59674	58839	27214	36496	62577	21434
2011	39921	33725	17617	22740	68107	49606	28543	38694	66861	23242
2012	43311	31967	19057	23844	69676	59761	29443	38937	71020	24613
2013	46136	33381	20545	25065	73357	62009	31403	39359	76368	26195
2014	49028	33712	21337	26697	77297	64954	32349	39878	75016	27586

续表

年份\地区	江苏	安徽	福建	江西	山东	河南	湖北	湖南	广东	广西
2015	51898	41600	22171	29295	73793	64068	33756	39675	78199	27308
2016	53677	36424	23697	32050	73331	—	33474	41912	79143	32563
2017	60677	37270	22194	30605	73767	116232	34648	42120	79340	28436
2018	56442	37904	22154	30731	73609	64200	34307	42563	78356	28448
2019	55146	38154	22706	30037	77364	59975	31121	42544	78061	33046
2020	55794	38029	22430	30384	75486	62087	32714	42553	78208	30747

年份\地区	海南	重庆	四川	贵州	云南	陕西	甘肃	青海	宁夏	新疆
2009	3170	12695	39934	18149	20541	20457	14836	2306	4759	10073
2010	3237	14777	59916	19698	20149	20199	15133	2250	5293	10819
2011	3909	15947	51435	21196	19936	24138	15118	2481	5509	10921
2012	4259	16933	54879	22312	21334	23927	16857	3458	5753	10949
2013	4628	17729	58965	24246	22147	25410	17940	3599	6081	12581
2014	5484	18108	70987	27267	22965	24876	18634	3585	6167	13808
2015	6182	18817	70985	29272	23143	23895	19691	4090	8548	14536
2016	6560	18305	71398	30483	24148	26496	20391	5519	6759	15201
2017	6371	18110	71826	31206	24638	25946	23982	4767	6766	18365
2018	6465	24580	73682	29925	25947	29644	20663	4190	6449	16783
2019	6418	18206	73016	30356	26520	32392	21659	4795	7934	16631
2020	6441	21393	73349	30140	26233	31018	21161	4492.5	7191.5	16707

数据来源：区域金融运行报告及中国银监会网站、中国人民银行网站。

表4-6　2009—2020年全国各省农村金融总资产

单位：亿元

地区 年份	北京	天津	河北	山西	内蒙古	辽宁	吉林	黑龙江	上海	浙江
2009	2858	1414	5198	3572	1734	2273	1486	1336	2158	7822
2010	3382	1746	6039	4778	2051	2838	1727	1500	2597	9412
2011	3817	2000	6997	5490	2686	5715	2147	2007	3236	11246
2012	4340	2809	8322	6491	3164	4050	3243	2472	3696	13001
2013	4786	3062	9408	7650	3690	4499	3361	2799	4219	15179
2014	5376	3383	1073	7982	4123	4957	4051	3464	4830	17108
2015	6482	4102	11775	8456	4934	5710	5408	4184	5807	19034
2016	7485	4815	13578	9893	6108	6626	8399	4531	7044	22043
2017	8409	4906	15382	9175	6278	7768	7685	5250	7993	24321
2018	7947	4860	14480	9534	6193	7197	8042	4891	7519	23182
2019	8178	4883	14931	9354	6236	7483	7864	5070	7756	23752
2020	8062	4872	14705	9444	6214	7340	7953	4980	7637	23467

地区 年份	江苏	安徽	福建	江西	山东	河南	湖北	湖南	广东	广西
2009	7355	2580	1553	1866	7319	2835	2255	2929	11221	2175
2010	9754	3380	2090	2466	8547	4506	2976	3279	11221	2938
2011	11466	4362	2659	3776	10210	5105	3569	3999	13478	3721
2012	13267	5192	3251	3950	11952	6002	4532	4671	16114	4745
2013	15135	6372	4220	4931	13830	7122	5735	5569	18990	5526
2014	17542	33712	5241	5821	15935	8489	6799	6550	22014	6453

续表

年份	江苏	安徽	福建	江西	山东	河南	湖北	湖南	广东	广西
2015	19580	9655	6368	6861	18477	10054	8014	7702	26058	7376
2016	23511	10552	7892	7972	21207	11932	9387	9496	29537	8166
2017	26940	12517	8439	8627	22487	16117	10756	10184	32604	8314
2018	25226	11534	8166	8300	21847	14025	10072	9840	31071	8240
2019	26083	12026	8302	8463	22167	15071	10414	10012	31837	8277
2020	25654	11780	8234	8381	22007	14548	10243	9926	31454	8258

年份	海南	重庆	四川	贵州	云南	陕西	甘肃	青海	宁夏	新疆
2009	243	1675	4298	1360	2549	2484	1337	205	409	914
2010	421	2011	5198	1724	3100	3014	1363	382	552	1353
2011	660	2863	6836	2159	3748	3746	2121	420	753	1893
2012	1013	3511	9112	2780	4827	4710	2739	543	1125	2304
2013	1236	5305	11418	4264	6277	5522	3311	662	1296	2853
2014	1398	6381	15472	5012	7360	6246	3977	740	1397	3229
2015	2075	7292	16622	6021	8785	6639	4517	965	1568	3710
2016	2515	8155	18318	7346	9509	8082	5357	1106	1563	4179
2017	2295	9149	19594	8281	10517	8412	5684	1124	1740	5101
2018	2405	8652	18956	7813	10013	8247	5521	1115	1652	4640
2019	2350	8901	19275	8047	10265	8330	5602	1120	1696	4871
2020	2377	8776	19115	7930	10139	8288	5561	1117	1674	4755

数据来源：中国保险年鉴，金融统计年鉴，Wind 数据库，CSMAR 数据库以及中国农村金融服务报告。

4.3 中国农村金融服务发展水平测度

4.3.1 创新指标体系与 GPCA 测度法

基于以往学者的研究成果,并结合目前中国农村金融服务发展的实际情况,本书遵循指标选择的可得性与代表性原则,选取了2009—2020年中国30个省份的12个指标作为原始数据,从渗透性、可获得性、使用有效性三个方面构建指标体系测度中国农村金融服务发展水平。相关的指标解释如下。

农村金融服务渗透性:这一指标代表享有农村金融服务的人员数量,农村金融服务利用程度越高,说明农村金融服务渗透性越强。这一级指标包括农村金融机构网点、农村金融服务人员人数、农村金融密度、农户贷款在涉农贷款中的比例这4个二级指标。

农村金融服务可获得性:这一指标代表了农村地区取得农村金融服务是否容易。该一级指标由农户贷存比、农村金融深度、农户存贷差3个二级指标构成。

农村金融使用效用性:该指标表示农村金融服务被农户真正使用、接受并留存的记录。该一级指标由农户存款水平、农户贷款水平、农业保险保费、农业保险赔付额、农户贷款占农村GDP的比重构成这5个二级指标构成。

上述指标所选用的数据主要来源于历年的统计年鉴、金融统计年鉴、农村统计年鉴、中国保险年鉴、各省统计年鉴以及Wind数据库、CSMAR。具体的指标描述见表4-7。

表4-7 中国农村金融服务发展水平的指标体系

一级指标	二级指标	指标说明
渗透性	农村金融机构网点	农村金融机构数量/农村人口
	农村金融服务人员数量	农村金融机构服务人员/农村人口

续表

一级指标	二级指标	指标说明
渗透性	农村金融密度	农村金融总资产/农村人口
	农户贷款占涉农贷款的比重	农村贷款/涉农贷款
可获得性	农户存贷比	农户贷款/农户存款
	农村金融深度	累计新增农村贷款/农村GDP
	农户存贷差	农户存款—农户贷款
使用效用性	农户存款水平	农户存款
	农户贷款水平	农户贷款
	农业保险保费	农业保险保费总额
	农业保险赔付额	农业保险赔付额
	农户贷款占农村GDP的比重	农业贷款/农村GDP

主成分分析法可通过数据降维从不同指标中提取主成分，在保证信息丢失最小的前提下，选取合适的主成分重新计算得出单一指标来实现指数测度。目前，各种经济问题的关联性不断增强，研究日益复杂，研究所使用的数据不断丰富，为了避免数据之间存在相似、重叠的情况，使用主成分分析法进行正交变换计算，处理不同变量间的共线性问题，是十分必要的。另外，主成分分析法和其他方法相比较，采用累计方差和其比重确定指标权重从而更加客观。考虑到经典的主成分分析法仅能分析截面数据，无法分析时间的动态变化，本书采用时序全局主成分分析来进行数据降维，具体原理如下。

设 D 是一组按时间序列排列的面板数据表 X 序列，并且所有数据表均具有相同的样本点与变量，即 $D = \{X_t \in R_{n \times m}, t = 1, 2, \cdots, T\}$，其中，$X_t(t = 1, 2, \cdots, T)$ 均以 $e_1, e_2, \cdots, e_n$ 作为样本点，以 $x_1, x_2, \cdots, x_p$ 为变量指标，在 t 时刻的数据表 X_t 中，样本点 $e_1, e_2, \cdots, e_n$ 的取值分布为 t 时刻的样本群点。设 $N = UN^t$ 为全局样本点，以 N 为样本群点的主成分分析为时序全局主成分分析（GPCA），可以反映全部对象的时序动态特性和系统总体水平随时间变化的趋势。

借鉴此研究思路，本书建立了一张中国2009—2020年30个省份12个指标的立体时序数据表进行GPCA，主要思路为：首先，将原始数据进行同向化处理与标准化处理，得到样本矩阵的协方差矩阵。其次，使用Bartlett球形检验和KMO检验处理后的数据进行可行性检验，判断GPCA是否适用于数据的降维。然后，通过对协方差矩阵特征值和方差累积贡献率的分析，确定主成分的数量。最后，根据选取的主成分，分别计算主成分的得分，并以方差贡献率为基础计算生成综合得分。

基于前文构建的指标评系，本书使用相关数据评价了中国农村金融服务发展水平。由表4-8所示，评价框架中共有12个指标，从渗透性、可获得性、使用有效性三个角度进行了评测，但同时由于数据量较大，多重共线性问题相对容易出现。本书采用GPCA以处理该问题，具体的实现步骤如下。

（1）数据的标准化处理。由于本书用于测度的指标单位与数量级有所差别，无法有效比较，所以，本书采用Z-socre方法来标准化数据，从而解决单位与数量级不一致的问题，本书采用的标准化公式如下：

$$Z = \frac{(x - \mu)}{\delta}$$

上式中，x表示原指标数据，Z表示标准化后的指标数据，μ表示所有样本数据的均值，δ表示所有样本数据的标准差。

（2）对数据进行可行性检验。本书使用Bartlett球形检验和KMO检验分别对标准化后的数据进行可行性检验，其中Bartlett球形检验可以判断相关矩阵是否为单位矩阵，若拒绝各变量之间不相关的原假设，则通过检验。而KMO检验则用于检验各变量之间的偏相关性，根据以往经验KMO值要高于0.6，KMO数值越高则位置变量间的关联程度越高，GPCA的降维效果越好。以上两种检验皆通过，则表明数据适用于GPCA，本书的检验结果如表4-8所示。

表4-8 可行性检验

KMO		0.613
Bartlett 球形检验	近似卡方	15634.316
	自由度	66
	显著性	0.000

由表4-8可知，本书的KMO值为0.613，高于0.6，因此检验通过。而Bartlett球形检验，所得的近似卡方为15634.316，自由度为66，显著性低于0.01，因此原假设被拒绝，相关矩阵非单位矩阵，综上所述，本书标准化处理的数据可进行GPCA。

（3）选择主成分。本书使用stata16.0软件进行了主成分分析，具体的主成分特征值、特征值差值、方差贡献率、累计方差贡献率如表4-9所示。

表4-9 GPCA的结果

成分	特征值	特征值差值	方差贡献率	累计方差贡献率
成分1	3.59347	0.523495	0.2995	0.2995
成分2	3.06998	1.24506	0.2558	0.5553
成分3	1.82491	0.13582	0.1521	0.7074
成分4	1.68909	1.01462	0.1408	0.8481
成分5	0.674478	0.271928	0.0562	0.9043
成分6	0.40255	0.0915124	0.0335	0.9379
成分7	0.311038	0.171157	0.0259	0.9638
成分8	0.139881	0.0193148	0.0117	0.9755
成分9	0.120566	0.0275196	0.01	0.9855
成分10	0.0930468	0.0120626	0.0078	0.9933
成分11	0.0809842	0.0809842	0.0067	1
成分12	0		0	1

现有的主成分确定方法主要有2种，第1种是选取特征值>1的成分为主成分，但是存在着成分累计贡献率比较小、信息缺失现象明显等可能。第2种则是以累积贡献率在85%以上为标准，选取主成分，但有可能会选择特征值不足1的主成分。基于分析结果综合考虑后，本书以累积贡献率为主成分选择的基准，以前五个成分

作为主成分,累计方差贡献率达90.43%,这意味着前5个成分能够反映12项指标中90.43%的信息,能包含原指标的大部分信息。

(4)计算综合得分。因子载荷矩阵被进一步计算得出,因子载荷矩阵可表示因子对原变量的影响大小。因子载荷的绝对值越大,则表示因子与原变量的关联性越强,因子综合反映变量的信息越多,而因子载荷的正负号则表示因子与原变量之间呈现的正负相关关系,也代表了该成分和原始指标呈正、负相关,具体的因子载荷矩阵见表4-10。

表4-10　　　　　　　　　因子载荷矩阵

指标	成分1	成分2	成分3	成分4	成分5
农村金融机构网点(x_1)	0.235	0.8263	-0.0725	-0.2671	0.2342
农村金融服务人员数量(x_2)	0.2041	0.8654	-0.01111	-0.3283	0.1423
农村金融密度(x_3)	0.02842	0.8218	-0.03387	-0.1919	0.1144
农户贷款占涉农贷款的比重(x_4)	0.5262	-0.4696	-0.07895	0.06166	0.6569
农户存贷比(x_5)	0.7533	-0.4516	-0.3284	-0.1321	-0.03663
农村金融深度(x_6)	0.5759	0.5363	-0.2559	0.2552	-0.322
农户存贷差(x_7)	-0.2982	0.3224	0.7109	0.4972	0.07508
农户存款水平(x_8)	0.482	0.1681	0.604	0.5964	0.04989
农户贷款水平(x_9)	0.8952	-0.1007	0.07161	0.269	-0.009932
农业保险保费(x_{10})	0.5737	-0.1794	0.5583	-0.514	-0.1168
农业保险赔付额(x_{11})	0.5432	-0.1517	0.5418	-0.5613	-0.1383
农户贷款占农村GDP的比重(x_{12})	0.7568	0.231	-0.398	0.3636	-0.09339

由表4-10展示的因子载荷矩阵可知,主成分1中农户存贷比、农村金融深度、农户贷款水平、农业保险保费、农户贷款占农村GDP的比重的载荷系数绝对值较大,表示主成分1可以综合反映这5个指标;主成分2中农村金融机构网点、农村金融服务人员数量、农村金融密度的载荷系数绝对值均显著高于其他指标的因子载荷系数绝对值,表明主成分2能够全面地反映这3项指标;主成分3中农户存贷差、农户存款水平的载荷系数绝对值均明显高于其

他指标，表明主成分3能全面反映上述两项指标；主成分4中农业保险赔付额的载荷系数绝对值相对较大，表示主成分1可以反映这个指标；而主成分5中农户贷款占涉农贷款的比重的载荷系数绝对值较为突出，因此主成分5主要表示这个指标。

本书根据因子载荷系数分别计算了5个主成分的得分f_1、f_2、f_3、f_4、f_5，计算公式如下：

$$f_1 = 0.235x_1 + 0.2041x_2 + 0.02842x_3 + 0.5262x_4 + 0.7533x_5$$
$$+ 0.5759x_6 - 0.2982x_7 + 0.482x_8 + 0.8952x_9 + 0.5737x_{10}$$
$$+ 0.5432x_{11} + 0.7568x_{12}$$

$$f_2 = 0.8263x_1 + 0.8654x_2 + 0.8218x_3 - 0.4696x_4 - 0.4516x_5$$
$$+ 0.5363x_6 + 0.3224x_7 + 0.1681x_8 - 0.1007x_9 - 0.1794x_{10}$$
$$- 0.1517x_{11} + 0.231x_{12}$$

$$f_3 = -0.0725x_1 - 0.01111x_2 - 0.03387x_3 - 0.07895x_4 - 0.3284x_5$$
$$- 0.2559x_6 + 0.7109x_7 + 0.604x_8 + 0.07161x_9 + 0.5583x_{10}$$
$$+ 0.5418x_{11} - 0.398x_{12}$$

$$f_4 = -0.2671x_1 - 0.3283x_2 - 0.1919x_3 + 0.06166x_4 - 0.1321x_5$$
$$+ 0.2552x_6 + 0.4972x_7 + 0.5964x_8 + 0.269x_9 - 0.514x_{10}$$
$$- 0.5613x_{11} + 0.3636x_{12}$$

本书基于方差贡献率将5个主成分的得分进行综合计算，得到主成分的综合得分F，即中国农村金融服务发展指数。具体的计算公式如下：

$$F = (0.2995f_1 + 0.2558f_2 + 0.1521f_3 + 0.1408f_4 + 0.0562f_5)/0.9043$$

（5）对指数进行归一化处理。本书计算出综合得分后，结合指数的表达习惯，将指数大小调整为0到1之间，可得中国农村金融服务发展指数。归一化公式为：

$$指数 = \frac{F - MinF}{MaxF - MinF}$$

上式中，$MaxF$ 表示 F 的最大值，$MinF$ 表示 F 的最小值。

此外，本书还重复上述相同原理与步骤，测算了中国农村金融服务渗透性指数、中国农村金融服务可获得性指数、中国农村金融服务使用效用性指数，在此不进行赘述。

4.3.2 测度结果分析

从图4-1以及表4-11可知，在2009年至2020年，我国农村金融服务发展水平不断上升，从2009年的0.15增长至2020年的0.43。但从增速上来看，2009年至2014年这6年的增速明显，自2014年起，我国农村金融服务发展水平增速明显放缓，并且逐渐趋近于稳定，2020年甚至出现了略微下降的态势。我国农村金融服务发展水平指数则是呈现出先增加后减少的趋势。从2009年的0.19增至2020年的0.37。2009年至2020年我国农村金融服务渗透性指数整体呈现上升趋势，从2009年的0.15增长至2020年的0.41。2009年至2017年增速不断提高之后，至2018年增速较之前显著下降，2018—2020年增速显著提高并且相较于2017年之前的增速更为迅猛。2009年至2020年我国农村金融服务使用有效性指数整体呈现出波动趋势。从2009年的0.51降至2014年的0.48，而后由2014年的0.48升至2019年的0.57，2020年则下跌至0.54。造成这一状况的原因也许是农村金融服务发展之初发展方式较为粗放，且2008年金融危机过后政府为了进一步扩大内需，促进经济增长投资总额高达四万亿人民币，财政支出结构被调整优化用于推进社会保障、改善民生等，"三农"问题被列为重点项目之一，较为宽松的政策和国家的扶持使得我国农村金融服务发展水平在这一时期发展较为迅速；中国共产党于2017年以后在党的第十九次全国人民代表大会中的全新表述显示了中国经济从高速增长阶段向高质量发展阶段的转变——2019年年底到2020年间，疫情波及全国各个行业，这使得这一时期的金融服务发展水平停滞不前。从三个分指标对总指标的影响分析，2009年至2012年我国农村金融服务使用有效性对我国农村金融服务发展水平呈现出负影响，2012—2019年间，中国农村金融服务渗透性影响较大，2020年我国农村金融服务使用有效性和我国农村金融服务可获得性对我国农村金融服务水平的负影响使得其指数下跌。

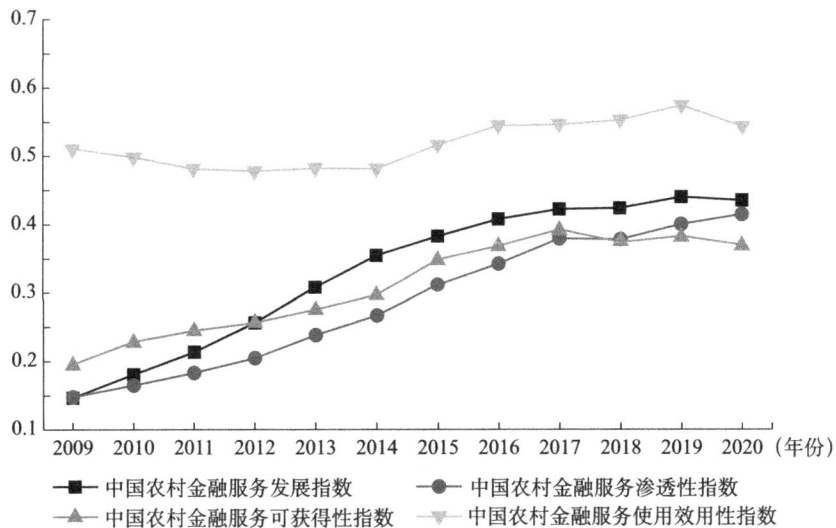

图4-1 2009—2020年中国农村金融服务发展水平折线图

表4-11　　　2009—2020年中国农村金融服务发展水平

年份	总指数	分指数1	分指数2	分指数3
2009	0.15	0.15	0.19	0.51
2010	0.18	0.16	0.23	0.50
2011	0.21	0.18	0.24	0.48
2012	0.26	0.20	0.26	0.48
2013	0.31	0.24	0.27	0.48
2014	0.35	0.27	0.30	0.48
2015	0.38	0.31	0.35	0.52
2016	0.41	0.34	0.37	0.54
2017	0.42	0.38	0.39	0.55
2018	0.42	0.38	0.38	0.55
2019	0.44	0.40	0.38	0.57
2020	0.43	0.41	0.37	0.54

注：总指数为中国农村金融服务发展指数，分指数1为中国农村金融服务渗透性指数，分指数2为中国农村金融服务可获得性指数，分指数3为农村金融服务使用效用性指数。

为了能够进一步分析当前我国农村金融和农村经济在区域发展方面存在差异，本书将选取的30个省市进一步划分为东部、中部和西部三个地区。具体划分见表4-12。

表4-12　我国各个省市及自治区区域划分

东部地区	北京、天津、河北、辽宁、上海、江苏、浙江、福建、山东、广东、广西、海南
中部地区	山西、内蒙古、吉林、黑龙江、安徽、江西、河南、湖北、湖南
西部地区	重庆、四川、贵州、云南、西藏、陕西、甘肃、宁夏、青海、新疆

由图4-2可知自2009年至2020年各省的农村金融服务水平集中分布的数值由2009年的0.1左右增长到了2020年的0.4左右，这表明我国各省的农村金融服务水平的平均水平不断增加。具体而言，2009年至2016年，其集中水平每年都有较小的增长，2016年至2018年其数值维持在0.38，2018年至2019年出现略微增加而后至2020年其水平与2019年几乎持平，在0.4左右。

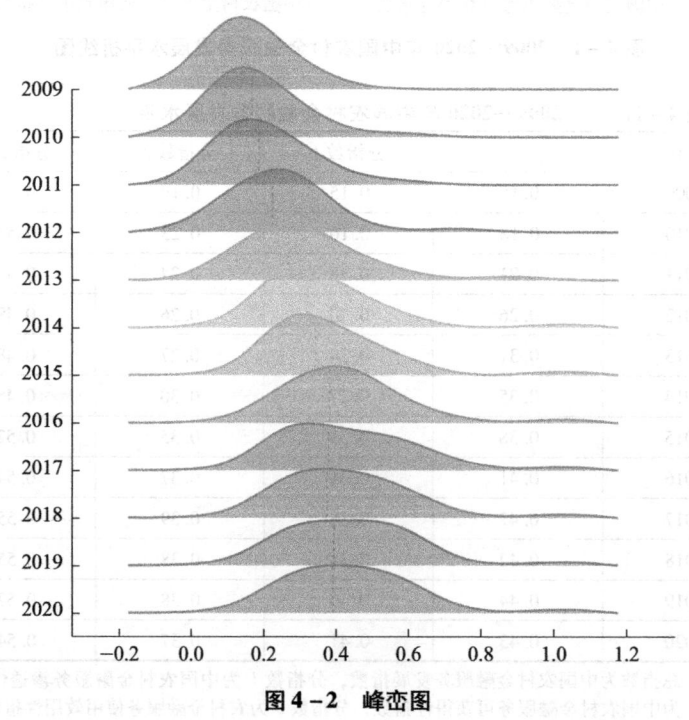

图4-2　峰峦图

表4-13　2009—2020年分区域中国农村金融服务发展水平

时间	总指数			分指数1			分指数2			分指数3		
	东部	中部	西部	东部	中部	西部	东部	中部	西部	东部	中部	西部
2009	0.19	0.14	0.09	0.22	0.14	0.06	0.16	0.21	0.23	0.46	0.53	0.55
2010	0.24	0.17	0.12	0.24	0.15	0.09	0.20	0.24	0.25	0.45	0.52	0.54
2011	0.28	0.19	0.15	0.26	0.16	0.11	0.23	0.25	0.26	0.43	0.52	0.54
2012	0.33	0.23	0.19	0.28	0.18	0.13	0.24	0.25	0.29	0.41	0.50	0.54
2013	0.39	0.28	0.23	0.32	0.21	0.16	0.26	0.28	0.30	0.41	0.51	0.55
2014	0.44	0.33	0.28	0.35	0.24	0.18	0.28	0.28	0.34	0.41	0.50	0.57
2015	0.47	0.36	0.29	0.40	0.28	0.23	0.33	0.34	0.38	0.45	0.53	0.59
2016	0.48	0.40	0.32	0.43	0.32	0.25	0.33	0.37	0.41	0.46	0.60	0.60
2017	0.48	0.45	0.31	0.47	0.37	0.27	0.31	0.51	0.39	0.46	0.62	0.59
2018	0.50	0.43	0.32	0.47	0.35	0.28	0.32	0.44	0.39	0.48	0.62	0.59
2019	0.52	0.45	0.32	0.50	0.39	0.28	0.32	0.47	0.37	0.50	0.64	0.60
2020	0.51	0.45	0.32	0.51	0.40	0.30	0.31	0.44	0.37	0.48	0.61	0.57

注：总指数为中国农村金融服务发展指数，分指数1为中国农村金融服务渗透性指数，分指数2为中国农村金融服务可获得性指数，分指数3为农村金融服务使用效用性指数。

由图4-3可以清楚地看到，东部区域农村金融服务发展水平明显高于中部与西部，中部农村金融服务发展水平略低于东部，西部农村金融服务发展水平指标最小。就东部地区的12个省份来说，浙江省的农村金融服务发展水平在1左右，明显高于其他11个省份，广东省的农村金融服务发展水平在0.7左右，其余省份的差距不明显在0.5—0.6之间；就中部区域的9个省份而言，山西省和内蒙古自治区的农村金融服务发展水平指数在0.4左右，明显高于其他省份，湖南省和河南省的农村金融服务发展水平指数在0.3左右，其余各个省份的农村金融服务发展水平在0.2左右；就西部区域的10个省份而言，四川省的农村金融服务发展水平指数0.4左右，显著高于其余各个省份，剩下9个省份的农村金融服务发展水平指数在0.2左右，没有明显差异。下面就三个分指标进行讨论。就东部区域而言，北京市、天津市的农村金融服务渗透性指数最高，在0.9左右，上海市、浙江省的农村金融服务渗透性指数在0.7左右，其余各省的农村金融服务渗透性指数在0.4左右；就中部区域的 9 个省份而言，其基本情况同总指标类似，但内蒙古自治区的农村金融服务渗透性指数在 0.5 左右，要明显高于其他省份；就西部区域的 10 个省份而言，其农村金融服务渗透性指数均在 0.15 左右。从农村金融服务可获得性来看，东部区域农村金融服务可获得性比中、西部二区域高，而中西部的农村金融服务可获得性指数在 0.2 左右，就东部区域而言，福建省、浙江省的农村金融服务可获得性指数在 0.7 左右，明显高于其他各省，且浙江省略高于福建省，而其他各省的农村金融服务可获得性指数在 0.2 左右；就中部区域而言，各个省份的农村金融服务可获得性指数均在 0.2 左右，湖南省、河南省要略高于其他各省；就西部区域而言，甘肃省农村金融服务可获得性指数最高，在 0.4 左右，宁夏回族自治区、青海省、贵州省次之，其余各个省份的农村金融服务可获得性指数

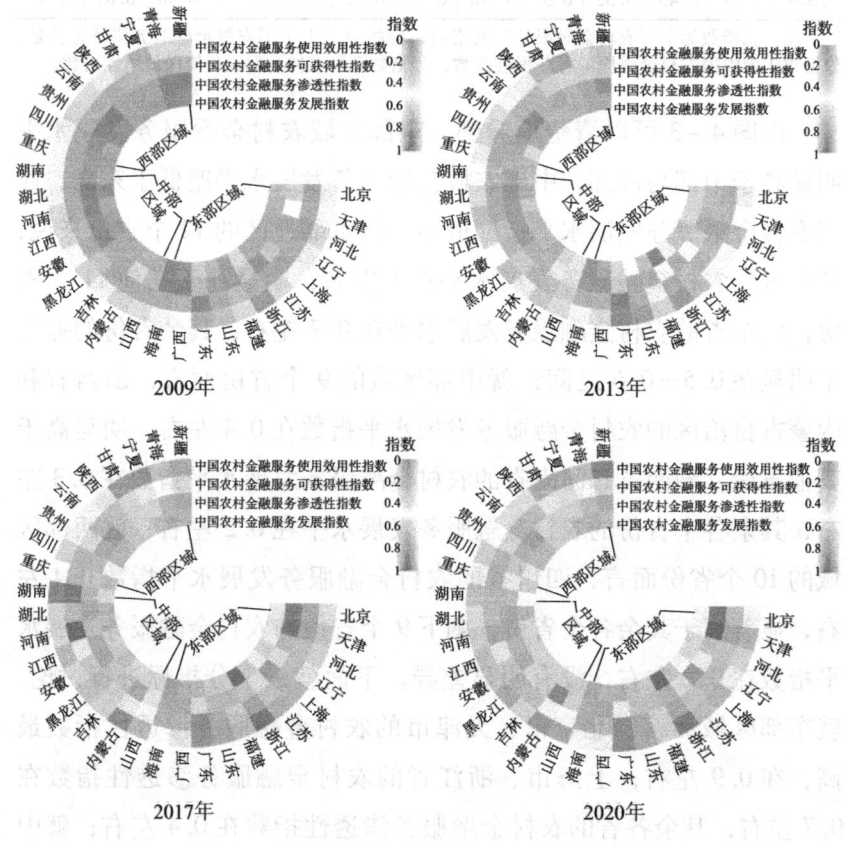

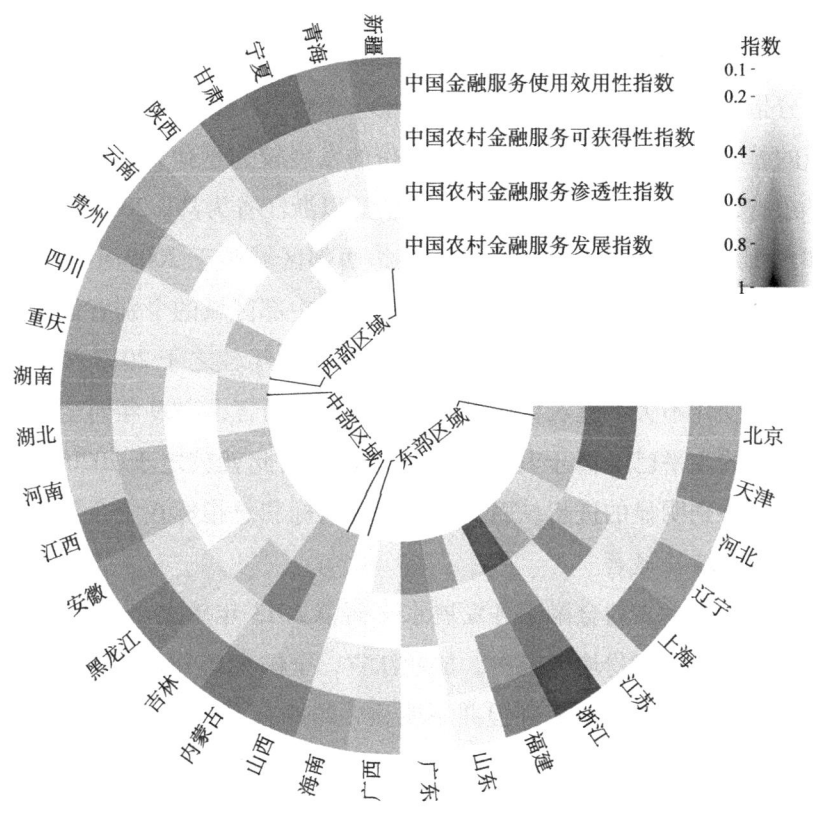

图 4-3 空间分布图

在 0.3 左右。就农村金融服务使用有效性而言,西部区域的总体水平要高于中部和东部,中部区域的各省表现较为平均,总体上高于东部区域,就东部区域而言,浙江省的农村金融服务使用有效性指数最高,在 1 左右,水平显著高于东部其他各个省份;就中部区域而言,湖北省、河南省的农村金融服务使用有效性指数在 0.3 左右,要明显低于中部区域其他各个省份;就西部区域而言,宁夏回族自治区的农村金融服务使用有效性指数最高,在 0.8 左右,甘肃省、新疆维吾尔自治区、青海省、贵州省的农村金融服务使用有效性在 0.6 左右,其余各个省份差异不大。从图 4-3 中我们还能看到浙江省无论是在总指标或是三个分指标上的表现都较为突出,除农村金融服务渗透性外,其余各个指标皆位于全国各省之先列。

为进一步分析，本书列举了4个不同时间点的空间分布图。从图4-3我们可以看到，2009年东部和中西部无论是总指标还是三个分指标之间的差异并不大，都处于一个较低水平。2013年不同区域的差异仍不明显，但东部个别省份的发展较为迅猛，如浙江省和广东省，已经处于全国前列，这其中又以浙江省为甚。2017年东部和东西部区域的差异已经较为明显，西部区域较于2009年没有明显发展，而东部区域的绝大部分省份以及中部区域的个别省份发展较快，显著高于其区域内的其他省份。2020年较之于2017年而言总体上变化不大。就农村服务的使用有效性而言，2009年时全国各个省份的水平已经高于其余两个分指标，因此就较之于2020年而言没有特别明显的进步，而其余两个分指标和总指标在十余年内变化明显，增长显著。

就总指标农村金融服务发展水平而言2013年较之于2009年东部地区的个别省份增速突出，如浙江省，全国大部分省份均出现增长，区域间差异虽已显现但并不明显，2017年较之于2013年中部地区的发展更为迅速，东部地区依旧保持全国领先水平而西部地区的变化并不明显，区域性差异已然显现，2020年同2017年相比无论是从区域性还是各个省份逐个来看都没有明显的变化。

具体到各省的情况来看，从表4-14可知2009年我国农村金融服务发展水平指数排名前十位的省份依次分别是浙江省（其农村金融服务发展水平指数为0.4）、广东省（其农村金融服务发展水平指数为0.33）、北京市（其农村金融服务发展水平指数为0.27）、山东省（其农村金融服务发展水平指数为0.25）、内蒙古自治区（其农村金融服务发展水平指数为0.23）、天津市（其农村金融服务发展水平指数为0.22）、山西省（其农村金融服务发展水平指数为0.21）、河北省（其农村金融服务发展水平指数为0.21）、江苏省（其农村金融服务发展水平指数为0.18）、辽宁省（其农村金融服务发展水平指数为0.17）。2009年我国农村金融服务发展水平指数排名第11—20位的省份依次分别是四川省（其农村金融服务发展水平指数为0.16)、湖南省(其农村金融服务发展水平指数为0.15)、上海市(其农村金融服务发展水平指数为0.15)、河南省(其农村金融服务发展水平指数为0.14)、陕西省(其农村金融服务发展水平指数为0.14)、吉林省(其农村金融服务发展水平指数为0.13)、黑龙江省(其农村金融服务发展水平指数为0.13)、甘肃省(其农村金融服务发展水平指数为0.1)、江西省(其农村金融服务发展水平指数为0.1)、福建省(其农村金融服务发展水平指数为0.1)。2009年我国农村金融服务发展水平指数排名第21—30位的省份依次分别是安徽省(其农村金融服务发展水平指数为0.1)、宁夏回族自治区(其农村金融服务发展水平指数为0.1)、重庆市(其农村金融服务发展水平指数为0.09)、云南省(其农村金融服务发展水平指数为0.08)、广西壮族自治区(其农村金融服务发展水平指数为0.07)、贵州省(其农村金融服务发展水平指数为0.06)、湖北省(其农村金融服务发展水平指数为0.05)、新疆维吾尔自治区(其农村金融服务发展水平指数为0.05)、青海省(其农村金融服务发展水平指数为0.02)、海南省(其农村金融服务发展水平指数为0)。到了2020年,我国农村金融服务发展水平指数排名前十位的省份依次分别是浙江省(其农村金融服务发展水平指数为0.99)、广东省(其农村金融服务发展水平指数为0.69)、山东省(其农村金融服务发展水平指数为0.69)、江苏省(其农村金融服务发展水平指数为0.63)、山西省(其农村金融服务发展水平指数为0.62)、内蒙古自治区(其农村金融服务发展水平指数为0.6)、河北省(其农村金融服务发展水平指数为0.58)、河南省(其农村金融服务发展水平指数为0.56)、四川省(其农村金融服务发展水平指数为0.56)、北京市(其农村金融服务发展水平指数为0.53)。2020年我国农村金融服务发展水平指数排名第11—20位的省份依次分别是湖南省(其农村金融服务发展水平指数为0.52)、上海市(其农村金融服务发展水平指数为0.5)、天津市(其农村金融服务发展水平指数为0.49)、辽宁省(其农村金融服务发展水平指数为0.47)、安徽省(其农村金融服务发展水平指数为0.41)、吉林省(其农村金融服务发展水平指数为0.39)、江西省(其农村金融服务发展水平指数为0.39)、黑龙江省(其农村金融服务发展水平指数为0.37)、甘肃省(其农村金融服务发展水平指数为0.36)、陕西省(其农村金融服务发展水平指数为0.35)。2020年我国农村金融服务发展水平指数排名第21—30位的省份依次分别是重庆市(其农村金融服务发展水平指数为0.35)、福建省(其农村金融服务发展水平指数为0.35)、新疆维吾尔自治区(其农村金融服务发展水平指数为0.34)、贵州省(其农村金融服务发展水平指数为0.29)、宁夏回族自治区(其农村金融服务发展水平指数为0.27)、广西壮族自治区(其农村金融服务发展水平指数为0.27)、云南省(其农村金融服务发展水平指数为0.26)、湖北省(其农村金融服务发展水平指数为0.26)、青海省(其农村金融服务发展水平指数为0.25)、海南省(其农村金融服务发展水平指数为0.13)。不难发现,与2009年相比2020年我国农村金融服务发展水平指数较高的省市仍旧集中分布在东部地区,而中部和西部地区的大部分省市的农村金融服务发展水平指数位于一个相对靠后的位置,这种不平衡的区域分布并没有得到任何明显的改变。

表4–14　2009—2020年全国各省农村金融服务发展水平指数

年份 地区	2009	2010	2011	2012	2013	2014	2015	2016	2017	2018	2019	2020
安徽	0.1	0.14	0.17	0.21	0.26	0.35	0.34	0.3	0.36	0.38	0.37	0.39
北京	0.27	0.3	0.32	0.33	0.36	0.43	0.48	0.38	0.45	0.48	0.55	0.52
福建	0.1	0.14	0.17	0.22	0.26	0.32	0.34	0.44	0.35	0.35	0.34	0.34
甘肃	0.1	0.12	0.15	0.2	0.24	0.3	0.34	0.37	0.39	0.36	0.36	0.35
广东	0.33	0.39	0.44	0.5	0.57	0.64	0.65	0.39	0.67	0.68	0.68	0.69
广西	0.07	0.09	0.12	0.14	0.17	0.21	0.22	0.67	0.24	0.25	0.28	0.26
贵州	0.06	0.09	0.12	0.14	0.19	0.23	0.24	0.26	0.26	0.26	0.27	0.27
海南	0	0.01	0.03	0.05	0.07	0.09	0.11	0.27	0.12	0.13	0.13	0.13
河北	0.21	0.24	0.28	0.33	0.39	0.44	0.62	0.12	0.53	0.55	0.58	0.56

续表

年份 地区	2009	2010	2011	2012	2013	2014	2015	2016	2017	2018	2019	2020
河南	0.14	0.17	0.2	0.26	0.32	0.36	0.37	0.51	0.67	0.55	0.59	0.56
黑龙江	0.13	0.15	0.14	0.19	0.25	0.25	0.37	0.44	0.3	0.32	0.38	0.36
湖北	0.05	0.08	0.1	0.13	0.17	0.2	0.21	0.39	0.23	0.24	0.25	0.25
湖南	0.15	0.17	0.2	0.24	0.29	0.34	0.36	0.23	0.57	0.49	0.53	0.5
吉林	0.13	0.15	0.15	0.17	0.2	0.25	0.28	0.39	0.42	0.36	0.41	0.39
江苏	0.18	0.25	0.3	0.37	0.46	0.52	0.53	0.37	0.6	0.6	0.64	0.62
江西	0.1	0.14	0.18	0.21	0.27	0.32	0.33	0.58	0.36	0.37	0.37	0.37
辽宁	0.17	0.19	0.22	0.25	0.29	0.32	0.34	0.37	0.37	0.39	0.42	0.41
内蒙古	0.23	0.25	0.28	0.33	0.38	0.41	0.45	0.35	0.56	0.54	0.58	0.58
宁夏	0.1	0.13	0.15	0.19	0.22	0.25	0.32	0.5	0.29	0.29	0.25	0.27
青海	0.02	0.04	0.07	0.12	0.14	0.17	0.2	0.29	0.23	0.23	0.24	0.24
山东	0.25	0.3	0.36	0.43	0.5	0.54	0.56	0.27	0.61	0.63	0.63	0.63
山西	0.21	0.24	0.29	0.35	0.44	0.46	0.5	0.59	0.56	0.57	0.6	0.6
陕西	0.14	0.17	0.19	0.23	0.27	0.3	0.31	0.53	0.33	0.35	0.36	0.35
上海	0.15	0.17	0.21	0.26	0.31	0.35	0.37	0.32	0.46	0.47	0.48	0.49
四川	0.16	0.21	0.26	0.33	0.41	0.49	0.48	0.42	0.51	0.53	0.52	0.53
天津	0.22	0.24	0.26	0.3	0.35	0.41	0.45	0.5	0.44	0.45	0.47	0.47
新疆	0.05	0.07	0.09	0.11	0.16	0.2	0.21	0.46	0.24	0.26	0.32	0.29
云南	0.08	0.12	0.15	0.17	0.22	0.24	0.25	0.23	0.26	0.26	0.26	0.26
浙江	0.4	0.53	0.64	0.74	0.88	0.95	0.96	0.27	0.98	1	0.99	0.99
重庆	0.09	0.12	0.15	0.19	0.23	0.29	0.34	1	0.32	0.36	0.33	0.35

从排名的变动趋势分析，由表4-15可知，2009—2020年各个省市的农村金融服务发展水平指数排名上升最多的前五名依次是河南省（位次上升了6位）、安徽省（位次上升了6位）、江苏省（位次上升了5位）、新疆维吾尔自治区（位次上升了5位）、宁夏回族自治区（位次上升了3位）。排名下降最多的前五个省市分别是北京市（位次下降了7位）、天津市（位次下降了7位）、陕西省（位次下降了5位）、辽宁省（位次下降了4位）、云南省（位次下降了3位）。

表 4-15　各省农村金融服务发展水平指数排名变动情况

	2009 年排名	2020 年排名	变动位次
安徽	21	15	6
北京	3	10	-7
福建	20	22	-2
甘肃	18	19	-1
广东	2	2	0
广西	25	26	-1
贵州	26	24	2
海南	30	30	0
河北	8	7	1
河南	14	8	6
黑龙江	17	18	-1
湖北	27	28	-1
湖南	12	11	1
吉林	16	16	0
江苏	9	4	5
江西	19	17	2
辽宁	10	14	-10
内蒙古	5	6	-1
宁夏	22	25	-3
青海	29	29	0
山东	4	3	1
山西	7	5	2
陕西	15	20	-5
上海	13	12	1
四川	11	9	2
天津	6	13	-7
新疆	28	23	5
云南	24	27	-3
浙江	1	1	0
重庆	23	21	2

就农村金融服务渗透性而言，2009年三区域间差异并不明显，个别省市如北京市和天津市要显著高于全国其他省份，2013年较之于2009年各个省市均有增长，其中中部和东部的个别省份增长较为迅速，西部区域的总体变化不明显，2017年较之于2013年而言东部区域的各个省份增长较为迅速，已经同中西部拉开差距，中部地区的部分省份增长较之于该区域其他省份更快，出现略微的内部差异，而西部区域的变化依旧不明显，2020年较之于2017年总体来说三区域没有明显的变化，基本同2017年持平。

具体到各省的情况来看，从表4-16可知2009年我国农村金融服务渗透性指数排名前十位的省份依次分别是北京市（其农村金融服务渗透性指数为0.6）、天津市（其农村金融服务渗透性指数为0.49）、内蒙古自治区（其农村金融服务渗透性指数为0.4）、浙江省（其农村金融服务渗透性指数为0.32）、上海市（其农村金融服务渗透性指数为0.31）、山西省（其农村金融服务渗透性指数为0.27）、广东省（其农村金融服务渗透性指数为0.26）、辽宁省（其农村金融服务渗透性指数为0.23）、吉林省（其农村金融服务渗透性指数为0.2）、黑龙江省（其农村金融服务渗透性指数为0.14）。2009年我国农村金融服务渗透性指数排名第11—20位的省份依次分别是河北省（其农村金融服务渗透性指数为0.14）、陕西省（其农村金融服务渗透性指数为0.13）、宁夏回族自治区（其农村金融服务渗透性指数为0.13）、甘肃省（其农村金融服务渗透性指数为0.12）、山东省（其农村金融服务渗透性指数为0.11）、重庆市（其农村金融服务渗透性指数为0.1）、湖南省（其农村金融服务渗透性指数为0.09）、福建省（其农村金融服务渗透性指数为0.09）、四川省（其农村金融服务渗透性指数为0.06）、江苏省（其农村金融服务渗透性指数为0.06）。2009年我国农村金融服务渗透性指数排名第21—30位的省份依次分别是江西省（其农村金融服务渗透性指数为0.06）、河南省（其农村金融服务渗透性指数为0.03）、安徽省（其农村金融服务渗透性指数为0.03）、青海省

（其农村金融服务渗透性指数为0.02）、贵州省（其农村金融服务渗透性指数为0.01）、广西壮族自治区（其农村金融服务渗透性指数为0.01）、海南省（其农村金融服务渗透性指数为0）、湖北省（其农村金融服务渗透性指数为0）、云南省（其农村金融服务渗透性指数为0）、新疆维吾尔自治区（其农村金融服务渗透性指数为0）。到了2020年，我国农村金融服务渗透性指数排名前十位的省份依次分别是天津市（其农村金融服务渗透性指数为1）、北京市（其农村金融服务渗透性指数为0.92）、内蒙古自治区（其农村金融服务渗透性指数为0.84）、上海市（其农村金融服务渗透性指数为0.79）、浙江省（其农村金融服务渗透性指数为0.68）、山西省（其农村金融服务渗透性指数为0.6）、吉林省（其农村金融服务渗透性指数为0.6）、辽宁省（其农村金融服务渗透性指数为0.53）、重庆市（其农村金融服务渗透性指数为0.46）、广东省（其农村金融服务渗透性指数为0.46）。2020年我国农村金融服务渗透性指数排名第11—20位的省份依次分别是江苏省（其农村金融服务渗透性指数为0.43）、黑龙江省（其农村金融服务渗透性指数为0.42）、陕西省（其农村金融服务渗透性指数为0.4）、宁夏回族自治区（其农村金融服务渗透性指数为0.36）、甘肃省（其农村金融服务渗透性指数为0.35）、四川省（其农村金融服务渗透性指数为0.34）、河北省（其农村金融服务渗透性指数为0.32）、山东省（其农村金融服务渗透性指数为0.29）、福建省（其农村金融服务渗透性指数为0.29）、青海省（其农村金融服务渗透性指数为0.29）。2020年我国农村金融服务渗透性指数排名第21—30位的省份依次分别是湖南省（其农村金融服务渗透性指数为0.29）、江西省（其农村金融服务渗透性指数为0.28）、贵州省（其农村金融服务渗透性指数为0.27）、安徽省（其农村金融服务渗透性指数为0.24）、河南省（其农村金融服务渗透性指数为0.22）、海南省（其农村金融服务渗透性指数为0.22）、新疆维吾尔自治区（其农村金融服务渗透性指数为0.22）、湖北省（其农村金融服务渗透性指数为 0.18)、广西壮族自治区（其农村金融服务渗透性指数为 0.17)、云南省（其农村金融服务渗透性指数为 0.12)。

表 4-16　　2009—2020 年全国各省农村金融服务渗透性指数

年份 地区	2009	2010	2011	2012	2013	2014	2015	2016	2017	2018	2019	2020
安徽	0.03	0.04	0.08	0.06	0.09	0.21	0.25	0.16	0.19	0.20	0.21	0.22
北京	0.60	0.63	0.61	0.62	0.66	0.72	0.18	0.83	0.88	0.86	0.92	0.92
福建	0.09	0.10	0.11	0.13	0.16	0.19	0.79	0.27	0.26	0.27	0.29	0.29
甘肃	0.12	0.11	0.14	0.16	0.19	0.22	0.22	0.33	0.38	0.32	0.34	0.35
广东	0.26	0.27	0.28	0.30	0.33	0.34	0.26	0.40	0.41	0.42	0.42	0.46
广西	0.01	0.02	0.04	0.05	0.07	0.09	0.38	0.17	0.13	0.14	0.19	0.17
贵州	0.01	0.03	0.05	0.06	0.09	0.11	0.13	0.19	0.21	0.21	0.24	0.24
海南	0.00	0.02	0.04	0.05	0.08	0.11	0.16	0.21	0.20	0.21	0.21	0.21
河北	0.14	0.13	0.14	0.14	0.16	0.19	0.17	0.23	0.26	0.28	0.30	0.32
河南	0.03	0.06	0.05	0.07	0.09	0.10	0.33	0.19	0.31	0.19	0.21	0.22
黑龙江	0.14	0.13	0.15	0.18	0.21	0.24	0.12	0.30	0.33	0.36	0.38	0.42
湖北	0.00	0.02	0.03	0.05	0.07	0.09	0.38	0.13	0.15	0.15	0.15	0.18
湖南	0.09	0.08	0.11	0.12	0.13	0.14	0.11	0.19	0.25	0.25	0.27	0.28
吉林	0.20	0.24	0.19	0.22	0.22	0.29	0.16	0.49	0.62	0.49	0.60	0.60
江苏	0.06	0.10	0.12	0.15	0.18	0.22	0.35	0.32	0.43	0.37	0.41	0.43
江西	0.06	0.07	0.08	0.10	0.12	0.15	0.27	0.21	0.23	0.24	0.25	0.27
辽宁	0.23	0.25	0.28	0.28	0.33	0.33	0.18	0.38	0.42	0.45	0.53	0.53
内蒙古	0.40	0.43	0.45	0.51	0.54	0.56	0.37	0.70	0.73	0.73	0.84	0.84
宁夏	0.13	0.16	0.19	0.22	0.25	0.27	0.62	0.35	0.38	0.38	0.28	0.36
青海	0.02	0.04	0.07	0.12	0.14	0.16	0.49	0.32	0.24	0.25	0.29	0.29
山东	0.11	0.11	0.14	0.15	0.18	0.19	0.17	0.25	0.27	0.27	0.29	0.29
山西	0.27	0.27	0.30	0.33	0.43	0.41	0.24	0.50	0.54	0.54	0.57	0.60
陕西	0.13	0.16	0.19	0.21	0.22	0.24	0.47	0.29	0.32	0.32	0.38	0.40
上海	0.31	0.34	0.37	0.41	0.48	0.52	0.26	0.59	0.78	0.77	0.79	0.79
四川	0.06	0.12	0.14	0.17	0.19	0.23	0.51	0.26	0.28	0.30	0.32	0.34
天津	0.49	0.51	0.52	0.61	0.68	0.74	0.24	0.89	0.93	0.95	0.97	1.00
新疆	0.00	0.02	0.05	0.03	0.06	0.08	0.82	0.13	0.17	0.16	0.18	0.18
云南	0.00	0.00	0.01	0.03	0.04	0.05	0.11	0.08	0.10	0.11	0.11	0.12
浙江	0.32	0.37	0.40	0.43	0.49	0.57	0.07	0.59	0.62	0.65	0.66	0.68
重庆	0.10	0.12	0.15	0.18	0.22	0.21	0.54	0.31	0.34	0.46	0.38	0.46

从排名的变动趋势分析，由表 4-17 可知，2009—2020 年各个省市的农村金融服务渗透性指数排名上升最多的前五名依次是江苏省（位次上升了 9 位）、重庆市（位次上升了 7 位）、青海省（位次上升了 4 位）、四川省（位次上升了 3 位）、新疆维吾尔自治区（位次上升了 3 位）。排名下降最多的前五个省市分别是河北省（位次下降了 6 位）、湖南省（位次下降了 4 位）、广东省（位次下降了 3 位）、山东省（位次下降了 3 位）、河南省（位次下降了 3 位）、广西壮族自治区（位次下降了 3 位）。

表 4-17　各省农村金融服务渗透性指数排名变动情况

	2009 年排名	2020 年排名	变动位次
安徽	23	24	-1
北京	1	2	-1
福建	18	19	-1
甘肃	14	15	-1
广东	7	10	-3
广西	26	29	-3
贵州	25	23	2
海南	27	26	1
河北	11	17	-6
河南	22	25	-3
黑龙江	10	12	-2
湖北	28	28	0
湖南	17	21	-4
吉林	9	7	2
江苏	20	11	9
江西	21	22	-1
辽宁	8	8	0
内蒙古	3	3	0
宁夏	13	14	-1
青海	24	20	4
山东	15	18	-3
山西	6	6	0

续表

	2009 年排名	2020 年排名	变动位次
陕西	12	13	-1
上海	5	4	1
四川	19	16	3
天津	2	1	1
新疆	30	27	3
云南	29	30	-1
浙江	4	5	-1
重庆	16	9	7

与 2009 年相比，2020 年我国农村金融服务渗透性指数排名最高的前五个省市没有发生变化，并且存在明显的区域相关性，集中分布在东部地区。而西部地区和中部地区的农村金融服务渗透性指数仍旧处于较低水平。

就农村金融服务可获得性而言，2013 年相较于 2009 年，东部和中西部区域均有略微增长，其中以东部地区变化最为明显，其个别省份如浙江省和广东省增长迅速，2017 年相较于 2013 年总体三区域均有增长，其中中部地区增长更为明显，河南省和湖南省增长最为突出，已经处于同时期全国其他各个省份的前列，西部地区总体变化不大，个别省份如甘肃省增长较为明显，东部地区只有福建省有显著增长，其余各个省份变化不大；2020 年较之于 2017 年而言，总体变化不大，中部地区的个别省份出现略微下降，东部地区总体上同 2017 年保持同一水平。

具体到各省的情况来看，从表 4-18 可知 2009 年我国农村金融服务可获得性指数排名前十位的省份依次分别是黑龙江省（其农村金融服务可获得性指数为 0.31）、宁夏回族自治区（其农村金融服务可获得性指数为 0.3）、福建省（其农村金融服务可获得性指数为 0.27）、甘肃省（其农村金融服务可获得性指数为 0.26）、新疆维吾尔自治区（其农村金融服务可获得性指数为 0.25）、贵州省（其农村金融服务可获得性指数为 0.25）、江西省（其农村金融服务可获得性指数为0.25)、广西壮族自治区(其农村金融服务可获得性指数为0.23)、云南省(其农村金融服务可获得性指数为0.23)、浙江省(其农村金融服务可获得性指数为0.22)。2009年我国农村金融服务可获得性指数排名第11—20位的省份依次分别是青海省(其农村金融服务可获得性指数为0.22)、陕西省(其农村金融服务可获得性指数为0.21)、内蒙古自治区(其农村金融服务可获得性指数为0.21)、安徽省(其农村金融服务可获得性指数为0.21)、吉林省(其农村金融服务可获得性指数为0.2)、湖南省(其农村金融服务可获得性指数为0.19)、辽宁省(其农村金融服务可获得性指数为0.19)、河南省(其农村金融服务可获得性指数为0.19)、湖北省(其农村金融服务可获得性指数为0.18)、海南省(其农村金融服务可获得性指数为0.18)。2009年我国农村金融服务可获得性指数排名第21—30位的省份依次分别是江苏省(其农村金融服务可获得性指数为0.17)、四川省(其农村金融服务可获得性指数为0.16)、山西省(其农村金融服务可获得性指数为0.16)、山东省(其农村金融服务可获得性指数为0.15)、重庆市(其农村金融服务可获得性指数为0.14)、天津市(其农村金融服务可获得性指数为0.14)、上海市(其农村金融服务可获得性指数为0.12)、河北省(其农村金融服务可获得性指数为0.11)、北京市(其农村金融服务可获得性指数为0.11)、广东省(其农村金融服务可获得性指数为0.03)。到了2020年,我国农村金融服务可获得性指数排名前十位的省份依次分别是浙江省(其农村金融服务可获得性指数为0.75)、河南省(其农村金融服务可获得性指数为0.7)、湖南省(其农村金融服务可获得性指数为0.67)、福建省(其农村金融服务可获得性指数为0.58)、甘肃省(其农村金融服务可获得性指数为0.54)、山西省(其农村金融服务可获得性指数为0.5)、内蒙古自治区(其农村金融服务可获得性指数为0.48)、青海省(其农村金融服务可获得性指数为0.48)、江西省(其农村金融服务可获得性指数为0.45)、宁夏回族自治区(其农村金融服务可获得性指数为0.43)。2020年我国农村金融服务可获得性指数排名第11—20位的省份依次分别是贵州省(其农村金融服务可获得性指数为0.41)、新疆维吾尔自治区(其农村金融服务可获得性指数为0.4)、安徽省(其农村金融服务可获得性指数为0.34)、河北省(其农村金融服务可获得性指数为0.32)、江苏省(其农村金融服务可获得性指数为0.32)、吉林省(其农村金融服务可获得性指数为0.31)、辽宁省(其农村金融服务可获得性指数为0.29)、上海市(其农村金融服务可获得性指数为0.29)、陕西省(其农村金融服务可获得性指数为0.29)、广西壮族自治区省(其农村金融服务可获得性指数为0.28)。2020年我国农村金融服务可获得性指数排名第21—30位的省份依次分别是黑龙江省(其农村金融服务可获得性指数为0.28)、湖北省(其农村金融服务可获得性指数为0.28)、北京市(其农村金融服务可获得性指数为0.28)、四川省(其农村金融服务可获得性指数为0.26)、云南省(其农村金融服务可获得性指数为0.26)、重庆市(其农村金融服务可获得性指数为0.25)、海南省(其农村金融服务可获得性指数为0.22)、山东省(其农村金融服务可获得性指数为0.19)、天津市(其农村金融服务可获得性指数为0.19)、广东省(其农村金融服务可获得性指数为0.04)。

表4-18　　2009—2020年全国各省农村金融服务可获得性指数

年份 地区	2009	2010	2011	2012	2013	2014	2015	2016	2017	2018	2019	2020
安徽	0.21	0.22	0.22	0.24	0.24	0.27	0.32	0.37	0.34	0.35	0.34	0.34
北京	0.11	0.15	0.17	0.14	0.17	0.23	0.27	0.2	0.17	0.24	0.31	0.28
福建	0.27	0.33	0.37	0.42	0.46	0.54	0.62	0.64	0.61	0.6	0.59	0.58
甘肃	0.26	0.29	0.29	0.35	0.36	0.44	0.55	0.61	0.57	0.57	0.54	0.54
广东	0.03	0.03	0.02	0.01	0	0.01	0.06	0.07	0.06	0.05	0.04	0.04
广西	0.23	0.24	0.24	0.22	0.23	0.23	0.27	0.31	0.28	0.29	0.29	0.28
贵州	0.25	0.27	0.28	0.3	0.29	0.35	0.4	0.46	0.42	0.43	0.41	0.41
海南	0.18	0.18	0.19	0.2	0.21	0.21	0.24	0.23	0.23	0.22	0.22	0.22

续表

年份 地区	2009	2010	2011	2012	2013	2014	2015	2016	2017	2018	2019	2020
河北	0.11	0.13	0.14	0.14	0.15	0.18	0.25	0.27	0.31	0.32	0.35	0.32
河南	0.19	0.21	0.22	0.19	0.19	0.2	0.26	0.29	1	0.63	0.8	0.7
黑龙江	0.31	0.34	0.35	0.33	0.33	0.27	0.3	0.29	0.29	0.28	0.28	0.28
湖北	0.18	0.19	0.19	0.2	0.2	0.22	0.27	0.3	0.28	0.29	0.28	0.28
湖南	0.19	0.21	0.22	0.24	0.26	0.28	0.35	0.38	0.89	0.63	0.74	0.67
吉林	0.2	0.23	0.25	0.24	0.25	0.27	0.32	0.37	0.37	0.33	0.33	0.31
江苏	0.17	0.2	0.28	0.26	0.29	0.3	0.35	0.32	0.34	0.33	0.32	
江西	0.25	0.28	0.29	0.29	0.31	0.37	0.43	0.5	0.46	0.47	0.45	0.45
辽宁	0.19	0.22	0.23	0.24	0.26	0.26	0.28	0.3	0.3	0.31	0.3	0.29
内蒙古	0.21	0.23	0.24	0.25	0.27	0.31	0.35	0.39	0.45	0.47	0.48	0.48
宁夏	0.3	0.34	0.36	0.37	0.4	0.43	0.44	0.48	0.46	0.45	0.45	0.43
青海	0.22	0.26	0.29	0.35	0.37	0.43	0.51	0.54	0.5	0.51	0.48	0.48
山东	0.15	0.18	0.21	0.18	0.19	0.15	0.2	0.22	0.21	0.21	0.2	0.19
山西	0.16	0.21	0.25	0.3	0.33	0.36	0.42	0.44	0.48	0.49	0.51	0.5
陕西	0.21	0.23	0.24	0.25	0.26	0.27	0.31	0.31	0.3	0.3	0.29	0.29
上海	0.12	0.13	0.15	0.2	0.22	0.28	0.3	0.34	0.24	0.29	0.27	0.29
四川	0.16	0.19	0.19	0.21	0.21	0.23	0.28	0.29	0.27	0.27	0.27	0.26
天津	0.14	0.17	0.2	0.22	0.24	0.31	0.34	0.28	0.19	0.18	0.2	0.19
新疆	0.25	0.26	0.27	0.32	0.34	0.37	0.41	0.43	0.41	0.41	0.4	0.4
云南	0.23	0.25	0.26	0.24	0.25	0.24	0.3	0.31	0.29	0.28	0.27	0.26
浙江	0.22	0.41	0.56	0.61	0.74	0.69	0.79	0.8	0.77	0.77	0.75	0.75
重庆	0.14	0.16	0.17	0.19	0.2	0.25	0.28	0.28	0.27	0.26	0.26	0.25

从排名的变动趋势分析，由表4-19可知，2009—2020年各个省市的农村金融服务可获得性指数排名上升最多的前五名依次是山西省（位次上升了17位）、河南省（位次上升了16位）、河北省（位次上升了14位）、湖南省（位次上升了13位）、浙江省、上海市（位次上升了9位）。排名下降最多的前五个省市分别是黑龙江省（位次下降了20位）、云南省（位次下降了12位）、宁夏回族自治区（位次下降了8位）、新疆维吾尔自治区、陕西省、海南省（位次下降了7位）。

表 4-19　各省农村金融服务可获得性指数排名变动情况

	2009 年排名	2020 年排名	变动位次
安徽	14	13	1
北京	29	23	6
福建	3	4	-1
甘肃	4	5	-1
广东	30	30	0
广西	8	20	-12
贵州	6	11	-5
海南	20	27	-7
河北	28	14	14
河南	18	2	16
黑龙江	1	21	-20
湖北	19	22	-3
湖南	16	3	13
吉林	15	16	-1
江苏	21	15	6
江西	7	9	-2
辽宁	17	17	0
内蒙古	13	7	6
宁夏	2	10	-8
青海	11	8	3
山东	24	28	-4
山西	23	6	17
陕西	12	19	-7
上海	27	18	9
四川	22	24	-2
天津	26	29	-3
新疆	5	12	-7
云南	9	25	-16
浙江	10	1	9
重庆	25	26	-1

就农村金融服务使用有效性而言，2013年相较于2009年东部和中西部区域均有略微增长，其中以东部地区变化最为明显，其个别省份如浙江省和广东省增长迅速，2017年相较于2013年总体三区域均有增长，其中中部地区增长更为明显，其河南省和湖南省增长最为突出，已经处于同时期全国其他各个省份的前列，西部地区总体变化不大，个别省份如甘肃省增长较为明显，东部地区只有福建省有显著增长，其余各个省份变化不大；2020年较之于2017年而言，总体变化不大，中部地区的个别省份出现略微下降，东部地区总体上同2017年保持同一水平。

具体到各省的情况来看，从表4-20可知，2009年我国农村金融服务使用有效性指数排名前十位的省份依次分别是浙江省（其农村金融服务使用有效性指数为0.8）、宁夏回族自治区（其农村金融服务使用有效性指数为0.69）、黑龙江省（其农村金融服务使用有效性指数为0.6）、内蒙古自治区（其农村金融服务使用有效性指数为0.59）、贵州省（其农村金融服务使用有效性指数为0.58）、江西省（其农村金融服务使用有效性指数为0.58）、新疆维吾尔自治区（其农村金融服务使用有效性指数为0.57）、甘肃省（其农村金融服务使用有效性指数为0.57）、福建省（其农村金融服务使用有效性指数为0.57）、山西省（其农村金融服务使用有效性指数为0.56）。2009年我国农村金融服务使用有效性指数排名第11—20位的省份依次分别是青海省（其农村金融服务使用有效性指数为0.55）、云南省（其农村金融服务使用有效性指数为0.55）、辽宁省（其农村金融服务使用有效性指数为0.53）、吉林省（其农村金融服务使用有效性指数为0.53）、陕西省（其农村金融服务使用有效性指数为0.53）、天津市（其农村金融服务使用有效性指数为0.52）、安徽省（其农村金融服务使用有效性指数为0.52）、湖南省（其农村金融服务使用有效性指数为0.51）、广西壮族自治区（其农村金融服务使用有效性指数为0.49）、重庆市（其农村金融服务使用有效性指数为0.47）。2009年我国农村金融服务使用有效性指数排名第21—30位的省份依次分别是上海市（其农村金融服务使用有效性指数为0.46）、四川省（其农村金融服务使用有效性指数为0.46）、海南省（其农村金融服务使用有效性指数为0.46）、湖北省（其农村金融服务使用有效性指数为0.46）、北京市（其农村金融服务使用有效性指数为0.46）、江苏省（其农村金融服务使用有效性指数为0.4）、河南省（其农村金融服务使用有效性指数为0.38）、河北省（其农村金融服务使用有效性指数为0.36）、山东省（其农村金融服务使用有效性指数为0.28）、广东省（其农村金融服务使用有效性指数为0.23）。到了2020年，我国农村金融服务使用有效性指数排名前十位的省份依次分别是浙江省（其农村金融服务使用有效性指数为0.87）、新疆维吾尔自治区（其农村金融服务使用有效性指数为0.85）、内蒙古自治区（其农村金融服务使用有效性指数为0.79）、宁夏回族自治区（其农村金融服务使用有效性指数为0.74）、甘肃省（其农村金融服务使用有效性指数为0.71）、山西省（其农村金融服务使用有效性指数为0.71）、黑龙江省（其农村金融服务使用有效性指数为0.71）、上海市（其农村金融服务使用有效性指数为0.69）、天津市（其农村金融服务使用有效性指数为0.68）、青海省（其农村金融服务使用有效性指数为0.64）。2020年我国农村金融服务使用有效性指数排名第11—20位的省份依次分别是湖南省（其农村金融服务使用有效性指数为0.63）、江西省（其农村金融服务使用有效性指数为0.63）、安徽省（其农村金融服务使用有效性指数为0.62）、福建省（其农村金融服务使用有效性指数为0.59）、吉林省（其农村金融服务使用有效性指数为0.59）、辽宁省（其农村金融服务使用有效性指数为0.53）、北京市（其农村金融服务使用有效性指数为0.51）、海南省（其农村金融服务使用有效性指数为0.51）、贵州省（其农村金融服务使用有效性指数为0.49）、广西壮族自治区（其农村金融服务使用有效性指数为0.46）。2020年我国农村金融服务使用有效性指数排名第21—30位的省份依次分别是重庆市（其农村金融服务使用有效性指数为0.46)、陕西省（其农村金融服务使用有效性指数为0.43）、云南省（其农村金融服务使用有效性指数为0.43）、湖北省（其农村金融服务使用有效性指数为0.43）、河北省（其农村金融服务使用有效性指数为0.38）、四川省（其农村金融服务使用有效性指数为0.37）、河南省（其农村金融服务使用有效性指数为0.35）、江苏省（其农村金融服务使用有效性指数为0.28）、山东省（其农村金融服务使用有效性指数为0.18）、广东省（其农村金融服务使用有效性指数为0.04）。

表4–20　2009—2020年全国各省农村金融服务使用有效性指数

年份 地区	2009	2010	2011	2012	2013	2014	2015	2016	2017	2018	2019	2020
安徽	0.52	0.53	0.51	0.51	0.51	0.49	0.52	0.6	0.56	0.59	0.57	0.62
北京	0.46	0.46	0.46	0.44	0.45	0.51	0.56	0.41	0.43	0.45	0.57	0.51
福建	0.57	0.58	0.57	0.58	0.6	0.63	0.67	0.68	0.64	0.62	0.6	0.59
甘肃	0.57	0.58	0.59	0.65	0.67	0.74	0.81	0.86	0.79	0.78	0.76	0.71
广东	0.23	0.19	0.14	0.09	0.04	0.01	0	0.05	0.06	0.07	0.07	0.04
广西	0.49	0.47	0.44	0.42	0.41	0.41	0.44	0.45	0.45	0.47	0.49	0.46
贵州	0.58	0.58	0.58	0.56	0.55	0.54	0.52	0.53	0.51	0.52	0.52	0.49
海南	0.46	0.46	0.46	0.46	0.46	0.48	0.48	0.49	0.51	0.51	0.52	0.51
河北	0.36	0.32	0.27	0.28	0.27	0.25	0.35	0.35	0.37	0.39	0.43	0.38
河南	0.38	0.33	0.31	0.3	0.28	0.21	0.26	0.33	0.43	0.43	0.42	0.35
黑龙江	0.6	0.6	0.5	0.57	0.65	0.55	0.58	0.95	0.63	0.64	0.78	0.71
湖北	0.46	0.44	0.42	0.41	0.4	0.38	0.4	0.4	0.41	0.43	0.45	0.43
湖南	0.51	0.49	0.47	0.48	0.49	0.49	0.55	0.56	0.83	0.71	0.73	0.63
吉林	0.53	0.55	0.52	0.51	0.53	0.52	0.54	0.59	0.6	0.6	0.63	0.59
江苏	0.4	0.38	0.35	0.3	0.26	0.2	0.24	0.23	0.25	0.34	0.28
江西	0.58	0.6	0.59	0.58	0.59	0.63	0.64	0.68	0.65	0.66	0.65	0.63
辽宁	0.53	0.5	0.48	0.47	0.48	0.49	0.52	0.52	0.53	0.54	0.56	0.53
内蒙古	0.59	0.59	0.58	0.58	0.63	0.64	0.67	0.7	0.82	0.78	0.79	0.79
宁夏	0.69	0.68	0.69	0.73	0.76	0.79	0.77	0.82	0.8	0.78	0.8	0.74
青海	0.55	0.54	0.54	0.56	0.56	0.58	0.63	0.66	0.64	0.65	0.65	0.64
山东	0.28	0.22	0.18	0.16	0.1	0	0.08	0.09	0.14	0.18	0.2	0.18

续表

年份 地区	2009	2010	2011	2012	2013	2014	2015	2016	2017	2018	2019	2020
山西	0.56	0.56	0.56	0.55	0.56	0.55	0.59	0.62	0.66	0.69	0.73	0.71
陕西	0.53	0.5	0.47	0.47	0.46	0.44	0.46	0.45	0.45	0.46	0.46	0.43
上海	0.46	0.47	0.49	0.5	0.51	0.51	0.54	0.63	0.66	0.65	0.68	0.69
四川	0.46	0.45	0.42	0.41	0.39	0.35	0.36	0.39	0.41	0.36	0.37	
天津	0.52	0.53	0.55	0.5	0.51	0.55	0.57	0.6	0.62	0.65	0.71	0.68
新疆	0.57	0.55	0.55	0.56	0.63	0.69	0.7	0.71	0.72	0.78	0.93	0.85
云南	0.55	0.56	0.54	0.49	0.48	0.46	0.48	0.48	0.47	0.46	0.45	0.43
浙江	0.8	0.79	0.78	0.77	0.79	0.82	0.93	1	0.91	0.93	0.87	0.87
重庆	0.47	0.46	0.45	0.46	0.46	0.46	0.51	0.53	0.51	0.5	0.5	0.49	0.46

从排名的变动趋势分析，由表4-21可知，2009—2020年各个省市的农村金融服务发展水平指数排名上升最多的前五名依次是上海市（名次上升了13位）、北京市（名次上升了8位）、天津市（名次上升了7位）、湖南省（名次上升了7位）、新疆维吾尔自治区（名次上升了5位）。排名下降最多的前五个省市分别是贵州省（名次下降了14位）、云南省（名次下降了11位）、陕西省（名次下降了7位）、江西省（名次下降了6位）、福建省（名次下降了5位）。

表4-21　　各省农村金融服务使用有效性指数排名变动情况

	2009年排名	2020年排名	变动位次
安徽	17	13	4
北京	25	17	8
福建	9	14	-5
甘肃	8	5	3
广东	30	30	0
广西	19	20	-1
贵州	5	19	-14
海南	23	18	5
河北	28	25	3

续表

	2009年排名	2020年排名	变动位次
河南	27	27	0
黑龙江	3	7	−4
湖北	24	24	0
湖南	18	11	7
吉林	14	15	−1
江苏	26	28	−2
江西	6	12	−6
辽宁	13	16	−3
内蒙古	4	3	1
宁夏	2	4	−2
青海	11	10	1
山东	29	29	0
山西	10	6	4
陕西	15	22	−7
上海	21	8	13
四川	22	26	−4
天津	16	9	7
新疆	7	2	5
云南	12	23	−11
浙江	1	1	0
重庆	20	21	−1

综上所述，我们不难发现：①从全国层面来看，我国的农村金融服务发展水平在2009年至2020年一直在增长，大抵可以划分出3个时期，2009—2014年是快速增长时期，2014年至2017年增速放缓，2017至2020年水平保持在某一点上并略有波动。②就不同地区而言，东部地区农村金融服务的发展程度最高，其次是中部地区，西部地区的农村金融服务发展程度较低，且三者间的差异比较显著。③从时间演化特征分析，不同区域间总体变化趋势同全国层面的情况相同，但西部区域增长缓慢，东部区域增长更为迅速，中部区域居中。④从空间演化角度分析，除最开始的年份外，东部地区的农村金融服务发展水平始终处于领先地位，中部地区的增速更

为明显，而西部地区一直垫底，且增长幅度最低。⑤个别省市表现非常突出，以浙江省为例，其农村金融服务发展水平一直处于最高水平，明显高于同时期该区域其他省份，且农村金融服务发展水平的变动也在一定程度上呈现出空间上的关联性，如临近浙江省的福建省一开始与东部区域的其他省份差异并不明显，但后来渐渐与其他省份拉开一定距离，再比如西部区域的甘肃省、宁夏回族自治区和青海省其发展水平和变化速度大抵近似，但也存在例外情况，如四川省的农村金融服务发展水平就显著高于其临近省份。

出现上述情况可能是由于：①各地区农村经济水平的差异是导致我国农村金融服务发展水平区域性差异最主要的因素之一。在我国，东部区域的农村经济发展水平高，因此对于农村金融产品和服务也就存在着更高的需求，这推动了农村金融服务水平的进步。而我国的西部地区农村经济发展较差，这使得其对农村金融服务的需求较低，导致该区域发展农村金融服务的动力不足。所以农村经济增长在农村金融服务发展中起着举足轻重的作用。②城市化对农村金融服务水平亦有显著作用。简言之，城市化进程使得我国经济取得了举世瞩目的成就，然而城乡差距显著的问题依然较为突出，这种二元经济结构使得城乡区域的金融服务系统也呈现出二元化。③农村金融利用有效性显著影响农村金融服务发展水平变化。政府政策在很大程度上将左右着中国农村金融服务发展，所以指定一个合理政策可以大大推动农村金融发展，但许多时候政策不合理将使资源配置失真，给中国农村金融服务发展带来不利。在不同的时期国家进行宏观调控的目标不同，这在一定程度上使得农村金融服务发展水平产生区域性差异。21世纪初期为了建设东部经济特区，国家在金融政策方面给予其众多优惠政策，这使得该地区的经济飞速发展（也包括东部地区的农村经济），从而推动了农村金融服务水平的快速发展。相比之下我国的中部西部地区经济欠缺增长引擎，与此同时又没有得到政府更多的优惠政策，使得该地区的经济增长缓慢，进一步拉开了与东部地区的差距。但如今我国正在大力扶持中西部地区的经济发展,给予该地区更多的政策性扶持,这使得近年来中西部地区与东部地区之间的差异逐渐缩小,从而进一步缩小二者间农村金融服务发展水平上的差距。④地理环境对该地区的农村金融服务发展水平有极大的影响。以四川省为例,四川盆地号称"天府之国",拥有中国最肥沃的土壤,且其气候为亚热带季风性湿润气候,气温东高西低,南高北低,温度适宜,降水量充沛,是中国最大的水稻、油菜籽产区,是我国重要的农业区之一,而我国西部地区的其他省份大多干旱少雨,境内不乏沙漠高山丘陵,难以进行农业生产活动。所以四川省农村金融服务发展水平在西部地区始终处于领先地位。我国的东部地区大多沿海,降雨量充足,且地势较为平坦,但事实上,我国中部地区相比之下更适合进行大规模的农业生产活动,但其农村金融服务水平却总体低于东部,这说明影响农村金融服务发展水平的还有其他重要因素。

(1)"互联网+"金融服务模式创新

"互联网+农村金融"是金融机构等以网络为媒介,运用物联网等新兴技术突破传统金融在时空上的限制,增强农户信贷可得性的模式。该模式具有三大优势,门槛低、覆盖广和快捷灵活,对传统服务模式做了补充,具有极大的发展潜力。该模式可以分为商业银行、农村信用社、电商平台、农地流转平台和网络众筹五大类,如表4-22所示。

表4-22　　近年部分"互联网+"金融服务模式

类别	金融机构	产品
商业银行	宜兴农商银行	金易通、紫竹有信
	山东农商银行	普惠小微信用贷、首贷通
	工商银行	融e购、融e联、工商e支付、线上POS
	建设银行	建行裕农通
	恒丰银行	智慧村居
农村信用社	浙江农信	丰收互联
	安徽农信社区	e银行
	江西农信	e百福

续表

类别	金融机构	产品
电商平台	淘宝网	聚土地
	京东	聚土网
网络众筹	尝鲜众筹	
	大家种	
	有机有利	筹土地
		生态农业众筹
农地流转平台	土流网	
	聚土网	
	海南土地网	
	地合网	

①银行互联网金融融资创新

商业银行开展的网上业务是国内最早的互联网形式，与线下业务相比，具有便捷等突出优势。全国范围内，中国工商银行建立了"融e购""融e联"和"线上POS"等互联网金融产品，在农村中小企业融资方面最具有优势。建行推出"建行裕农通"农村金融服务平台，面向农村客户，提供电商和金融服务一体化的综合服务。恒丰银行成立富民兴农产业联盟，推出"智慧村居"，推动农村产业发展。

此外，农村商业银行根据不同省份的实际情况和具体需要，创新推出互联网金融产品。如江苏省宜兴农商银行推出的"金易通"和"紫竹有信"，以及山东农商银行"普惠小微信用贷"和"首贷通"等金融产品也在一定程度上满足基于土地流转的农户的金融服务需求。

②农村信用社互联网金融融资创新

农村信用社是"支农支小"的重要金融机构，浙江农信推出的丰收互联、安徽农信社区创建的e银行和江西农信的互联网金融产品e百福等均是基于土地流转的金融服务创新的重要组成部分。

③电商互联网融资平台创新

我国传统农业产业结构链上的农业生产经营是由生产、加工、流通、消费这几个主要环节构成的。电商作为一种新型经营模式，省略了生产链的加工、流通等环节，直接实现农产品的生产和消费。电商互联网融资平台将互联网技术和现代化科技有机结合，为农户提供便捷且丰富的销售途径，延长了产业链。

2014年淘宝网推出的"聚土地"是电商互联网融资平台的主要开创者。"聚土地"依靠互联网、电商为主，实现了土地流转方式向农村土地"O2O"（Online To Offline）方式的转变。"O2O"是指把线上线下相结合，使互联网变成一个线上线下的交易平台。通过土地流转"O2O"模式实现线下土地流转向线上交易转变，使土地交易打破地域限制，吸引更多人参与，给土地流转交易市场带来新活力。

④网络众筹模式创新

网络众筹融资是受到广泛关注的融资模式，能够有效缓解农村融资困难。首先，网络众筹模式能够将全国范围内的资金聚集在一起，实现积少成多。其次，人人可以根据兴趣参加众筹，使得网络众筹模式拥有强大的客户基础，也能在很大程度上改善农村地区土地流转资金缺口问题。我国典型的基于土地流转的网络众筹平台大多服务于农场，主要包括以下三类：

1）尝鲜众筹。尝鲜众筹网致力于为创业发起人提供专业的众筹服务。尝鲜众筹网主要由农产品众筹、农场众筹和发起项目三大版块组成，通过网络平台向公众筹资，从而获取家庭农场发展所需的资金并能起到预先解决农产品市场销路的作用。

2）大家种。大家种网站以连接家庭和农场为目标，首创F2F（Family To Farm）概念，让城市用户可以选择农场进行认种，也让农户拥有将产品及时推送给消费者的渠道，为农产品提供者和消费者提供便捷的互联平台。

3）有机有利。2014年成立的有机有利众筹平台旨在为每一个获得"有机产品认证、绿色食品认证和地理标志认证"的农场企业建立一套专有的管理系统，帮助农户将自己的农产品通过众筹的方式提前销售。有机有利的特点是："筹土地"项目由农场直接发起并由农场负责土地流转，有机有利平台负责运营与销售。运营环节的减少使得价格降低，国家标准的认证也使得农产品的质量得以保证。

⑤土地流转网站创新

1）土流网。土流网是互联网土地流转市场的重要平台之一，在国内首家实现通过互联网平台发布土地流转信息，并提供较为完善的土地流转综合服务信息。

2020年10月，在广东南雄市成立了农村产权交易中心，该中心与农业银行和建设银行等几家商业银行联合签发金融合作协议，全力部署农村科技金融服务安排。该中心通过区块链等技术确保农村产权交易中心的土地权属清晰，依托土流网，将闲置农地在全国范围内竞价，盘活农村资产，使"一地多押"等问题得到有效缓解，推动要素流动，吸引客户投资，扩大经营。

2）聚土网。作为具有代表性的土地流转平台，聚土网将互联网和土地流转相结合，使得大量闲置的农村土地流入市场并重新散发活力。聚土网在业内率先推出金融保险和农业生产的一站式服务，在土地流转上，聚土网更是推出"三0"服务，即"0佣金、0风险、0看地费"。用户通过聚土网看地不要支付任何费用，满足农户各方面的需求。

3）海南土地网。海南土地网是2017年成立的农之梦信息科技有限公司的线上交流平台，它是海南农业标准化和智能化服务平台，将农业服务从线下延伸至线上，积极探索推进农村全面发展的新路径，旨在以移动互联网和物联网等信息技术为支撑，带动农户共同发展致富。

4）地合网。地合网平台在移动互联网技术的基础上，为有土地购买意愿的用户提供线下找地和线上看地等一站式服务。地合网以强大的科技实力和互联网为支撑，创新推出高清卫星地图等信息化的手段。不仅极大地降低了买家的看地成本，航拍的土地视频也突破了单一化文字与图片介绍的界限，是土地流转领域的重要的创新。与传统的土地宣传图片相比，航拍的视频以更广阔的视角，真实反映待拍土地和地域的全貌。为土地流转提供了新的视角和更便捷的服务。

(2) 农业供应链金融创新

农业供应链金融就是把整个农业供应链各参与主体有机结合在一起，围绕供应链中龙头企业，采用科学方法对农业供应链潜力做出系统评估，同时，对龙头企业与上游和下游利益相关者的联系程度和控制效果进行测算和估计。在此过程中，企业和农产品提供者是紧密的"利益共同体"。此外，通过复杂的计算和评估方法，不同农业供应链被赋予不同的信用等级，针对不同等级的供应链设计不同的农村金融产品，可以更精准地把握各参与主体的资金和服务需求，为促进农业供应链的协调与持续运行提供有效的解决方式。

典型案例有农发贷、有种网农业在线供给链金融模式，蚂蚁金服的农村供应链金融服务。

①农业供应链金融服务平台模式——"农发贷"

"农发贷"是我国较早"与农业生产场景相结合"的农业供应链金融服务平台模式。"农发贷"针对农村种植模式，深入农业产业链、农资消费及农产品的销售等不同场景，连接农业产业链上游和下游各个环节，提供专业化金融服务，破解农民融资难、慢融资、贵融资难题，弥补现代农业发展对农村各经营主体资金需求不足。

农发贷创立之初就将服务对象定位于农业新型经营主体，为其提供资金融通和多层次的服务。其成立以来，在客户和数据管理等方面不断积累，构建线上和线下紧密结合的信贷风控体系。通过与史丹利等80多家知名种子、化肥、农药等农资龙头厂商和农机企业合作，构建产业链条的"大数据"，从原来以抵押为主的征信方式，建立了以"大数据"为基础的征信模型。

②在线供给链模式——有种网农业

2015年，有种网网络技术有限公司设立，在实践中逐步探索并切实将"互联网+现代农业"模式应用于"农业供应链服务"。有种网在农业供应链服务平台基础上创新提出了二重服务模式"农业供应链与渠道服务",通过线上农业互联网平台,线上线下县域服务体系,农业全产业链服务体系形成有机整体,将处于上游和下游的龙头企业联系起来,将线上服务与线下服务结合起来,打通农业生产资料和农产品的新型推广渠道,在降低成本的同时也提高了效率。这种服务模式做到了电商到村、农资到村,实现了五流(信息流、商流、物流、资金流、服务流)合一的一体化服务模式。

③农村供应链金融服务模式——蚂蚁金服

2016年蚂蚁金服提出了农村供应链金融服务的模式,彻底拉开了农村金融发展战略的序幕。现已初步形成一套比较完备的农村供应链金融业务模式——由贷款融资向最终产品销售转变,并基于该平台所产生的生态效应向各级农业经营者提供综合金融服务。

蚂蚁金服利用自有的天猫和淘宝等平台农村供应链参与方的交易数据、支付数据、信用积分等海量数据,克服了农产品供给方无相应信用记录的缺陷。蚂蚁金服充分利用其优势,与保险公司共同对农民进行包括信用保证、品质保证在内的保险,与内蒙古蒙羊集团和科尔沁牛业等农业产业链优质企业进行合作,推出以互联网信贷加保险加龙头企业加电商为核心的模式,在产业化程度和种养殖领域为广大种植户养殖户从借贷到营销提供全方面金融定制,让农户能在生产、销售的各个环节、各个空间和时间节点体会到金融服务的便利。

④区块链+供应链金融服务模式

区块链技术的独有特征即分布式存储、交易不可篡改和公开透明,这样可以有效杜绝记录篡改、管理不力等现象,发挥大数据、无序数据的有效运用。在农村金融创新中利用区块链技术,一是可以构建全新的信用体系,构建农村供应链"去中心化"的全新征信模式,通过农户及农村中小微企业本身经营数据的资产化,实现动产智能监管,将农户及中小微企业真正纳入供应链金融系统之中。

二是让更多的小农户、小企业享受金融服务的贴身及便捷。"区块链+供应链"金融服务在为供应链上龙头企业提供服务的同时，还可以使供应链上的小农户、中小微企业突破受供应链上核心龙头企业制约的局面，脱离依赖龙头企业"增信"的状况，通过其本身经营数据的资产化，融入供应链金融系统之中。农村区块链金融将彻底推翻传统农村供应链金融，让金融脱虚向实，更好地为三农服务。

2019年，民生电商开发出民农云仓服务平台，针对粮食产业进行基于大数据和AI的数字化金融服务。民农云仓通过大数据和区块链高科技手段对融资方货物仓库进行了重构，使之成为智能监管仓，对货物实现24小时的全时段质量监督，对价格、质量和安全信息进行不中断动态化评估，使粮食货物变成可信数字资产，通过区块链技术让供应链参与方均保有全部数据信息，让数据公开透明，防止被篡改，建立可信赖机制，使得金融机构放心地介入供应链，帮助粮食供应链上的参与方解决融资难的问题。民生电商民农云仓以玉米为载体开展融资业务已与包括中关村银行在内的众多银行对接。

2019年，广东省佛山市推出"粮通链"，即"区块链+粮食产业"项目。以"区块链+物联网"为主要模式，结合仓储、物流等环节，实现基于区块链的供应链金融功能。

采用区块链技术，具有不可伪造、全程留痕以及可追溯的特点，2020年6月，江苏省射阳县基于区块链技术，对6000亩大米生产基地土地集中流转项目完成合同网上签署。

除此之外，2020年10月，蚂蚁集团与浙江省宁波市签订合作协议，推出"链上登记+链上金融"模式，双方共创"区块链+土地流转金融服务"，打通银行金融服务和不动产登记政务服务的壁垒，实现关键数据的可信传输和产权登记的闭环运行。"区块链+土地流转金融服务"的实施，将抵押贷款流程（包括合同）嵌入区块链，将土地登记的数据信息化，保证数据的不可伪造，保证交易安全透明，降低信贷审查成本。在未来的发展中，还将结合大数据，打造全流程区块链账务系统，实现信用管理、融资服务、存贷管理、资金管理、交易管理等多方面、全方位的金融服务实体经济的尝试与发展。

4.4 中国农村金融服务发展的主要问题

我国作为世界上最大的发展中国家，"三农"问题仍然迫在眉睫。粮食生产关系到国家的整体安全，近几年来，全国粮食总产一直保持在12000多公斤，但是关于是否要扩大永久基本农田（也就是所谓的耕地红线），一直有很大的争论。所以，要靠金融服务，稳定农村发展，才能在经济下行压力越来越大的情况下，保证粮食安全。农村环境改善、基础设施建设、公共服务建设是农村发展的重要内容。当前，我国"三农"领域面临严峻的挑战，目前，我国农村金融服务系统虽然取得了一些成绩，但还存在很多问题，一些深层次的制度问题也成为制约其迅速发展的瓶颈，供需矛盾依然很严重，具体如下。

4.4.1 农村金融服务市场化水平低并且缺乏创新动力

当前我国农村金融主要还是以政策性金融机构和国有资本支持下的商业银行为主，在国际上，非正规金融作为多层次农村金融服务体系中的一部分，对破解农户与小微企业融资难起到了积极的促进作用，能够有效地弥补正规金融渠道中存在的缺陷与不足。尽管金融产品创新、机构创新、模式创新不断出现，金融服务的类型也在逐步增加，但在客观上，农村和乡镇金融服务系统的建设仍处于滞后状态。此外，政府对小额信贷公司、融资担保公司、新型金融合作组织的积极作用的关注不足，缺少明确的发展策略和监管规则，导致网络金融企业整体素质参差不齐、市场秩序急需提升。而发展迅速的中小金融机构，由于内部治理不完善、外部监管不完善、缺少相关政策制度来激励其更贴合当地特色开展服务等，一些银行出现了偏离当地、脱农向城、资金投向金融领域而非实体经济等问题。就金融机构自身而言，小规模农村金融及新型农村金融组织根植于农村，但金融服务创新能力比较弱；而其他涉农金融机构出于成本收益、规避风险等原因，未把农村金融作为经营发展的重心，因而对农村金融服务创新的评价也较少，导致农村金融服务创新的内在动力不足。同时，由于缺乏有效的政策鼓励，使得农村金融服务创新的外部驱动力不足。

4.4.2 风险管理需要

由于种种原因，当前发展迅速的金融技术和大数据技术很难将其应用到农村金融中，传统的信贷方式和风险管理方式仍然是主要的，这严重影响了整个农村金融的风险控制。与此同时，在乡村、乡镇等方面，基本公共服务、资产转让、资产抵押登记、评估、不动产转让等方面还存在着较大的缺陷，为"三农"提供的融资担保机制不完善，资金补充不足，致使一些业务难以为继，抵押物处置困难，业务风险水平居高不下。在农业保险领域，农民的保险意识和对保险产品的认知还不够完善，保险公司服务能力弱，部分产品保障能力弱，对大型自然灾害风险分散机制不够健全，农户不愿保障，有人不敢保障，有人不愿保障，运用保险工具进行风险分担的利用率较低。此外，我国农村金融与整体金融市场的监管差距也很大，其系统性风险积累的隐患也不容忽视。一些金融机构，名义上是农村金融，普惠金融，其实都是在搞"黑市"。同时，由于我国银行业存在的监管漏洞，使得监管部门在履行审慎监管职能的同时，也难以真正保障金融消费者的合法权益。因此，必须进一步强化金融监管机构的职能,加强监管机构间的信息交流与协作,加强监督的专业化。

4.4.3 我国农村金融服务的创新尚不能适应国内外形势的发展

从需求方面来看,农业结构的变革导致了金融服务结构的调整,尤其是一、二、三产业的结合,形成了家庭农场、设施农场、标准化农场,这已经不能简单地以小农户生产方式为主要服务对象,要以竞争创新来实现各种领域的新要求,特别是金融领域的需求。当前,我国农村经济持续发展,农民收入提高,对资金的需求日益增长,对金融服务的要求也越来越高,但是由于诸多原因,导致许多银行无法提供有针对性的金融服务,有的银行为了获得更高的收益,还在不断地降低放贷额度。此外,由于历史原因,许多银行的业务都以储蓄为主,不能适应农村经济发展对金融的要求。在供给方面,金融技术正由都市深入到乡村,手机、电子信用、电子征信、支付工具等,使得农村金融服务的成本不断降低,从而为更多的场景应用创造了条件。而且目前农村非正规金融市场活动也因没有正规金融机构而变得异常活跃,已经形成了一种泛滥的趋势,这些非正规金融机构在农村发展,虽然能够部分地解决农村对金融资金的需求,但是却无法满足农村的需要,同时,在运行过程中也出现了很多问题,其中最为突出的是放贷缺乏规范,而且贷款的利率也很高,甚至达到了高利贷的程度,这就使得原本没有多少钱的农民,背负着沉重的包袱,而与此相比较,金融服务的创新速度还需要进一步提升。尤其是银行金融机构,必须不断地创新产品,以满足企业的可持续发展,并不断改进其业务审批程序,以满足农业生产的需求。抵押贷款业务要从完善农村公共基础服务、金融基础设施建设出发,充分考虑以土地经营权抵押等为抵押资产,拓宽抵押贷款范围。与此同时,我国农村金融在利用数字化技术方面存在不足。目前，我国农村金融发展存在大量信息不对称性现象，服务成本较高，网点较少，并且当前我国农村金融进行数字技术推广尚未形成统一标准与准则，用户的使用习惯、能力需要长期的培养，对数字技术的认识、防范和防范意识等方面能力也有待提高。

4.4.4 农村金融创新领域狭窄

当前我国金融体系的创新主要集中在金融体系，金融服务和金融组织三个层面。值得注意的是，我国金融机构改革速度较慢。农村商业银行，农村合作银行以及新兴农村金融组织规模偏小，数量较少，且新兴农村金融组织的发展受资金缺乏、规模偏小、业务覆盖面较窄等因素干扰。在农业保险、投资和理财等方面，金融创新的重点是信用，而在其他方面的创新则相对较少。信贷创新以中、短期信贷创新为主，但在长期贷款方面则鲜有创新。比如现在的林权抵押贷款制度。如果贷款对象是农民，贷款期限通常是一年，若贷款对象是公司，贷款期限不会超过五年。

4.4.5 农村金融服务创新缺乏创新人才

农村金融服务创新工作需要创新人才作为支撑，但是当前我国农村金融服务创新人才比较缺乏，部分有较强工作能力的人并不想在农村工作，希望在大城市中寻求发展，而留守在农村的主要是一些非专业人员、年龄偏大的人，他们缺少服务和创新的精神，不主动、不积极地开展金融服务，不能满足农村金融市场以及客户的需求，不能推出符合市场需求、农民需要的金融产品，没有充分发挥农村金融的作用，从而制约了农村经济的发展。

第5章

农业供给侧改革背景下的农村金融服务创新模式

第 5 章

农业综合改革背景下的农村金融服务创新模式

5.1 农村金融驱动农业供给侧改革的必要性

为贯彻落实党中央、国务院关于稳市场主体等决策部署,针对金融机构内生动力不足、外部激励约束作用发挥不充分等问题,政府部门重点出台关于金融支农支小长期、有效放贷政策,以市场化为原则进一步深化涉农小微企业金融服务供给侧结构性改革,加快建立长效机制,着力提升金融机构服务新型农业经营主体等小微企业的意愿、能力和可持续性,助力稳农村金融市场主体、稳农村地区经济增长。金融是服务实体经济的命脉,要鼓励金融机构深入研究农村地区金融需求特点,加大资源投入和保障力度,合理下放"三农"金融产品创新权限。大力支持农村金融服务创新,强化金融科技赋能,因地制宜研发特色涉农金融产品,不断优化农村金融服务模式,持续推动各项支农政策落地见效、打通农村金融服务"最后一公里"。

5.1.1 完善农村金融保障

提升农村金融服务质效是促进农村经济可持续增长的重要着力点,通过持续增加农村金融供给,深化农业供给侧结构性改革。"三农"领域金融资源易流入经济发达地区,均衡调配涉农资金供给、改善农村金融市场环境,需要通过强化农村金融普惠力度、拓宽各类金融机构涉农服务覆盖面等方式完成。

完善农村金融供需体系,深化农村金融供给,使金融机构能满足农村地区不同类型农业经营主体的差异化需求。围绕县域金融机构布局,对规模小、经营差、运作效率低的金融机构实施退出机制,避免占用和浪费金融资源。同时,完善政策性、商业性、开发性等不同性质金融机构的布局并细化分工,实现各类金融机构功能互补、协同发展，逐步构建健全的农村金融供给体系。政策性金融机构要持续支持涉农基础设施建设和改造，通过提供长期资金改善农村居民生活环境。国有商业银行要善于探索"助农"模式，创新"三农"金融产品和服务，优化资源和资金配置，加大支持农村重点领域和头部企业的产业项目。股份制商业银行要拓宽农村业务渠道，着力满足涉农企业、新型农业经营主体资金需求。农商、村镇银行等金融机构要持续发挥支农支小先锋队优势，优化传统金融服务模式，切合实际地支持农业供给侧结构性改革。涉农保险服务方面，加大保险资金供给力度与广度。从政策、资金等方面给予支持，引导保险公司拓宽涉农业务。保险机构应积极服务"三农"领域，为农业供给侧改革持续输送优质高效的农业保险服务。探索设立专业农业保险公司、提供专门农险产品，充分发挥保险行业支持农村金融发展的不可替代性作用。政府层面，考虑对涉农贷款达到一定比例的金融机构提供减免税收等一系列优惠政策，更好地激发金融机构服务农村金融市场的动能，持续推进农业供给侧结构性改革。在经济较为落后的农村地区建立资本分发机制，整合各渠道优质资源，通过激励、补偿机制促动金融机构向农村金融市场主体提供可持续性支持。

持续深化完善农村金融保障，健全的金融保障体系能为农村金融机构提供宏观经济分析、为农村地区经营主体化解发展资金匮乏等问题。由此，应进一步制定相关法律法规以促进完善农村金融保障制度。根据实际突出的矛盾和亟待破解的难题，因地因群制定差异化解决措施，满足农业经营主体对资金、保险等方面的金融需求。通过加大构建涉农保险体系力度，更好地健全丰富农村地区金融市场环境、为农业经济发展提供更多供给保障，从而使农村金融更高效地推动农业供给侧结构性改革。

5.1.2 创新农村金融产品

"三农"领域金融产品和服务创新是发展农村金融市场的主要

着力点。政府层面应督促农村领域金融机构和组织针对其供应的金融产品和服务适时升级,确保全年资金支出中不同期限低息贷款维持稳定。提倡遵照产业融合发展特征创新农村金融产品,围绕供应链金融研发全链条产品。合理扩展农村金融服务范围,利用网点覆盖优势深度挖掘涉农业务。通过科技手段持续更新 POS 机、ATM 等电子化服务设备,优化新型农业经营主体金融服务模式,利用区块链、人工智能等金融科技手段优化农村普惠金融服务。针对不同地区农村生产生活特点,金融机构应该按其实际金融需求提供符合当地金融环境的优质信贷产品及服务。各类金融机构针对其金融产品深入匹配涉农领域应用场景和产业模式,依托科技开发对应产品并扩大产品适用范围和规模、优化升级传统金融业务。同时,提升金融信贷产品适配能力,加强期货、证券、保险、担保等业务关联度,持续为农业供给侧结构性改革提供动力,提升金融支持农村金融改革的深度和广度,提高农业经济发展的高效合理性。

5.1.3 强化农村金融监管

中央、省市级及各地方金融监管机构应明确各地区金融市场的发展方向,持续优化农村金融发展环境,吸引社会资本进入农村金融市场。政府作为市场监管方这一重要角色,应加强数据信息共享平台多元化搭建能力,加快农村信用体系建设,引导并监督金融机构利用科技手段创新农村金融产品和服务。

相较于金融市场全局环境,我国农村尚缺乏完整且完善的金融监管体系,农村金融在监管方面仍有不足和盲区,系统性风险堆叠隐患不容小觑。迫切需要各级金融监管部门落定职责、审慎监管,加强信息对称性和监管专业性,提高农村金融市场监督管理效率,着重保护农村金融消费者的合法权益。

监管部门要以市场化发展为核心,适时落实监管配套机制,不断修缮监管理念、职责、手段,推动涉农金融监管符合我国农村金融发展各阶段的实际需要。各部门应积极研究监管规则，明晰准入、运营、风控等各环节指标，鼓励具备条件的非存款类金融机构申请持牌，升级为地区性消费金融公司、金融租赁公司等，引导农村金融产品和服务多元化、多维度研发，以期有效保障农村地区金融市场主体的差异化需求。加强各层级、各地区监督机构间的信息共享，配合防范农村地区潜在金融风险。完善监管体系建设，明确监督资本充足率和偿付能力是金融机构监管任务的重中之重，抓好农村金融产品实用和资金动态流向检查，避免涉农金融服务虚脱。持续提升监管能力，注重监管人才队伍建设，依托信息化持续完善金融监管手段，落实利用金融科技完善农村金融监控体系。加强监管部门与金融机构紧密联系，持续强化"三农"领域金融机构风险管理能力。强化农村金融监管，有利于从整体上把控农村金融发展状况分析和趋势研判，从而促进金融更好地支持农业供给侧改革。

5.2　农村金融服务创新的实践思路

社会主义新农村建设离不开农村金融的持续发展，农村金融发展与农业经济增长相辅相成，呈现持续同步扩张。常态化推动农村金融服务创新，进而全面提升农村金融服务质效，符合新时代深化农村金融改革、提升农村金融服务水平、优化涉农金融机构信贷结构调整的实际需要，符合金融助力农业供给侧结构性改革的战略基调。

政府有关部门应督促大型银行探索创新金融支持乡村建设有效方式、提升县域金融服务质效、促进巩固拓展脱贫攻坚成果同乡村振兴有效衔接，通过"资金+技术模式"推动健全现代乡村产业体系；引导并支持银行业金融机构针对新型农业经营主体差异化资金需求，积极研发信贷金融产品和服务模式以保障金融供给。

5.2.1 农村金融服务创新遵循原则

农村金融服务的创新需要以遵循金融发展原则为基础和指导，根据近年来农村金融市场环境发展的实际情况，具体主要包括以下几点：

（1）协同联动原则

金融服务以支持实体经济为主、多元化经济主体为辅。"三农"领域发展离不开差异化、不同性质金融的支持。只有持续增强农村金融与农业产业集群及广大新型涉农经营主体的紧密关联度，才能带动农村经济可持续发展，从而提升整体经济社会进步。政府及社会层面应重视农村金融与经济资源适配性，将促进农村金融市场环境改善与推动农业经济增长密切结合。

政府部门应督促金融机构、保险类机构、融资担保公司及第三方社会资本等多方参与主体协同联动，合作共赢、优势互补。同时，政策性、开发性、商业性金融机构应互联互通，协作发挥金融支持乡村振兴、农业农村现代化建设、新农村改造、农业供给侧结构性改革及推动新型城镇化进程主力军的作用，及时、精准地创新农村金融服务和惠农信贷产品。农村金融服务的创新需要政府、金融机构、涉农领域经营主体等通过找准自身在金融市场环境中的定位，各尽其职共同努力探索。

（2）需求导向原则

农业相较于其他领域呈现强周期性特点，受不可抗力因素影响较大。由于存在涉农领域发展的资金投入收益回报率低、资金回本周期长、投资风险不可控等问题，导致传统金融机构和农企服务方投入支农资金意愿较低，缺乏研发农村金融产品和服务模式的积极性。鉴于此，政府层面应明确农村金融市场环境中的各参与主体分工、明晰农村金融发展各环节实际需求以及涉农经营主体的金融诉求。强化农村金融服务创新的核心目的是为满足农业、农村、农企及农民生产经营过程中产生的资金需求，通过加强农村普惠金融范围和力度，提升"三农"经济发展效率和质量。农村经济发展水平地区差异化明显，致使不同农村地区对涉农金融服务的需求也各不相同。农村不同产业发展间的金融需求有所不同、农企规模和属性不同所产生的金融需求也不同、村集体和个体农户生产经营活动所需的金融支持也有差异。因此，要因地制宜、因群施策地创新农村金融产品和服务模式，坚持以新型农业经营主体实际金融需求为导向的原则，使金融支农惠农顺应农村地区经济发展的实际趋势和原本规律，提升金融供给"三农"发展的适配性。

（3）风险可控原则

农业发展受不可控因素影响较大，金融行业同样有其自身潜在风险，如何合理防范和降低金融支持"三农"领域发展所带来的风险是一项艰巨的重要任务。涉农金融产品和服务模式创新必须建立在能有效防范农村金融风险的基础上。现阶段，农村金融市场环境仍存在诸多盲区，特别是在基础设施薄弱、信息通信无法通过金融科技手段覆盖到的贫困偏远地区。信息不对称、交易成本高等问题给涉农金融机构开展支农服务带来了不同程度的风险隐患。一些小规模农业经营主体和小微涉农企业信贷偿还能力较低，导致金融机构贷后管理工作的完成难以得到保障，这就需要政策性、开发性、商业性金融机构对村镇银行等地区金融机构给予政策和资金上的支持，帮助涉农金融机构更好地抵御业务风险。村镇银行、农村互助合作社等新型涉农金融主体必须在保证产品收益和服务成本的基础上开展涉农金融业务，从而最大限度地防控、抵御、分散及化解风险。农村金融服务创新应遵循以市场化为导向，同时依托政策性金融扶持构建完善的金融风险防范机制，以期为农村金融市场发展提供安全、稳健的支农产品和服务。

（4）完善配套机制

农村基础设施建设薄弱，特别是贫困偏远山区无法及时、平等地享受金融支持新农村建设的成果。农村金融服务的创新接受政府部门监督，涉农产品和业务公益化明显，导致金融机构开展"三农"金融服务时盈利空间偏低、投资风险较大，无法很好地保障金融机构在响应国家支农惠农政策的同时推进其自身可持续发展。由此，政府部门应积极制定配套政策，完善金融支持农村经济发展的适配机制，从而激发金融机构服务于农村资本市场环境的主动性。支农配套机制应主要从财政、货币、监管等各方面进行加强完善，农村金融服务创新协同配套机制的形成有助于激励银行业金融机构、融资担保机构、保险类公司及多元化社会资本提升金融支农意愿和主动性，从而优化农村金融资源和涉农资金结构。

5.2.2 农村金融服务创新路径分析

截至 2021 年年末，农村金融呈现"四减+四降"变化，即营业网点、服务时间、服务业务和人员力量减少；服务时效、覆盖范围、服务满意度和存贷比例下降。这一变化说明农村金融服务正呈现弱化趋势，应着重发力做好金融支持"三农"领域发展的工作，持续不断提升农村金融服务质效与覆盖面。

农村金融需求难以得到有效保障，深层次原因在于涉农金融供给不足且失衡。金融支农惠农应从供给端出发，有序推进涉农金融产品创新和服务优化升级。农村金融供给保障应以资金供应主体、金融服务模式创新和涉农金融产品开发为核心。资金供应主体创新，即坚持以市场化为原则逐步推动银行业金融机构和融资担保公司等金融供给方差异化、多维度改善组织形式，提高其信贷资金供给效率，进而提升涉农金融服务规模和质效。金融服务模式创新，即结合实际农业基建状况和新型农业经营主体差异化金融需求，因地制宜创新涉农金融服务模式，以新模式激发新业态，提升和拓展金融支持"三农"领域发展的市场空间和规模。金融产品创新，即以新型资金供应主体展开新型金融服务模式，激发农村金融市场活力和竞争，积极创新支农惠农信贷产品，以吸引更广泛的涉农经营主体产生金融需求。

持续升级金融支持乡村振兴的工作机制。政策性、开发性银行和大型国有商业银行完善乡村振兴工作组架构，设立乡村振兴金融部等特设机构，扩充专业化金融支农队伍。股份制商业银行积极完善其支农专款、专责、专职体系，深入拓展银行业服务乡村振兴、新农村建设等工作。

(1) 丰富农村金融供给主体

政府层面应督促各性质、各类型金融机构共同参与农村金融市场竞争，充分发挥其自身比较优势推进农业农村现代化、新型农业经营主体、新农村建设及农业产业强镇等涉农战略的有效实施。各方金融机构应完善内部架构和资金结构，在保障风险可控的基础上为农村金融市场发展输送更多高效、优质、降本的信贷资金供给，以提升整体农村金融服务水平、保障农村地区经济可持续增长。

首先，资金供给角度，坚持以市场化运行为原则。通过培育新型涉农金融机构激发农村金融市场活力与竞争。政府监管部门制定激励政策持续支持引导多元化、多维度金融资源和社会资本投向农村金融市场。根据不同地区实际金融需求建立村镇银行、涉农信贷公司、农村互助合作社等通道，利用新型涉农金融机构，精准定位农村金融服务客群、方式，降低农村地区金融"空心度"。探索银行业金融机构及投资银行增强同农村信用社、村镇银行等互联互通，力求充分竞争、合作共赢、优势互补，发挥大型金融机构资金实力与业务能力比较优势，对新型农村金融主体提供可持续的资金供给支持。银行业金融机构应加码支持农村普惠金融，适时更新涉农小微企业经营贷、个体农户信用贷款等评价指标，通过各周期流动性资金支持、涉农供应链融资等手段不断对粮食安全、涉农基建、种子工程等农业重点领域加大信贷支持力度。对经济欠发达的特殊贫困地区，银行要放低脱贫贷款条件、放宽贷款抵押担保范围；鼓励保险类公司参与贫困地区金融市场竞争，险资优先供给脱贫地区以助力其特色产业发展，带动贫困农村经济增长。

其次，经营管理角度，优化农村金融服务点布局和运行模式。通过扩充金融支农人员队伍、扩大金融机构网点规模和布局等方式，提升农村地区乡镇居民享受金融红利的程度和广度，弥补农村地区涉农线上金融业务匮乏的不足。鼓励金融机构设立涉农普惠金融事业部，根据当地农村地区实际金融需求设定评价指标并独立核算和管理，从而提高金融机构开展涉农业务、助力乡村振兴的工作质效。

最后，服务能力角度，积极研发线上金融产品和涉农业务，充分利用信息化科技手段不断提升"线上"金融服务能力。探索搭建涉农金融服务互联网平台，缩小农村地区与现代城市间金融手段、金融方式、金融渠道的差距。大型涉农金融机构应充分发挥其自身发展优势，灵活、高效地利用金融科技，加大农村普惠金融力度、改善整体农村金融服务环境。积极为乡镇居民及新型农业经营主体创新地提供便捷、简易型金融产品。高频次宣传涉农线上金融服务，加强涉农群体认知"农村金融"的深度和广度。各金融机构深入开展技能职业培训和考核，推进"线上+线下"金融服务融合。政府应持续改造农业农村基础设施，创建更好的生产生活环境以保障金融行业有充分的客观条件支持农村地区经济发展、确保涉农金融信息和服务渠道畅通。

（2）优化金融服务模式

金融服务模式是链接金融供给主体与金融产品的重要纽带，持续推进服务模式创新有利于激发金融市场竞争活力。农村地区金融市场环境发展水平较低且良莠不齐，因地制宜、因地施策的升级涉农金融服务模式是提升整体农村金融环境的长期使命。

一是推进农村信用体系建设。农村金融市场环境落后、相关配套机制不健全等一系列问题大大提高了涉农金融信用风险。通过开展"双基联动"，即基础金融机构+基层党组织通力合作，持续深入完善农村金融信用体系、强化各类涉贷主体信用评级。加快信用体系建设，通过采取政府融资担保机构为新型农业经营主体增信、区域内互助合作增信等措施推动支农惠农信贷业务落地。优化授信监管机制，加快解决金融信息不对称、涉贷数据缺失等阻碍农村地区金融市场发展的问题。优化农村金融服务评级体系，建立农村金融业务服务激励约束机制，重点监督贫困地区涉农金融业务考核指标，进一步推动农村金融市场纵向可持续发展，总体上保障农村金融市场信贷风险可控。

二是改善农村基础设施金融服务。政府部门引导并支持金融机构增加农村地区分行、分公司等网点布局，强化线下涉农金融服务功能，布局方案优先着惠及贫困地区，大力开展经济欠发达地区农村普惠金融服务网点建设，强化"金融＋"赋能农村基建。增强金融服务流动性覆盖，以保障偏远贫困区域涉农群体平等享受农村金融服务。持续升级优化"线上＋远程"金融服务，针对不同农村地区经济发展特点，研发特色支农产品，进一步将"线上＋线下"金融服务拓宽覆盖至整体农村金融市场。金融基础设施的缺失和不足严重制约了农村金融市场发展，不利于加快农村地区经济增长，涉农基础实施薄弱给农村金融服务开展带来了风险与阻碍。因此，完善农村地区基础设施建设迫在眉睫。

三是加强涉农金融产品及业务风险分担。拓展农业保险业务，探索涉农"保险＋期货"模式，支持保险公司开发农特产品保险等新型涉农险种。激发农村市场主体参与农产品期货交易的意愿，通过修缮期货交易市场功能和定价，联动农企、农户分担潜在风险。继续以试点方式优化"政府＋银行＋担保"金融服务模式，进一步通过建立风险共担机制有效缓解农村金融市场发展混乱、涉农金融机构支农力度不足等制约农村地区经济发展的问题。根据各地区差异化金融需求，及时、准确调节风险分担机制，最大限度地提高金融机构投身于农村金融市场发展的积极性。针对不同涉农信贷产品，由政府、涉农社会组织、银行业金融机构、融资担保机构、保险公司及新型农业经营主体等参与方合作互联，按比例共同分担防范风险。政府层面发挥最大引导和支持作用，以保障各项支农惠农政策行之有效地落地。

四是推广"金融+"综合服务模式。政府引导涉农金融机构开展协调联动，在保证持续优化信贷、保险等传统金融业务服务的基础上，深入拓展"金融+"综合金融服务模式，实现金融资源最优配置。鼓励银行业金融机构着重拓展特殊贫困地区优质农企全产业链金融服务，使金融支持覆盖至物流、信息等多个涉农发展环节。进一步加强金融"智慧化"，金融机构应联动展开上村下乡活动，建立金融教育试点，以期强化农村金融消费者权益保护。持续发展农村数字普惠金融，加强金融机构"三农"业务数字化推广，提升涉农金融服务的便捷性、简易性和适配性。强化金融支农人才团队建设帮扶，派驻优秀业务骨干到特殊脱贫区县发挥帮扶带动作用，组织贫困地区金融机构人才交流培训。引导金融机构落实"1+2+N普惠金融到村"基地建设，各地分行、分公司、分支机构和部门加强互联互通，统筹推动农村地区普惠金融纵深发展。促进以"县域"为支点，提升辐射周边金融服务的覆盖率和可获得性，进一步助力农村地区广大农企、农户平等享受优质涉农金融产品及服务支持。

（3）创新涉农金融产品

随着近年来我国农村经济持续增长，传统模式下的金融服务产品已经不能贴合适配农村金融市场覆盖范围内的涉农经营主体，不同性质和类型的金融机构要以各农村地区实际金融需求为导向，适时、精准分析涉农客群，研发特定支农金融产品和服务，加强金融支持"三农"领域培育新业态。

第一，完善金融产品体系。不断优化农村金融产品线，及时、精准地为新型农业经营主体提供金融支持。利用金融科技等信息化手段积极开发农村金融服务应用场景，进而保证金融支持新型城镇化建设、农业农村现代化、农村特色产业发展等涉农任务的可持续性。优化授信、增信等涉贷服务，充分利用金融科技等手段满足农村地区不同涉农经营主体及个体农户的差异化需求，优化围绕"特定场景产品线+供应链产品线+标准化产品线"设计的金融产品体系。标准化产品线，即为涉农小微企业、新型农业经营主体等提供传统金融标准化线上信贷服务；场景定制产品线，即结合不同农村区域的差异化特色产业，向不同应用场景下的涉农经营主体提供差异化金融服务及配套方案；供应链产品线，即针对各地优质农业的差异化经营范围，制订"三产融合"全链条金融服务方案，基于包括采购、加工、销售及物流在内的涉农全链条项目应用场景，提供差异化链式金融服务。

第二，拓展抵押品类型和范围。政府层面通过修缮支农政策及相应法律法规，鼓励拓宽农村金融市场涉贷抵押、质押担保种类与范围。保证信用风险可控的基础上，通过完善抵押担保形式和覆盖范围，进一步缓解新型农业经营主体及个体农户贷款获批难、贷款成本高、贷款渠道窄等问题。鼓励并支持商业性金融机构、保险公司等开展融资租赁业务，充分利用金融支农惠农政策优势，为农企、农民生产经营活动提供便捷、简易、灵活的资金供给服务方案。

第三，创新支付结算方式。通过"线上+线下"产品及业务互补互通的方式，改善农村基础设施金融服务。以拓宽数字人民币、移动支付、POS机等支付结算通道的方式，加快支付结算环节基础设施改建。优化提升农村金融终端技术和设备空间布局，进而提升涉农金融服务普惠力度和范围。优化线上结算业务的同时，支持线下支农服务网点+政府公共服务机构开展合作，以提升涉农群体生产生活便捷度。持续赋能支农惠农服务网点强化金融属性，力争将农村地区助农服务点打造成农村金融服务"一站式+一体化"中心。

第四，开发新型农业保险类产品。强化健全农业保险体系有利于降低和分散传统金融机构支持农村金融市场发展的风险。持续加大涉农保险覆盖农副产品、农产品加工的范围和力度。政府部门加强政策引导，激励保险公司拓展农村投保业务并根据各地区特色产业，积极开发特定农险产品。高效利用信息化科技手段升级优化涉农投保定价、评估系统。保险公司加强与地方高等院校农业专家学习交流，共同摸索切合当地实际情况的可行性保险服务方案，以期通过农业保险更稳健地保障农企、农户平等享受金融支农政策。不断丰富拓宽涉农险种和投保覆盖面，根据涉保农企、农户的实际生产经营情况创新农业保险产品，拓宽新型农业经营主体获取保险类资金供给的渠道，进一步提升农村地区普惠金融水平、健全完善农村区域金融基础设施。

5.2.3 农村金融服务创新面临挑战

根据我国监管部门发布的涉农信息，农村金融仍处于我国整体金融市场环境薄弱位置，金融支持乡村振兴、农业农村现代化、新农村建设及新型城镇化改造仍存在诸多盲区。农村金融在支持"三农"发展、乡村振兴的战略进程中呈现信贷投放失衡、金融产品适配度低、信用担保及风险防范体系不健全等弊端。涉农金融服务呈弱化趋势，部分经济欠发达贫困地区的金融服务"空心化"程度严重，各类金融机构无法将支农产品和服务落实到实处，打通乡村金融"最后一公里"任重道远。

（1）农村金融服务体系亟待健全

农村金融市场体系发展失衡较为明显。商业性金融机构内部组织架构无法高度适配农村金融环境，致使涉农产品和服务模式的支农作用无法充分发挥。乡镇地区金融网点布局和金融属性单一，特别是经济欠发达的贫困地区严重缺少金融供给实力雄厚的大中型商业银行分布，缺乏可以为当地涉农经营主体提供长期、安全资金供给的各类金融机构。

（2）农村信用担保与风控机制有待完善

现阶段，我国农村金融市场涉农信用评级标准相对缺失、相关法律法规约束效率明显不足。农村地区经济发展水平较低，农业基础设施薄弱，缺乏良好的农村金融服务环境，银行业金融机构、融资担保机构、保险公司及社会资本投入农村金融服务环境的意愿偏低。传统农业经营主体对金融产品和服务缺乏认知和认可，借助金融力量生产经营的意识不足，信用风险防范警惕性差，严重阻碍了金融支农惠农的推进和农村金融改革的进程。涉农信贷风险保障机制不健全加大了金融信息不对称程度，加重了农村金融服务创新的风险和成本。受制于金融科技缺少农村应用场景，传统金融的授信业务和风控管理方式有较大局限性，无法因地制宜适配不同农村地区金融市场环境。

(3) 农村金融服务缺乏有效供给

针对不同地区农村金融服务的实际需求，同类金融机构产品和服务无法及时、充足、适配地输送资金供给。农村金融服务网点多呈县城布局，县域周边金融供给缺失严重，且金融服务拓展范围和规模偏低，无法满足地区涉农经营主体的金融需求。政策层面，监督审查部门不能及时逐层落实支农惠农贷款发放进度、涉农信贷资金需要完成繁复审批流程，大大降低了涉农资金的使用效率和效用。另外，由于金融支持"三农"发展的配套机制缺失，导致商业性金融机构及多方社会资本向农业农村生产经营投入资金支持的积极性不足，无法提供高效高质的金融供给。农村金融有效供给匮乏致使农业农村增产增收停滞不前，无法通过金融手段带动农村地区经济发展。立足需求端，家庭农场等多种新型农业经营主体的出现伴随着农村地区产业结构转向"三产融合"发展而完成，农村金融需要针对涉农新型经营主体创新服务模式和信贷产品，通过充分竞争、比较优势，为农村金融市场发展提供多样化、多层次金融需求。立足供给端，银行业金融机构在保证自身可持续发展的基础上，向农村金融市场按比例提供最大化的金融供给。涉农产品和业务应进一步简化授信审批周期和流程，提高支农资金使用效率，创新适配度高的涉农金融产品，为农业生产经营提供长期流动资金，协同融资担保机构积极拓宽抵押贷款渠道和范围并扩充抵押物种类。积极为国有控股大中型企业增资授信以保证龙头支柱企业更有保障地投入农基建设改造等涉农项目中。市场参与主体加强互联互通，进一步促进农村金融市场发展、助力农业供给侧改革顺利完成。

(4) 农业保险发展严重滞后

农业发展受自然灾害等不可抗力因素影响较大，长期以来传统农业活动缺乏科学规划和有效指导，种业发展杂乱无序造成农作物和农产品的大量浪费，一系列问题导致农业资源得不到优化配置。政策层面的滞后性使商业性金融机构服务"三农"意识薄弱，缺乏主观能动性。涉农金融机构数量少、规模窄、布局错乱无章，特别是农业保险产品和投保服务开发效率低，加上农村多以个体经营为主，这类经营主体缺乏风险防范意识、对涉农保险的重要性认识不足，这就导致农业保险服务不能行之有效地助力农村金融市场改善环境，不能保障新农村建设的实际金融需求。

(5) 涉农金融产品创新力不足

近年来，伴随着农村金融市场持续发展，优质农企、个体农户等涉农经营主体的金融需求日益呈显著增长。农村地区涉农企业融资能力和债务偿还能力薄弱，金融机构在开发农村金融信贷产品和创新服务模式时应注重差异化区分和投入，以期达到金融供给适配各类农业经营主体金融需求的目的，确保二者相对均衡、不浪费金融资源。根据当前一些经济落后地区的实际情况，农村金融机构创新力和主动性较差，传统信贷服务诸如抵押、担保等业务不能及时升级适配新型农企金融需求。因此，有针对性地开发涉农金融产品和创新金融服务对提升金融支农惠农能力有着重要意义。接下来，银行业金融机构、保险类公司及新型农村金融机构应积极探索证券、期货、担保等业务互联互通，打造特色"三农"产品和服务模式，以保证满足农村金融市场各经营主体的多样化金融需求。

5.2.4 农村金融服务创新实例解析

(1) 闭环式金融业务模式

传统优质农企基于农业全产业链优势，依托互联网金融资源与金融科技运用不断向"三农"领域拓宽线上金融业务服务。这类龙头企业在依靠自身发展优势的基础上凭借信息化技术和以往客户数据累积，逐步建立农业生态圈金融一体化服务模式，以智慧农企"大北农"为例。大北农在金融方面积极开展涉农信贷金融服务，个体养殖农户开发包括农富宝、农信贷、农信险在内的多样化农服产品。

农信互联致力于利用互联网手段将零散农村人流与信息、商业相联结，形成涉农社区互联网平台，通过农业数据云存储＋电商系统搭建成"数据＋电商＋金融"的业务平台，线上为涉农个体商户、小微农企等客群提供电子交易服务。农信金融提供包括农信贷、农信险及农信保等创新型金融产品，优先为平台用户线上提供囊括信贷、理财及担保等涉农金融服务。农信金服通过建立互联网金融平台获取资金，依托客户交易订单、构建特色化风险管理体系，及时、精准地开发符合不同类型涉农客户及农企金融需求的适配产品。充分运用金融科技手段将互联网金融更深层地融入农村金融市场发展环境，形成农业产业链金融一体化模式。

（2）电商渠道下沉链式金融服务

涉农电商依托自身平台发展优势开展农村线上金融业务，配套建立线下农村服务点，推动"数商兴农"围绕农村数字化基建、金融科技服务、农业品牌下沉、农产品上行、乡村物流等多维度探索涉农电商升级新路径，搭建 B2C 电商服务平台。涉农电商平台运用云计算等信息化科技完善信用风控机制并获取用户交易数据及供应商信息来源，金融化关联授信额度和息费。平台积极开展线上涉农金融业务与商业银行、小贷公司等金融机构互联集资，推动构建涉农互联网金融体系，以优质电商平台"京东"为例。

京东金融以搭建"全产业＋全产品产业链"农村金融服务为战略规划。推出包括京农贷、乡村白条在内的涉农金融产品。通过为农户和农企提供信贷服务，持续扶持农业发展、助力农村致富。京东金融根据不同类型农户和农企金融需求开发包括先锋京农贷、仁寿京农贷等差异化金融产品,推动提升农村金融信贷市场活跃度。京东金融积极宣传金融知识、支农政策,持续拓宽"三农"业务范围和涉农服务以促进农村地区经济发展。

(3)可持续减贫金融服务

构建全产业链、全产业周期闭环减贫模式,以"中国平安可持续减贫服务"为例。中国平安坚持以市场化原则为指导,通过其自身优势利用金融+科技手段,探索开发出全产业链、全周期的减贫模式。通过资金与技术相结合,以期多维度、多元化创新精准减贫险种,构建可持续减贫服务模式。

平安银行积极响应金融支持"三农"发展的政策号召,创新开发扶贫贷、振兴贷并发行配套债券。截至2022年3月平安累计投放扶贫及乡村振兴支持资金近400亿元。平安产险推出"振兴保",平安普惠围绕农村女性需求、产业协同发展模式、融合现代商业赋能等方向,实践乡村多维振兴支持模式,累计协助近300名农村合作社带头人及农创者获得帮扶资金超1.33亿元,支农惠农业务覆盖40个县城。平安集团依托自身发展优势,构建集团采购、平台协销两种消费扶贫模式,助力扶贫农产品销售。平安产险充分发挥投保保障优势,创新推出"防返贫保"、农产品价格指数保险等支农产品,打造减贫闭环服务模式。金融支持可持续减贫是农村金融市场发展过程中一项艰巨且长远的任务,银行、保险等金融机构应进一步提升金融创新能力,践行"减贫闭环"模式经验,提高乡村地区金融资源配置效率,提升普惠金融服务纵向+横向发展的能力,探索可持续减贫的乡村发展模式,形成多层次、多维度良性"金融扶贫"格局。通过加大农村普惠金融力度,促进农村金融市场环境整体向着健康、持续的方向发展。

(4)金融支持保障粮食安全

2022年一季度,央行出台关于金融业支持乡村振兴发展的指导意见,明确提出通过金融供给着力保障粮食生产安全。随后,银保监会提出做好保障乡村产业金融投入的工作。农发行河南分行及时掌握小麦生长情况及企业信贷资金需求，制定差异化信贷服务政策，积极投放支农信贷资金，截至2022年6月累计投入春耕信贷资金超90亿元并计划投入500亿元资金供给用于夏粮收购。

国有大型商业银行充当金融服务"三农"发展的排头兵，农业银行积极响应国家全面推进乡村振兴战略，发挥自身渠道、资金、产品等优势，投身金融赋能乡村振兴。邮储银行组织全行落实春耕小额贷款服务工作，保障农业生产，助力稳住农业基本盘，以服务国家粮食安全为战略指导，聚焦黑龙江、吉林、河南等粮食主产区和主销区，上线额度最高至300万元的大额支农信贷产品以满足粮食经销商资金周转需求、保障粮食流通。

（5）金融支持抗疫助农

全球疫情席卷的历史环境下，农发行福建分行在抗疫期间累计放贷20.48亿元，其中涉农中小微企业贷款户数达750家，贷款余额超过1360亿元，占涉农贷款的比重为83.53%。累计减免各项手续费218.49万元。浙商银行北京分行针对疫情期间物流运输体系抗疫负担繁重，协同武汉分行发行全市场首单乡村振兴ABN+CRMA模式，即资产支持证券+信用风险缓释合约服务，发行期限3年、规模3亿元，承租人均为卡车司机。浙商银行创新金融产品为狮桥集团募集资金，通过车辆融资租赁的方式为超过1000名农村个体户提供卡车资金融通。

（6）创新金融服务模式

"保险+期货"模式将期货市场功能发挥和农业风险管理相结合，让涉农企业、农民专业合作社及个体农民通过金融工具来规避价格风险、保障收益。中华保险公司积极开展相关工作。截至2021年年底，中华保险全系统21家分公司先后落地319个"保险+期货"项目，涉及农产品10余种。中华保险将继续增加农产品专项资金投入，以交易所支持项目为着力点，持续推动"保险+期货"业务升级发展。大地保险也积极参与各地支农扶持计划，不断创新投保产品，提升涉农保险覆盖面与竞争规模，截至2022年累计服务12万农户、提供险资支持近23亿元。金融机构创新涉农服务模式离不开政策层面的支持，招联金融积极优化农村普惠金融基础设施与农业生态体系建设。通过增资降本的方式向农村中小金融机构提供金融供给以节约其运营成本。中国民生银行潍坊分行持续升级供应链金融服务模式，围绕现代农业生产、加工、贸易等不同场景提供供应链金融服务方案，支持农副产品的分销渠道、订单采购和生产资料流通。围绕龙头农企业服务乡村振兴战略，为集团本部、分子公司、上下游产业链等各类经济主体金融需求提供资金供给，合理优化资金配置。通过推出供应链票据贴现业务对涉农小微企业"精准授信"。开通外汇业务网上通道、实施结售汇点差优惠，不断增强农村金融服务创新能力。

5.3 构建新型农村金融服务创新模式

现阶段，我国新农村建设已取得一定成就，农业基础设施持续改善、农村金生产生活环境不断进化，农村金融改革有序推进、农村产业发展程度进一步提升，农村地区经济环境的日益改善、"三农"领域一系列新气象激发了更多的金融机构积极投身于农村金融市场竞争环境。金融支持农业供给侧结构性改革要坚持以需求为导向、持续向涉农领域释放更多金融供给，逐步落实供给适配需求的良性金融市场环境。农村金融机构不断创新服务模式有助于提升其自身竞争力，从而推进整体农村金融市场发展。

5.3.1 政银保多位一体模式

政银保多位一体模式需要政府、银行业金融机构、保险机构及融资担保类金融机构几方联动，充分调动各方资源与资金，紧密联系、协同合作，优化配置各方优势力量共同推动农村金融发展、共同抵御涉农领域面临的潜在金融风险，这一模式可以灵活组合，便于多角度、多样化提供农村金融服务。

（1）银行+农旅产业+农业经营主体

银行业金融机构向农村旅游、康养产业提供信贷业务，通过资金投入带动新型农业经营主体打造农村新型产业，通过金融手段刺激周边产业联动发展。充分吸收"绿水青山就是金山银山"的新农村建设理念，将支农支小资金合理投入绿色金融发展。金融机构创新绿色信贷产品和服务，向农旅项目、康养园区建设等产业积极提供资金支持。

（2）政府+银行+政策性补贴基金+融资担保

"政府+银行+财政性风险补偿基金+融资担保"服务模式，设计愿景为上至国家乡村振兴局、下至乡镇村委会等政府涉农部门，认真贯彻落实农业农村现代化战略指导方针，采取有效措施积极拓宽包括建设地区重点产业涉农项目、规范新型农业经营主体生产经营行为、推广"一镇一业+一村一品"示范镇特色农业产业项目、建立区域农特产品公用品牌等涉农经济工作在内的招商引资渠道和信息获取途径。以部分优质农业经营主体为示例，通过成立农村金融风险补偿基金的金融服务模式补贴专项资金，因地施策、专款专用。各级融资担保机构、银行业金融机构按比例共担信用风险，利于缓解政府财政资金压力、激发商业性金融机构支农惠农向农村金融市场投放信用贷款等金融产品的积极性。

这一金融服务模式将传统金融服务中金融机构与经营主体间无法及时、准确对接信息等弊端有序解决。政府部门应高效构建包括涉农信息登记、支农政策公示在内的农村金融服务平台，优化农村资源配置、降低数据信息误配风险，从而使涉农金融供给稳健有序地流入"三农"领域龙头企业及具有创收潜质的农业经营主体。

（3）政府+银行+工业、商贸企业+农业经营主体

政府部门根据各年度、各地区的实际发展情况，合理规划制定

农村地区土地用途、特色产业发展方向等重要指标。采取建设区域公用品牌、建造大型综合性商业体等手段加大农村区域招商引资力度，进而有利于提升当地涉农企业产品销路、优化本地企业内部组织架构。各类型企业依托政府惠农政策和涉农金融机构的资金支持完成各自任务分工，如鼓励大型工业企业投身于农业基建、家庭农场等新型农业经营主体提升生产经营活动能力、各类金融机构完善资金配套机制为"三农"信贷市场环境贡献力量。

政府＋银行＋工业、商贸企业＋农业经营主体的服务模式有利于工业资源回流农业、城市资源回流农村，从而通过良性循化推动农业农村现代化和农业供给侧改革发展进程。同时，这种模式在破解农田建设、农机改造、农产品深加工等方面显现高度适配性，大型商贸、工业等龙头企业具备雄厚的资金实力、资产结构健全且有效管理和风险防控能力较强，这些比较优势有利于其自身获得商业性金融供给，进而投入涉农生产生活环境带动农村金融市场发展健全。

（4）政府＋银行＋保险＋新型农业经营主体

"政府＋银行＋保险＋新型农业经营主体"服务模式在当前金融服务环境中不算新奇，但这种模式相对更具有稳定性和安全性。保险类金融机构积极投身于现代农业产业发展环境，针对"一县一业、一村一品"等新兴支农理念因地制宜创新涉农险种、收益型农险产品以及投保业务模式；政府部门提供"三农"涉保专项资金补贴；银行业金融机构协力联动保险公司、融资担保机构，合作共赢、优势互补，长期为新型涉农经营主体的日常生产经营活动授信融资以保障农村金融供给稳定。这一模式能充分将保险业分散风险及收益保本的属性特点运用到发展农村金融市场环境中，通过农险投保服务为"三农"领域经营主体提供收益保障、协同银行业金融机构保证农贷资金安全。

（5）政府＋银行＋多层次担保＋农业经营主体

2018年由政府牵头成立国家融资担保基金，明确使命破解涉农小微企业融资难题，首发由18家银行共同出资350亿元以支持农村金融市场发展。逐步构建"国家融资担保基金+各级地方政府再担保"下探至区县涉农担保的多层次"三农"融资担保体系，持续提升和拓展农村领域农贷担保的规模和范围，稳步强化融资担保机构为农村金融市场提供特定产品和金融服务时防范、抵御及分散风险的能力。融资担保机构积极协同银行业金融机构开展支农业务、提供农村金融服务，源源不断地为广大新农村建设的经营主体提供优质、高效的金融支持。

"政府+银行+多层担保+新型农业经营主体"金融服务模式在一定程度上改善了单一农业弱势、政策性融资担保产生收益偏低等弊端，聚集中央财政+各级地方政府的金融供给力量，构建多元化、多层次的农村金融风险共担体系，进而保证金融支持乡村振兴等战略实施的安全性。

(6) 政府性债券+银行+新型农业经营主体

"政府性债券+银行+新型农业经营主体"服务模式，由各级政府发行用于农业现代化基建及美丽乡村建设、数字乡村建设等战略实施的政府专项债券。由银行业金融机构充当为政府专项债金融支持范围内的新型涉农经营主体提供信用担保的角色，在此基础上银行也可以通过提供授信服务配合政府专项债券更深入地支持农村金融市场发展。

这种模式由地方政府发行债券+银行授信担保的方式，有效缓解了部分落后地区的县域及县域以下地方政府因财政资金匮乏而无法保障供给当地涉农金融需求的弊端。鼓励发行政府债券有助于新型农业经营主体拓宽获取财政资金补贴的渠道，进而提升政策性金融对农业农村现代化建设及农业产业融合发展的资金供给力量、持续释放更强的政策性资金支农效用。只有将政策性金融支持农村经济发展的效能发挥至最大化，才能更稳妥地保障金融持续支持农业基建和新农村改造。政府债券+银行支农贷款有利于各地方推进"三产融合"和特色产业发展，为农村金融环境的持续改善、涉农经营主体良性生产经营活动的展开源源不断地输送信贷产品和金融服务。

5.3.2 政策性产业基金模式

政策性产业基金模式的运行需要以政策性金融支农政策为指导、各级政府投入专项基金为依托。政府层面积极引导社会资本和商业性金融机构协同建立政策性惠农基金，专款专用。政策性惠农支农基金通过息费低、周期长、入股灵活等措施手段推行，通过高效率、低成本的政策性金融供给促进涉农领域经营主体发展，农旅、康养、研学等新型涉农项目通过此种金融服务模式能够得到较为及时有效的起步资金支持。项目落地后通过股权、股息红利的方式优化配置政策性扶持资金，同时在涉农项目盈利后将部分营收按比例返还社会资本，进而提高政策性资金使用效率、带动各方资本联动以提升其投身农村金融市场发展的主动性，形成周期资金、股权投资及信贷融资互补的涉农金融供给优势。积极探索良性农村金融市场发展环境的同时，建立并完善产业扶持基金等多样化的融资服务模式以提升政府支农惠农的政策力度。

"农业产业发展基金＋银行＋新型农业经营主体"金融服务模式是较为典型的政策性产业基金，以投资＋贷款互联互通的方式运行。此模式有利于扩大涉农经营主体范围和规模、有效拓宽直接和间接融资渠道，健全多层次、多元化、多维度农村金融市场投融资体系，进而推动农业供给侧结构性改革持续推进。

5.3.3 集中化经营服务模式

集中与细分相结合的管理模式是现代化农业、新型农村金融市场发展的必然趋势。根据不同地区的"三农"发展情况整合涉农资源和资金，探索采用集中化授信模式。同时，精准细分同类型农村产业，创新开发差异化涉农金融产品。

集中化经营服务模式的典型操作方式可以参考我国东部地区。东部地区是我国最大的农村金融市场，农业资源丰富、涉农群体规模庞大。农业生产生活高度集中，对涉农金融产品和支农服务需求旺盛。集中化经营服务模式在诸如我国东部这样的区域呈现出明显必要性。政府层面，应以补贴的方式将支农支小财政资金集中化分配和统一化监管。这种金融服务模式有利于提升农村金融市场发展的规范度和安全性，使涉农金融市场的发展逐步扩大化、规模化，从而带动广大新型农业经营主体提升盈利空间和生产经营规模。

集中化经营服务模式较为典型的案例是黑龙江省方正县稻米加工园区，该园的涉农企业基本都是以粮食生产加工为主要经营活动。这些企业集中开展业务，体现出这一区域有巨大的粮食需求。方正县农业产业供应主要由县辖区内部农户完成，农户们与粮食加工园区内的企业签订合作订单，当地农户和涉农经营主体需要充足的资金投入才能保障完成农业生产活动。针对这一农业产业状况，农业银行切合实际地为方正县粮食加工园开发出一套集中授信模式和农贷产品。根据园区企业与当地农户签订的订单，对同类型客户采用集中授权信用贷款的服务模式，将支农资金专项投入当地农业生产经营活动。同时，对交易订单产生后的各个环节实时进行监察、审查，最大限度地降低贷后风险、保证信贷资金使用效率。集中化经营服务模式向小规模零售涉农经营主体集中提供金融服务和信贷产品，依托产业园区集中授信、集中管理，在有效降低信贷风险的同时最大限度地对当地农户、农企展开农村普惠金融服务。

5.3.4 农业全产业链金融模式

积极推动供应链金融发展符合当前经济社会发展环境，特别是对完善农村金融市场体系有着重要作用。农业供给侧结构性改革更需要借力农业供应链金融的支持。农业全产业链金融需要银行业金融机构将龙头涉农企业与上下游相关企业一致关联，积极开发配套金融产品和业务的融资服务模式。产业链融资模式通过对农业全产业链条中各流程施行捆绑式授信的手段，向产业链中的农业经营主体提供一系列金融服务。提高金融机构向农业经营主体提供金融服务过程中的信息对称度，有利于双方高效合作、分担风险。农业全产业链服务模式依托现代信息化科技稳步升级，政府部门应积极出台相关支农政策，激励并支持银行业金融机构强化产业链金融服务能力。此种服务模式使农业现代化产业集群通过支农金融产品和服务等一系列配套机制得到进一步发展，将传统金融模式下支持的农产品加工逐步转向增值、储存、流通、贸易等全流程，持续带动相关产业链条上下游企业增加盈利空间。商业性金融机构依靠自身市场定位和优势，积极联动政策性金融机构、融资担保机构、保险类公司等多方共享金融信息及数据，降低各方运营成本的同时为农业全产业链、供应链提供更为便捷、安全、高效的信贷服务。

农业全产业链融资模式需要创新涉农领域抵押担保方式和拓展抵押物种类，积极探索完善农作物收益抵押、涉农订单抵押、涉农技术专利抵押等新型融资质押业务，推进以支农补贴作为担保物的试点建设。政府层面加大支农支小宣传力度，引导社会资本向涉农保险公司及涉农担保机构投入资金支持，持续加大对新型农业经营主体的政策倾斜力度。逐步健全完善涉农授信风险补偿机制、建立政府财政贴补"三农"领域贷款专项资金。通过搭设组建质押登记信息平台逐步健全农村产权交易市场发展环境，金融机构应积极联动担保机构及第三方评估公司，共同推进与农业全产业链上下游相关的涉农抵押贷款产品和业务。同时，增加商业性金融机构与担保类公司的协同效用，从而强化银行+保险、银行+社会资本、银行+龙头企业+小微农业经营主体等多重涉农机构组合。针对不同地区涉农客群的金融需求，提供差异化、多元化的农村金融服务和惠农金融产品。同时，农村互助合作社等新型农村金融机构在农村金融市场环境中的地位稳步上升，这类金融供给方能为内部个体农户和小规模经营主体提供符合当地实际情况的金融服务和产品，由于对当地农村金融市场环境更为了解，能够更好地发挥自身优势为农企投入操作稳健、成本低廉的资金供给，从而保证涉农小微企业生产经营的资金链健康。

"银行＋龙头企业＋农业企服＋农业产供销经营主体""金融服务模式是典型的农业全产业链融资服务，此种供应链融资模式充分利用人工智能、区块链、云计算等先进科技提高产业链条上下游农企的生产经营效率，同时有利于涉农金融机构规范信贷融资原则，进而分担政府因财政补贴造成的资金压力。

5.3.5 内部信用合作模式

内部信用合作模式鼓励涉农主体通过参股方式投入农村"三产融合"建设中，共享农村金融发展成果，使农业经营主体有机会获得更高经济收入，逐渐结成以乡镇居民、内部家族等为核心的新农村建设合作体，使农村居民享受到金融市场发展所带来的经济效益。此种模式有利于集合资源和资金，取长补短、强强联合，进而逐步取代传统金融单一的金融服务模式，形成多点对多点的农村金融互助合作服务模式。降低农村金融机构运营交易成本，使节约的成本投入涉农金融产品的开发，普惠"三农"领域，进而形成良性金融环境。内部信用合作模式通过家族、亲属等熟人关系形成道德层面制约，大大降低单纯依靠信用合作方式产生的潜在风险。新型农业经营主体通过内部信用合作获得多渠道、多样化金融资金与资源支持，更好地满足生产经营过程中产生的资金需求。此种金融服务模式原理和实操简易，一定程度上省去了传统金融服务因流程烦琐而对参与方产生的一系列限制。内部信用合作模式通过内部参与主体缴纳入股资金的方法完成，资金吸纳和存储等环节通过成立互助、合作基金等措施实行。背靠政府部门监督管理，内部信用合作金融服务得到进一步优化。

内部信用合作模式的典型操作方式是村集体担保授权信贷服务，农村金融机构通过不断更新授信参与主体和完善信贷担保模式，进一步升级了授信主体范围和授信担保规模，以期更有效、有序地加强金融支持农业农村市场环境发展的力度。逐渐改变传统金融围绕单一个体开展金融服务的模式，将金融产品和服务覆盖范围拓宽至包括村集体在内的全范围农业经营主体，以村镇集体授信、互助互担服务模式开展农村金融业务，从而不断扩大授信群体、降低业务成本与贷后风险，提升农村金融服务水平的同时完成了金融机构自身盈利最大化。

内部信用合作模式下衍生的村集体授信模式，典型案例为福建省沙县的西郊村，特殊的地理环境导致当地土地资源严重稀缺。然而，西郊村的农户经济和集体经济却呈现繁荣优势。当地农民主要依靠营生特色饮食获得经济收入，村集体内部互联互助成立公司和工厂，为大部分当地居民的生产生活提供了经济来源。当地成功吸引了农业银行为其开展金融服务，即农行与当地村委会签订合作协议，以农行提供信贷支持、村委会承担为农行遴选优质客户的方式合作。合作期间村委会协助银行完成放贷、调贷及贷后监督审查等工作，联动协作、互惠互利。农行根据对西郊村农业生产、生活实际情况的调研，有针对性地为村集体开发专属金融服务和支农金融产品。同时，以自身市场定位高的优势引进担保公司，降低当地村民因信贷业务可能带来的风险，通过为西郊村授信业务提供安全保障使这种村集体授信模式得到更多农业经营主体的关注和认可。此种信贷服务模式将传统金融授信主体进行了升级，多元化、多渠道授信模式有利于个体农民、村镇集体以及广大新型农业经营主体与银行业金融机构及融资担保机构之间联动合作，使涉农经营主体更大规模和程度地享受农村金融服务和信贷产品，从而双向提升了新型农业经营主体与涉农金融机构的盈利空间。

5.4 农村金融服务创新的保障措施

农村金融在支持"三农"发展进程中起着至关重要的作用，持续加大金融推动农村地区经济发展力度需要通过创新农村金融产品、提升农村金融服务水平、调整农村金融资源结构和资金流向等手段完成。农村金融业务自身盈利性较低，针对农村地区"融资难、融资贵"等一系列问题，应积极引导金融资源投向"三农"领域，从而有利于城乡金融服务均衡供给、破除城乡二元经济结构，更快、更好地实现社会主义新农村建设。农村金融产品的创新和服务模式的优化需要从政府层面获取支持，从资本市场良好环境等多方面获取保障。

5.4.1 强化政府支持引导作用

提升农村金融服务水平、完善整体农村金融环境过程中，政府扮演着重要角色。政府层面必须加强引导和支持力度，在制定农村金融政策和监管农村金融市场的同时，着重在涉农领域建立长效机制。政府各部门根据地区经济发展特点和呈现问题因地施策，有针对性地制定利于农村金融发展的"三农"经济政策。

（1）加大农村金融机构服务农业、农村、农民政策扶持力度

多角度、多层次引导资金进入"三农"领域，制定并实施有利于涉农金融机构开展涉农业务的扶持政策，拓宽金融机构盈利空间，激发其服务农业农村现代化、涉农企业和新型农业经营主体的动能，使金融机构在发展自身的同时带动农村地区经济增长。

（2）提升新型涉农金融机构服务水平

农商银行、村镇银行等日益成为支持农村金融发展的重要队

伍，更是贫困偏远地区供给资金的主力军。涉农政策应更广泛、更深入地惠及此类金融机构。财政上，着力对农村金融业务给予税收优惠政策，将倾斜重点集中在参与农村金融市场发展的供给方，通过激发市场主体活力持续推动金融供给有序增加。货币上，引导并支持涉农金融机构将资金按合理比例投向农村市场，运用好差异化存款准备金制度、农村金融利率政策、再贷款支持与存款保险制度等，完善再贴现方式和公开市场操作，协调好贴息、定向降准、定向再贷款等政策工具以降低涉农金融机构运营、交易成本，为完善良性农村金融环境和农业基础设施改建提供坚实保障。

（3）增加和拓宽政策性金融资金供给数量及渠道

政策性金融在涉农资金支持上占据重要地位，其资金支持是发展农业农村的重要保障，改革优化政策性金融是"十四五"规划中一项重要任务。政策性金融改革要优化资金结构，包括加强对普惠金融、绿色金融、新型城镇化等的信贷投入，政策性金融应与商业性金融加强紧密联系，共同促进农村经济发展、完善农村金融环境。政府层面应不断完善财政政策、货币政策及监管体系等具体内容，更好地为农村金融创新和发展提供基石。

5.4.2 改善农村金融市场环境

农村金融发展需要依托良好的金融市场环境。现阶段，农村地区金融环境良莠不齐，特别在经济较为落后贫困地区存在诸多限制金融服务发展的因素。

（1）完善农村金融相关法律法规制度

《商业银行法》不能完全满足农村金融发展的实际需求，应尽快制定法律法规以规范农村金融机构的资金规模、资产结构、内部风控等，进而保证金融机构自身经营能力不断提升、涉农服务质量和范围不断提高拓宽。

(2) 加强农村信用体系建设

改善农村信用环境是金融机构健康、便捷地开展涉农金融服务的重要基石。推动基层银行机构、基层党组织开展"双基联动"，深入开展信用户、信用村、信用乡镇创建工作。力争攻克农村信用贷款发放难题，进一步增强农民契约精神、提升信用风险意识。根据我国"三农"领域发展的实际情况，优化符合国情的农村信用体系建设、建立农村信用信息平台、创建农户信用评估机制，从而为降低农村金融机构交易成本、增质提效金融服务能力提供信用保障。加强建设农村信用体系也有利于促进农村金融整体环境的良性循环、带动农村经济稳健运行。与此同时，应完善农业担保体系建设。合理有效地担保机制是创新农村金融服务模式的基础，政府应在担保机制创新、担保机构组建等方面予以大力支持，为农村金融服务创新提供强力保障。

(3) 提升资金使用率和资源配置精准性

商业性金融机构应多渠道、多元化构建数字金融应用场景，涉农金融机构应强化科技赋能，合规运用人工智能、云计算、区块链等金融科技展开业务流程和产品创新，着力推动线上金融发展，通过信息技术手段扩大农村金融机构服务覆盖面、通过创新涉农金融支付结算渠道带动农村经济快速发展。提升金融机构专项资金管理水平，因地制宜对农业经营主体进行扶植补贴，明晰专项资金使用范围和操作流程。运用互联网科技建立信息化数据管理平台，备案资金使用情况，公开资金动向监管，同时利用传媒手段大力宣传涉农政策，让更多农业经营主体知悉资金使用规范，从而提高涉农资金的使用率和精准度。积极推进农业供给侧改革，使农民资产权益和资金流动性得到有效保障。保障金融机构支农支小资金顺利、及时投向"三农"领域，有效保证农村金融供给适配金融需求。推进农村资本市场发展，优化农产品价格机制，完善"三农"领域资本运营环境，积极引导社会资本进入农村市场，促进层次完善、种类丰富的农村金融服务和产品创新体系。

5.4.3 健全多层次农业保险体系

农业保险体系是整体农村金融市场的重要组成部分。逐步建立健全的农险系统，拓展农业保险服务"三农"的规模和范围，积极开发农险业务和产品种类，从而巩固保险公司支持农村金融发展的市场地位。创新涉农保险服务及农险产品种类能有效维护农村资金供给的稳定性。农业发展受自然灾害风险等不可控因素的影响较大，农业产业效益需要更大力度的支持保障，这使得涉农领域更依赖于保险体系对不可控风险的规避与转移。同时，农业保险体系也为农村金融机构提供保障服务，能够助力金融机构更健康地开展涉农金融业务，稳固农村金融市场整体环境。

拓展涉农保险业务的过程中，政府应积极引导并支持健全相关法律法规，明晰包括基本险种、保险标的、保费浮动区间等在内的各项农业保险业务指标。农业保险业务要因地制宜、因地施策地开展，与各层级保险金融机构建立紧密联系与协作，有针对性地开发符合地方产业特色的农险产品，使保险产品能更好地融入地方金融体系。健全多层次农业保险体系需要政府积极发挥引导职能，加大和拓宽对农业保险机构的扶持力度和规模，政府在保证农业保险稳健发展的过程中扮演极其重要的角色。

（1）推行农业保险业务试点、创新资金供给模式

各级地方政府应加大对农业保险业务试点的推广力度。政策层面出台优惠措施，因地施策组建涉农保险服务机构，积极引导社会资本进入农村，推动地区农业经济持续、健康地发展。

（2）完善支农支小涉农金融政策协同联动机制

着力以财政补贴方式展开资金扶持农村金融业务的工作，持续加大农险覆盖范围，创新涉农保险产品和服务。政府、保险机构及各类农业经营主体多元化通力合作，降本增效服务"三农"领域，不断巩固农业保险在促进农村金融发展过程中的作用。

5.4.4 优化农村金融风险保障制度

政府层面，积极完善涉农政策性金融和农险担保组织，依靠政府主体构建农村信贷担保风险补偿体系，降低金融机构涉农业务风险，充分激发银行、保险等金融机构向农村信贷市场投入资源和资金的积极性。政府以财政补贴方式，鼓励更多涉农承保主体根据各地区农业产业特点因地施策，创新农险品种，同银行业金融机构紧密合作服务"三农"领域。

金融机构层面，积极创新农村金融产品和服务模式，监管部门持续加强监督防范潜在金融风险的能力，严控"杠杆率"等核心指标以强化金融风险防控。多层次、多维度探索建立高效合理的风险共担机制，形成各地方政府、农村金融需求主体与农村金融机构等多方共担风险的良性经济环境，进而推动金融更高效地服务于"三农"领域。

政企合作层面，政府通过相关政策降低农村金融运行成本，银行业金融机构持续扩大涉农贷款范围和规模，保险类金融机构积极创新农业保险产品、拓宽投保渠道，为农村投保群体降低保险服务成本，多方共同抵御不可抗力灾害带给农业经营主体的损失，提升涉农信贷资金安全性。持续优化风险保障制度，弥补"三农"领域经营主体资金弱势的不足，推动农村金融服务创新在更安全、稳健的金融环境中开展。

5.4.5 构建农村金融服务创新长效机制

农村金融处于整个经济社会的薄弱领域，持续强化农村金融服务机制建设，强力推动"三农"领域普惠金融、加大实施精准扶贫力度是保障农村金融可持续发展的重要举措。银行业金融机构应不断为涉农小微企业、贫困地区涉农群体增加金融供给，持续完善

"互联网+普惠金融"综合性金融服务平台,通过持续优化金融产品、不断完善业务流程、充分运用金融科技等手段,逐步降低涉农服务成本。提高农村金融服务效率。金融机构要建立向"三农"领域加大普惠金融力度的长期战略和长远目标,通过强化机构在农村普惠金融服务各环节的考评指标,及时、精准挖掘普惠金融服务盲区,以保证"三农"领域普惠金融力度持续、稳健地增加。政府层面,坚持以"精准扶贫"为导向,秉承"单列信贷资源、单设扶贫机构机制、单独考核扶贫绩效、单独研发扶贫金融产品"四项金融扶贫原则,建立贫困户信息档案,精准锁定贫困主体,使金融在支持弱势涉农群体、提升精准扶贫能力等方面得到最大限度地发挥。积极创新农村金融服务模式,特别是构建金融扶贫可持续机制有助于帮助更多的涉农群体平等、及时地享受金融服务。

(1) 培育多层次农村金融市场

充分发挥不同性质金融在支持农业、农村、农民发展进程中的特定作用,深化农业供给侧结构性改革;引导和激励社会资本流入乡镇银行、农村资金互助合作社等小规模农村金融机构,使农村地区新型金融机构在创新产品和服务方面获得有效保障;鼓励并支持大中型商业银行拓宽"三农"服务,积极投身于农村金融市场竞争环境;指导和督促各类营利性金融机构针对农村金融服务设立专业部门,提升服务"三农"专业度。

(2) 加强信息互联和监测评估

农村金融环境错综复杂、发展良莠不齐,通过加强各涉农金融机构间的交流合作形成取长补短、共同进步的良性市场环境,激励金融机构持续推动农村金融服务创新,针对"三农"群体在金融领域呈现的难题进行积极探析和研究。

(3) 强化支农政策宣传力度与普及

积极制定有利于农村金融发展的涉农政策,通过多样化渠道和方式,持续加强宣传、科普力度,向广大涉农群体提供农村金融服务创新成果和"三农"发展动态,加大对农村金融先进经验和典型案例的宣讲力度，从意识形态上推动农村金融服务创新形成良性循环发展，保障农村金融服务创新更广泛、更及时地覆盖至农业产业领域。

5.4.6 提升农村金融供需均衡水平

金融机构应充分运用互联网科技手段将金融数据及时推送利益主体，创新互联网金融发展模式、突破传统经营方式弊端，通过大数据分析不同农业产业发展类型的金融需求，有针对性地为农业经营主体开发信贷产品。政府、金融机构及第三方组织紧密合作，根据不同种类的农业生产经营活动积极创新金融服务模式，通过灵活运用担保、租赁、抵押等手段降低农村金融风险。根据各地区经济发展特点，差异化组合、分配涉农资源和资金，针对不同产业、经营主体的特点提供金融产品和服务，从而满足农村不同地区经济主体的金融需求，提供有效金融供给。

进一步深化农村金融改革，优化政策性金融在涉农领域的空间布局，增加乡镇金融机构的网点分布，提升新型农村金融机构服务专业度，探索村镇银行和互助合作组织的多元化经营模式。拓宽农村资金需求吸纳渠道、积极引导社会资本向农业农村聚集，从而激发农村资本市场开放活力。同时，政府以财政补贴方式激励各类金融机构信贷业务向"三农"领域倾斜，协同新型农村金融机构逐步提升服务农村地区的覆盖率和认可度。

（1）完善农村金融供给体系

金融供给以要求各类金融机构能满足不同消费者的差异化需求为宗旨，形成错位经营和协调发展。县域金融是农村金融市场发展的重要支点，加大县域金融机构合理布局力度，提高金融服务质效，切合实际地支持所在区域及其辐射地区农业经营主体。不同性质的金融分工互补、协同合作，共同努力健全农村金融供给体系。各类涉农金融机构必须明晰自身市场定位、落实差异化经营。

(2) 根据农业供给侧结构性改革主线均衡金融供给

以供给侧结构性改革为目标方针,推动进一步完成农业去"去产能、去库存、去杠杆、降成本、补短板"五大任务。

①聚焦农产品结构调整产生的金融需求和农业生产方式转型、新型农业经营主体的金融需求。加大农村金融供给要以优化配置涉农资源、稳定生态环境、农业生产环境良好等农业新发展理念为核心指导,积极建设现代农业示范区、高标准基本农田设施、绿色健康食品研发区,对农业新技术的推广和应用提供可持续资金支持,有针对性地满足新型家庭农场、新型农民互助合作社等农业经营主体的金融需求。通过开发绿色信贷产品等方式发展绿色金融,从而为"三农"持续提供稳健的金融供给,为农村增绿、农业增效、农民增收提供长期资金保障。

②聚焦涉农小微企业的金融需求。围绕特色产业导向优化调整这一群体的信贷结构,同时将惠农政策和资金支持力度向新型农业、科技产业等重点领域倾斜,保证中小微企业经营资金链稳定。

③聚焦美丽乡村建设和新型城镇化发展的金融需求。政策性、开发性、商业性银行应积极加大对新型城镇化基础设施建设的支持力度,持续扩大对教育、医疗、养老等城乡居民公共服务的信贷投入,拓展完善农村金融供给空间和布局。

④聚焦农村金融领域的消费需求。现阶段,农村经济转型和农民收入持续增加,农村消费已步入快速增长期,农村消费空间潜力巨大。银行业金融机构应积极开发针对农村消费领域的金融产品,满足农村居民消费需求增长,持续加大农村消费金融供给,进而打造农村金融消费升级版,为完善农村整体金融市场环境发展做出贡献。

第6章 农村金融服务风险控制体系构建

2015年12月24日，我国中央农村工作会议中首次提出了农业供给侧结构性改革这一历史任务。为了顺利实现我国农业供给侧结构性改革的目标，我国农村金融机构有责任且有义务在金融服务方面贡献出自己的一份力量。就金融服务而言，农业供给侧改革要求我国农村金融机构为涉农企业和农村居民拓宽融资渠道、丰富涉农金融产品和服务、带来更多的金融资本，进一步推进我国农村金融市场发展，更好地解决我国涉农企业和农村居民融资难、成本高等问题。众所周知，我国传统金融机构的风险管理主要针对信用风险、制度风险、技术风险和市场风险等进行分离管理，而随着我国农村金融服务创新的迅速发展，容易诱发金融风险的因素也变得日趋复杂，金融危机已不再是由单一风险所导致，往往是由于多种因素相互影响、多种风险相互作用形成的。由此可见，对于我国农村金融机构的风险控制不能仅仅针对一种风险因素，而应对金融机构的整体风险进行全面度量。众所周知，风险度量与控制对于加强我国农村金融机构的风险管理、提高经营绩效、推动金融服务创新发展等方面发挥着极大的促进作用。因此，在农业供给侧改革背景下，加强我国农村金融机构的风险控制势在必行。

6.1 农村金融服务体系的风险特征

6.1.1 农村金融服务体系的复杂性风险特征

近年来，我国农村金融服务水平得到了显著提高。在推动我国农村金融主体多元化发展的同时，也极大地活跃了我国农村金融市场，丰富了我国农村金融体系，在一定程度上缓解了我国农村地区资金流通不畅、涉农资金供给不足、资金外流等诸多问题。然而，由于我国农村金融机构的准入门槛较低，农村金融服务创新尚处于早期阶段,其在内部控制、资产质量及人员素质等方面还存在着诸多问题,这将进一步加大我国农村金融服务体系的运行风险,严重制约其深入发展。为此,本节将从以下几个方面对我国农村金融服务体系面临的风险及其特征加以阐释。

(1) 人员素质较低,操作风险较高

人员素质水平的高低对农村金融机构服务创新的实践起着至关重要的作用,人员素质水平与企业经营管理能力、企业治理水平以及企业在市场中的竞争能力息息相关。人员整体素质水平的提高可以为企业带来先进的管理理念,提高企业的治理能力和治理水平。人员整体素质水平的提高主要有以下方式:通过加强对员工业务水平的培训,降低人为因素造成的操作风险;通过督促员工定期学习有关农业生产、农村金融市场、支农政策等知识,让员工不仅能够掌握银行的信贷业务,更能熟悉银行支农政策相关业务和操作流程;通过熟悉和了解当前国家相关政策,结合农业发展的行业动态,努力培养一批既懂银行信贷业务,又熟悉农业发展的复合型人才。在农村区域,缺少的就是人才。农村金融机构基本就近建立在当地农村区域,方便农民、农业企业办理业务,但农村经济发展水平低、工作条件差、整体人员文化水平低,所以很难招聘到学历高同时又有丰富工作经验的优秀人才。很多大学生通过高考考到了自己心仪的城市,毕业后也更愿意留在大城市,而不愿意回到农村去,尤其农村的生活环境和交通不及城市,更是劝退了一批回乡支农的优秀人才。在这种情况下,农村金融机构只能从当地聘任一些学历水平低、工作经验欠缺的人员。他们绝大多数缺乏合规意识和风险意识,很容易造成操作风险,而且农村地区人情世故氛围重,人与人之间更讲究关系,靠关系办事,容易将内控制度置之度外,使得控制机制形同虚设,金融风险一触即发。

(2) 管理机制不健全,内控风险较大

管理机制不健全主要体现在三个方面:其一,内部控制机制不健全。一些农村金融机构在成立初期,其相关机构管理制度、合规制度、风险管控制度等是依据现代企业准则建立的，但在后期执行过程中，往往由于内部监管不到位，导致一系列的规章制度形同虚设，引发内控风险。其二，内部管理职责划分不明确。一些农村金融机构的内部控制管理归属不一，权责不明确，有的部门同时对董事会和监事会负责，内部控制管理工作不规范，很容易导致管理工作缺乏系统性。其三，合规意识淡薄。部分农村金融机构从业人员合规意识淡薄，对相关政策的解读不够专业，对于业务操作流程不够规范，以经验代替制度，这种职业习惯会给农村金融机构运营带来很大的内控风险。相较于城市大型金融机构，农村金融机构的内控意识和内控能力有所欠缺，应对市场环境变动风险的能力不足。

（3）服务对象特殊，信用风险较高

信用风险也称违约风险，是我国金融机构面临的主要风险之一。我国农村地区信用体系还不完善，涉农企业和农民相关的信用记录不健全，可供参考的资产负债表、现金流量表等信息缺失严重。因此，我国农村金融机构在审核贷款人的资质时，很难对其信用资质做出准确评价，这无疑增加了农村金融机构的审核难度。另外，我国农村地区信息流通不畅，金融发展环境不佳，征信宣传不到位，大部分农户的信贷意识较为薄弱，在利益与违约、骗贷冲突频发的情况下，往往倾向于选择违约，因此我国农村地区总是存在不同程度的信贷违约情况。部分地区的农村居民对于信贷还缺乏基本认识，甚至存在认知上的误区。部分农户误以为农村金融机构的贷款服务是国家支农扶助政策，将获得的贷款视为国家的补贴，进而发生道德风险。而贷款通常是以信用贷款形式为主，不可避免地会产生违约风险。即便是有抵押物的贷款，但往往由于农业企业厂房证件不齐全，机器设备等抵押物难以变现等原因使得农村金融机构不愿向其发放贷款。加之农业生产注重时节，而贷款审核周期长且办理手续繁杂，往往容易延误农业生产的最佳时机，这就增加了农村金融机构发生信用风险的概率。

(4) 经营成本较高，盈利风险较高

首先，我国农村地区多以传统的农业种植为主，缺乏高新技术企业，缺乏高收益项目，导致农业生产盈利空间小。且传统的农业生产基础设施薄弱，生产力水平低，农产品产量也深受气候条件的影响，产量极不稳定。其次，农产品价格缺乏弹性，即使在丰收年份，农民也会因"谷贱伤农"导致收入极不稳定。而且农业生产从播种到收成周期长，生产周期往往在半年或一年以上，如果发生自然灾害，农民收入将会大打折扣。再次，农户多以种植业和养殖业为主，所需信贷资金较多，且盈利有限，因此对于农村金融机构而言，其面对的客户群体违约风险较高。另外，涉农企业和农村居民往往定期存款少，活期存款多，而金融机构通过发放贷款获取利润主要靠定期存款。因此，农村地区定期存款不足也增加了农村金融机构的盈利风险。

(5) 监管压力加大，监管风险增高

金融风险的形成不仅会受宏观环境影响，也会受到微观主体的影响。监管风险是指监管人员在监管工作中，由于主观和客观原因导致的判断失误，或者因做出的监管评价与实际不符，使得被监管的金融机构未受到应有的经济处罚，不利于宏观经济的稳定和发展。主观原因主要表现在监管人员数量不足、知识储备更新慢、原则性不强等方面。在农业供给侧改革背景下，监管部门降低市场准入门槛，导致新成立的农村金融机构数量激增且类型繁杂，监管部门的监管压力骤然增加，监管人员不仅要执行日常监管工作，还需要进行非现场监管、现场监管等工作。加之国际金融环境、国家政策、金融机构业务的不断更新变化，要求监管部门从业人员的知识储备也随之更新，使得监管工作压力大，监管难度增加。另外，当监管人员与被监管机构之间的关系变得密切时，也会影响监管人员的专业判断。而客观原因主要在于风险成因复杂、监管对象复杂、金融机构的经营策略不一致等方面。监管对象不仅包括银行、证券、保险等传统金融机构，还包括业务性质与银行类似的准金融机构,诸如贷款协会等。监管人员不仅要了解监管对象的经营范围,还需要监管其投资运营行为,加之部分农村金融机构的运营策略不同,监管部门在合规性检查中需要分别与企业、客户进行核证,这无疑增加了监管部门的监管难度,同时也给监管工作带来了一定的压力。

6.1.2 农村金融服务体系的系统性风险特征——基于CoVaR模型

(1) 研究方法与模型设计

20 世纪 80 年代,美国摩根大通银行的董事会主席丹尼斯·韦瑟斯要求风险管理部门运用最简洁、直观的方法汇报未来 24 小时银行整体资产的风险敞口和暴露情况,而相关工作在 1990 年才完成,同时,一种衡量资产风险的全新方法——在险价值 VaR(Value at Risk)也逐渐得到市场的认可。在险价值是现如今衡量金融机构系统性风险水平的重要指标,表示金融机构资产或投资组合在一段持有期内,有 q 的概率确保最大损失不会超过 VaR,其计算公式为如式 (6-1) 所示。

$$\text{VaR} = \int_{-\infty}^{\text{VaR}} f_t(x)dx = q = F_t^{-1}(-q) \quad (6-1)$$

其中,t 表示任一时刻,x^i 是某种风险损失的价值,$f_t(x)$ 表示 t 时刻资产或投资组合损失量的概率密度函数,而 $F_t(x)$ 是其累计分布函数,q 表示给定概率,因此有 $P(x^i \geq \text{VaR}_q^i) = 1 - q$。从经济含义上看,VaR 是一个包含了概率、时间、价值信息的风险统计量,可以直观地反映出一段时间和概率下的风险损失的程度,而金融机构可以根据该数值作为参考,调整损失准备金,从而更好地对冲潜在风险。同时,也可以用分位数模型测算 VaR,计算过程如下:

$$r_t^i = \alpha^i + \gamma^i \sigma_{t-1} + \varepsilon_t^i \quad (6-2)$$

r_t^i 表示金融机构 i 在 t 时刻的收益率，σ_{t-1} 为金融市场在 $t-1$ 时刻的总体波动率。假设给定概率水平或分位数 q，则在险价值 VaR 为：

$$\text{VaR}R_{q,t}^i = \hat{\alpha}^i + \hat{\gamma}^i \sigma_{t-1} \qquad (6-3)$$

然而，在实际操作中，传统 VaR 方法忽略了不同资产或投资组合内部之间的联动性，无法描述单一金融机构对其他金融机构乃至整个金融市场的风险溢出情况。为了克服这一问题，考虑不同资产之间风险溢出的条件在险价值 CoVaR 被开发出来。例如，$\text{CoVaR}_q^{s|i}$ 表示金融机构 i 出现 VaR_q^i 的风险损失时，整个金融市场 s 的条件在险价值，因此有 $P(x^s \geq \text{CoVaR}_q^{s|i} | x^i = \text{VaR}_q^i) = 1 - q$。CoVaR 也可以利用分位数模型进行测算，如式（6-4）所示。

$$\text{CoVaR}_q^{s|i} = \hat{\alpha}_q^{s|i} + \hat{\beta}_q^{s|i} \text{VaR}_{q,t}^i + \hat{\gamma}_q^{s|i} \sigma_{t-1} \qquad (6-4)$$

总体来说，传统 VaR 模型测度了单一金融机构或投资组合的风险价值，而 CoVaR 是某一金融机构或投资组合或金融市场整体在特定金融机构或投资组合的风险损失条件达到 x^i 下的 VaR，换句话说，CoVaR 的本质是一个条件分位数。

若要测算某一金融机构或资产组合对整个金融市场的风险溢出程度，可取金融机构或资产组合收益率在正常和极端两种条件在险价值之差 ΔCoVaR_q^i 来衡量，具体如式（6-5）所示。

$$\Delta\text{CoVaR}_q^i = \text{CoVaR}_q^{s|i} - \text{CoVaR}_q^{s|i,m}$$
$$= \hat{\beta}^{s|i}(\text{VaR}_{q,t}^i - \text{VaR}_t^{s|i,m}) \qquad (6-5)$$

其中，m 指的是金融机构 i 的收益率处于中位数水平。此外，ΔCoVaR_q^i 一般为负数，该数值越小，则金融机构 i 对金融市场的风险溢出越强。进一步地，为了克服 ΔCoVaR_q^i 量纲不统一的问题，可以对其进行标准化处理：

$$\%\Delta\text{CoVaR}_q^i = 100\% \times \Delta\text{CoVaR}_q^i / \text{VaR}_q^i \qquad (6-6)$$

（2）指标选取与实证分析

农村金融机构服务创新的主体是上市农村商业银行等具有重要

地位的金融机构,其市值波动对农村金融市场具有重要影响,而随着金融机构之间的联系越来越密切,上市农村商业银行之间的风险溢出与传导效应也十分显著,因此,测度上市农村商业银行的风险价值及其风险溢出效应对于农村金融市场的稳定与安全具有重要现实意义。

为了测度我国农村金融机构的在险价值及其系统性风险溢出,本书基于数据样本跨度统一原则,选取我国 5 家在 A 股上市的农村商业银行 2019 年 1 月 2 日至 2021 年 12 月 31 日的股价日交易数据,对农村商业银行的风险情况进行分析。研究期内,中国经历新冠疫情冲击和中美贸易摩擦等事件,可以反映系统性风险变动的影响。

对于农村商业银行的收益率 r_t^i,采用每日股票收盘价与上一日收盘价之比取对数进行衡量,即:

$$r_t^i = 100\% \times \ln(V_t^i / V_{t-1}^i) \quad (t = 2,3,\cdots,N) \quad (6-7)$$

同时,取样本期 5 家农村金融机构各自市值均值与总市值之比作为比例,构建农村金融市场整体收益率。各上市农村商业银行股票日收益率如表 6-1 所示。

表 6-1　　　　上市农村商业银行股票日收益率

名称	样本	均值	方差	最小值	最大值	偏度	峰度	J-B 检验
苏农银行(v1)	728	-0.014	0.775	-4.984	4.156	0	0	2210
江阴银行(v2)	728	-0.017	0.713	-8.249	4.139	0	0	30000
常熟银行(v3)	728	0.005	0.931	-4.559	4.169	0.2219	0	395.5
张家港行(v4)	728	0.002	0.888	-4.604	4.170	0.6027	0	1283
紫金银行(v5)	728	-0.018	1.156	-4.596	4.171	0	0	980.1
农村金融市场(s)	728	-0.010	0.802	-4.582	4.149	0.0103	0	1151

2019 年随着新冠疫情的爆发与中美两大经济体展开贸易摩擦,国内各层次金融市场均受到了较大程度的影响,金融市场波动率明显提高,对上市农村商业银行也造成了一定的冲击。如图 6-1 所

示，可以明显看出，2019 年以来，上市农村商业银行每日收盘价均存在一定程度的下跌。

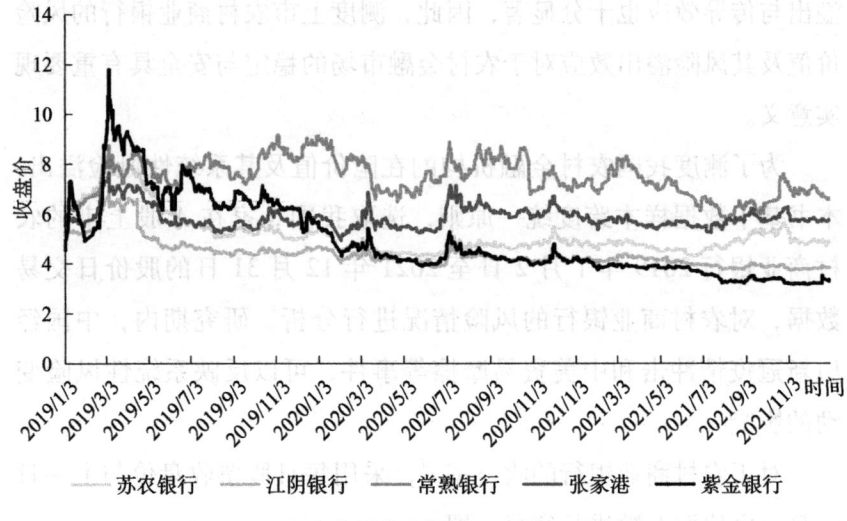

图 6−1 上市农村商业银行 2019 年 1 月 3 日至 2021 年 12 月 31 日每日收盘价

图 6−2 给出了各家上市农村商业银行日收益率的分布图，图 6−3 给出了各家上市农村商业银行日收益率的 QQ 图，从中可以看出各农村商业银行应对疫情等风险事件冲击的表现差异。结合各图与表 6−1 可以发现，部分上市农村商业银行存在一定的尖峰厚尾特征，但整体来看仍然接近正太分布假设，此时应用测算农村商业银行的 VaR 是较为合理的选择。

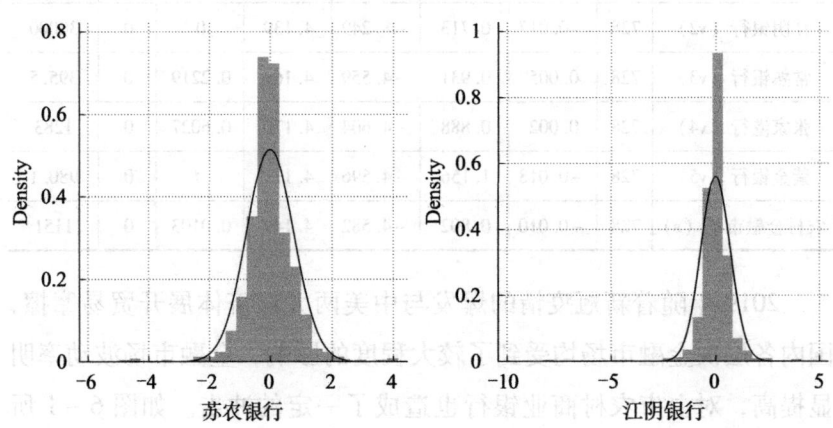

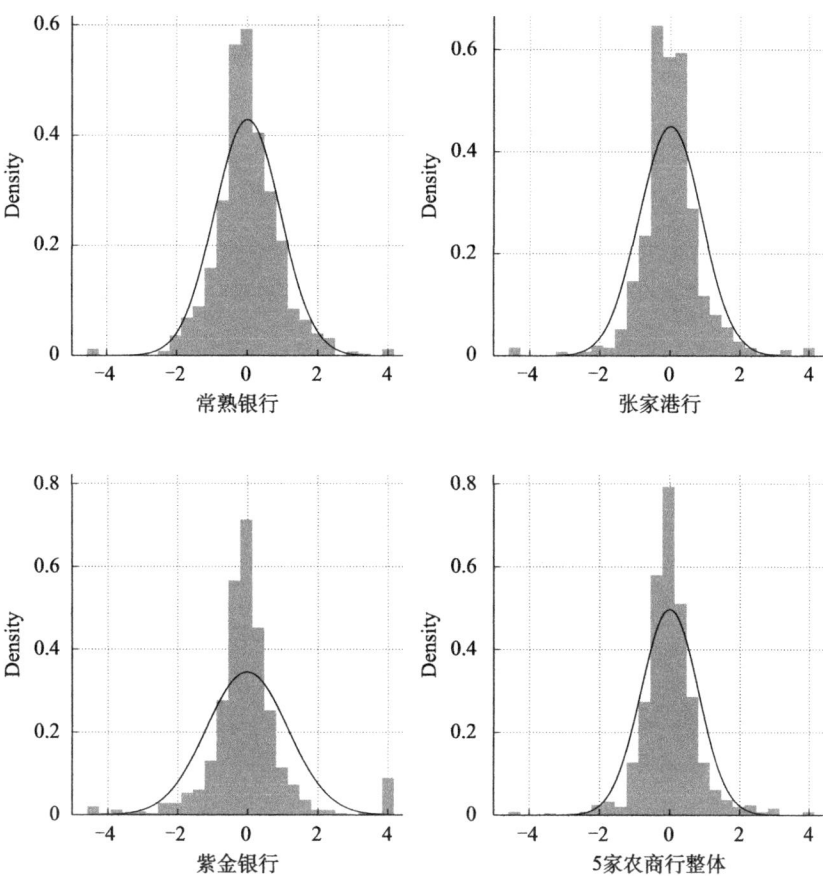

图 6-2　上市农村商业银行股票收益率分布图

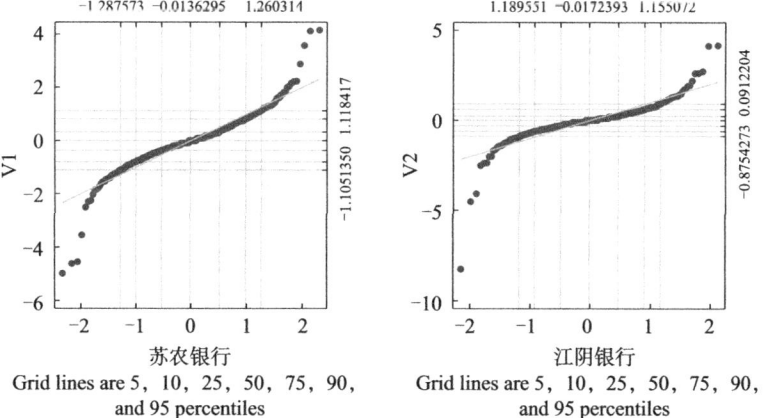

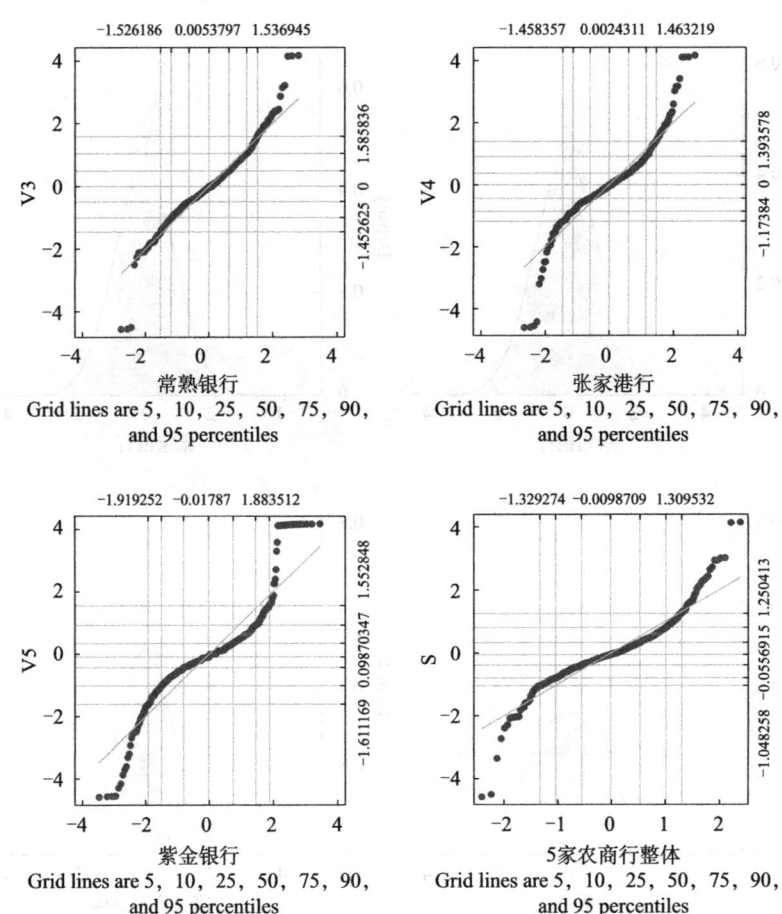

图6-3 上市农村商业银行股票收益率QQ图

进一步地，本书为了重点考察农村金融市场整体系统性风险对各上市农村商业银行的风险溢出效应，取 $q=95\%$ 时，即0.05分位数进行后续分析。测算结果如表6-2所示。

表6-2 基于分位数模型计算各上市农村商业银行的风险估计结果

名称	VaR	CoVaR	deltaCoVaR	%deltaCoVaR
苏农银行	-0.011	-1.618	-0.937	84.55%
江阴银行	-1.108	-1.618	-0.937	94.39%
常熟银行	-0.912	-1.513	-0.861	63.98%
张家港行	-1.465	-1.792	-0.937	66.82%
紫金银行	-1.176	-1.443	-0.785	54.57%

表6-2给出了5家上市农村商业银行的VaR、CoVaR和系统性风险溢出估计结果。不难发现，各上市农村商业银行对农村金融市场的风险溢出效应较强且CoVaR绝对值均大于VaR的绝对值，可见基于分位数条件下的CoVaR模型可以更为全面地捕捉上市农村商业银行的在险价值，如果仅采用传统VaR模型，可能会低估各农村商业银行对农村金融市场的风险溢出效应。基于VaR模型的风险程度排序为张家港行＞紫金银行＞江阴银行＞常熟银行＞苏农银行，而基于CoVaR模型的风险程度排序为张家港行＞江阴银行＝苏农银行＞常熟银行＞紫金银行。两种测算方法存在一定的差异，但总体而言，张家港行的风险水平相对较高，需要特别注意这个现象。

（3）基于CoVaR模型测算农村金融机构风险特征的讨论

现代金融机构风险事件的突出特征是传染速度快、危害程度高，这对金融监管部门提出了新的要求，即如何控制单一金融机构对其他金融机构乃至整个金融市场的负面影响。对于农村金融机构来说，尤其是农村商业银行，科学测度单一机构金融风险及其对系统性风险的溢出，对促进整个农村金融市场稳定都具有重要的现实意义。本书基于VaR、CoVaR、ΔCoVaR和%ΔCoVaR多种风险测量方法，对我国部分上市农村商业银行的在险价值及其对系统性风险的溢出效应进行分析，研究发现，捕捉单一农村金融机构对农村金融市场的冲击是十分必要的。遗憾的是，由于一部分农商行在港股上市，与A股市场的联动关系不清晰，未能纳入实证样本，还有一部分农商行上市时间较短，不能形成充足的数据量，也未能纳入考虑。但随着时间的推移，更多农商行走向上市，大陆A股市场的有效性也逐步提高，基于在险价值VaR及其衍生方法的风险计量技术将大有用武之地。

此外，对于其他未能上市的农商行、农合行、农信社以及其他新型农村金融机构来说，并没有公开市场测算其市值或股价，因此，还需要其他途径分析其在险价值。比如，采用对冲法或BS模型测算农村金融机构的价值，然后基于价值角度测算 VaR 或者采用核心资产的收益率测算 VaR。但是这样的测算方法将会受到信息不对称、不透明等问题的限制，因此，还需要由金融监管部门统筹协调，在统一框架下设计监管方案，才能够加强捕捉农村金融机构对整个农村金融市场的风险溢出。至于农村金融机构方面，也应持续开发创新型风险管理工具，不断加强内部风险识别与计量能力，充分运用内部控制、审计和外部审计的优势，构建完善的风险管理制度。

6.2 农村金融服务创新中的风险和分类

6.2.1 农村金融服务创新中的潜在风险因素

农村金融机构的服务对象是农民和涉农企业，接触的是农业，农业生产过程中存在三大风险。首先，自然风险是农业面临的最大风险。农作物的种植、生长和收获均离不开自然环境，同样，自然环境的恶化也会摧毁农作物的生长，因此，农作物的产量与自然环境息息相关。其次，市场风险是农业面临的第二大风险。市场经济中，农产品最终以商品的形式在市场中进行交易。大数据时代，市场互联互通，商品价格不仅受当地市场供需影响，还会受国内甚至国外市场波动的影响。因此农产品因受市场风险的影响，导致农民收入得不到保障，农村金融机构为农户提供的贷款风险自然就高。最后，社会风险也是农业面临的不容忽视的风险。社会风险主要是指农作物产量受社会行为影响的一种风险，主要包括生产资料的不当使用、土地被污染、宏观环境变化等。农业面临的三大风险同样也应该视为农村金融服务创新中将会面临的潜在风险因素。

金融机构因经营货币等特殊金融商品会面临更高的风险，农村金融市场是整个金融市场不可分割的一部分，风险具有传递性。同时，金融机构或金融市场对于风险的承受能力都有一定的限度，超过这一限度就会给金融机构带来经济损失，甚至会导致金融机构破产。金融机构作为货币资金链上的重要一环，一旦发生金融危机，市场投资者的悲观情绪会影响股市价格，导致企业资金链断裂，工人失业率上升，社会出现动乱，影响经济稳定。创新伴随着风险，农村金融服务创新在提高经营效率、降低信贷风险的同时，也会带来新的风险。这些风险会伴随着农村金融服务创新模式的推广和可持续发展的过程。为了降低和预防风险，首先有必要了解潜在的风险因素，如下对风险因素的总结主要从农民、金融机构和地方政府三个角度展开说明。

（1）农户自身存在的风险

首先，农户从事的农业生产存在生产风险。原因主要有两方面，其一，农业生产是一项投资风险高、收益率不稳定的行为。农作物的生产深受自然环境的影响，风调雨顺，则五谷丰登，可一旦发生自然灾害或是病虫害就会导致农作物产量骤减甚至颗粒无收，农民辛苦一年的劳作和投资就付诸东流了。同时农作物市场价格弹性小，哪怕丰收年份，农民的收入也有可能不如产量欠佳的年份，"谷贱伤农"说的就是这个理儿。所以由农民收入不确定带来的还款能力的不确定，会使农村金融机构的不良贷款风险增加。其二，农业生产中存在的技术性问题，农业生产也是需要生产技术的，在农作物生长过程中，需要播种、栽培、施肥、修剪等，也有可能发生操作不当，致使农产品减产，造成生产风险。

其次，农户可能存在信用风险。主要表现在两方面，其一，农村法治建设不完善，法制宣传不到位，农民信贷意识普遍较薄弱，而且农户信贷违约的约束力不强，加剧了农户违约的风险。比如农户以自有房为抵押向金融机构贷款，但是违约后，金融机构无法处置农户的自有房，不仅没有拍卖市场，而且没有拍卖价值参考，所以对于农户来说，没有什么损失，但是对于金融机构而言，却造成了一笔信贷损失。其二，农户谎报融资用途，不正当使用融资。例如，农户通常会以购买现代化设施，机器设备等扩大再生产投资为由进行融资贷款，而实际中，却把资金用于生活消费中。

(2) 农村金融机构管理机制和内控制度不健全

农村金融机构的经营原则、经营机制、风险防范制度等尚未完全建立完善，金融市场的风险波及范围广，危害程度深，一旦风险破防、监管不到位，很容易造成大范围的金融危机。农村金融机构形成时间晚，而且农村金融机构不同于城市金融机构，对农村金融机构的风险预防体系和贷后风险监管体系等要结合农村区域的特点，因地制宜地构建相应的制度体系。目前在农村地区尚存在一些需要改进的风险管制问题。一方面，在农村区域，缺乏风险监测以及风险预警体系，这样农村金融机构很难识别出潜藏的风险因素，很容易置身于高风险当中。另一方面，农村地区缺乏分散存款风险的存款保险制度，存款保险制度的缺失会使农户的存款缺乏安全保护，一旦金融机构出现经营危机，业务风险增加，将连带性地出现信贷危机，同时，农村地区尚未建立风险转移机制，很容易发生金融机构间的连锁反应，导致风险迅速扩散至其他地区、其他金融机构，加剧农村金融的脆弱性，产生系统性金融风险。

(3) 地方政府过度干预

地方政府对农村金融的过度干预是建立在农村金融机构对地方政府的过度依赖性上。一方面，农村金融机构成立初期，资金相对匮乏，体制不够健全，需要政府进行资金扶持和政策指导，所以，长期以来区域性的金融机构甚至农村金融机构对地方政府的依赖性较强。另一方面，在农村政绩考核下，地方政府迫于政绩的压力通常会盲目地推广项目，扩大开发，忽略了当地自然条件和经济发展水平的适宜性。一旦项目在推进过程中出现问题，农民收入将受到影响，农民没有激励归还信贷资金，同时农民缺少抵押资产，农村金融机构只能求助于政府部门，由此形成了农民被动借款，金融机构被动贷款的局面，由此构成地方政府过度干预引起的风险。

另外，地方政府对农村金融的过度干预表现为政府通过价格干预农村金融的发展。比如，政府通过规定存贷款利率直接进行价格干预，利率是货币的价格，当价格被扭曲，会打乱市场资金供需平衡，降低市场配置资源的效率。同时也会削弱金融机构通过市场发现价格、调节资金的能力，从而带来市场混乱，因此地方政府的过度干预也是潜在的风险因素之一。

6.2.2 农村金融服务创新中的风险类型

农村金融服务创新是为了给农村提供适宜的金融产品，满足农村多元化的服务需求，让金融更好更真切地服务农村经济的发展。金融之于经济，好比血脉之于肌体，金融发展水平决定了经济发展的效率。创新往往伴随着新生事物的诞生，新生事物对社会的适应与否往往都是未知的，因此创新会带来风险。研究这些风险的成因和特点，对于熨平金融系统的波动、为经济发展营造安定平稳的金融环境有着至关重要的作用，同时也为风险识别以及风险防控打基础。在这里，主要从信用风险、制度风险、技术风险以及市场风险四个方面展开说明。

（1）信用风险

金融市场的形成是建立在借贷双方相互信任的基础上，信用风险也是伴随着金融市场的形成而存在的，因此信用风险是农村金融服务创新中存在的主要风险之一。农村地区信用风险主要是农民或农业企业因农产品收成不好、抵押品减值、生产投资失败等原因造成的违约风险。信用风险是影响金融机构日常经营最基本的风险类型。另外，在信息透明度低、农民信贷意识薄弱的农村地区，农村金融机构更容易面临较大的信用风险。在经济发达的城市地区，人们通常会利用自己的征信情况申请车贷、房贷、消费贷等，个人的征信会直接影响其在银行申请贷款的额度以及还息的成本，由于征信与个人日常生活紧密联系，所以大家格外重视自己的征信情况；

相反在经济欠发达的农村地区，农民很少使用信用卡消费，也很少办理车贷、房贷，征信系统与其日常生活联系不紧密，因此农民对于信贷的重视度不够。因此在发生有违约倾向的事件时，农民没有还贷的积极性，这就更加剧了农村金融机构的信贷风险。而且部分地区的农民由于缺乏对贷款的基本认识从而产生道德风险。因此，为了有效推动农村金融服务创新的进程，首要的是增强对信用风险的识别和管控，提高农民的信贷意识，降低农村金融机构创新服务中的信用风险，更好地实现农村金融服务创新的支农效果。

（2）制度风险

制度风险一般是指产品或者产品所处的市场对国家政策制度敏感性的一种风险。农村金融服务创新中制度风险的存在会通过调控农村金融机构的存贷款利率，调控金融机构与农户、农村企业间的利润分配比例等影响农村金融机构的利润，甚至会导致违约现象的发生，因此制度风险也是农村金融服务创新的重要风险，对农村金融服务创新具有重要的影响作用。但是，从当前来看，国家对于农业供给侧结构性改革的态度是积极的，国家要求农村金融机构积极支持和服务农业供给侧结构性改革，为支农服务提供"源头活水"。特别是近几年，为了推进三农工作的进展，实现共同富裕，国家加强了对涉农金融机构支农的政策补贴力度，这也从侧面表明了农村金融服务创新中的制度风险不高。

（3）技术风险

技术风险是指农村金融服务创新中因受到技术水平的制约而无法继续推广使用的风险。技术因素包括诸如风险测评系统的搭建、金融信息共享平台的创建等。技术风险兼具系统性风险和非系统性风险的特点，其中，系统性风险体现在创新需要技术支持，技术是制约农村金融服务创新初期发展的重要因素；同时各农村地区的经济发展水平、创新水平高低不同，因此会出现各地区金融创新的目的和手段存在差异，因此又具有非系统性风险。针对技术风险的特殊性，要增强农村金融机构服务创新对农业供给侧结构性改革的成效，不仅要突破国家层面的技术瓶颈，为整个国家的农村地区构造一个金融支农的良好平台，而且各地区也要结合自身的环境区位优势，打造与自身发展相适宜的金融服务创新模式，实现区域内的技术突破。

(4) 市场风险

市场风险同制度风险类似，制度风险是指产品或者市场受国家政策调整的影响，市场风险主要是指金融产品的价格、交易量等易受金融市场的影响，而金融市场因对国家宏观调控政策敏感，从而受国家宏观调控政策的影响。另外，市场风险也反映了市场对金融产品和金融服务创新模式优胜劣汰的筛选作用。市场是买卖双方相互博弈的一个场所，新生的金融产品或者创新模式在市场中不具有超强的竞争力，就很容易被市场淘汰，或者市场根据供需均衡给定的市场价格过低，对于农村金融机构而言，资不抵债，同样会带来市场风险。同时，技术风险也是影响农村金融服务创新中不可避免的一个因素，随着物联网、大数据时代的发展，技术也在不断更迭换代，不断地突破技术瓶颈，也是创新路上的动力源，因此市场风险也是兼具系统和非系统风险的双重特点。

6.3 完善农村金融服务创新的风险管理基本体系

在实现全面建成小康社会的背景下，必须加快我国农村金融服务创新风险管理体系建设。在"二元经济结构"下，中国城乡差距进一步凸显了农村金融机构的脆弱性，进而对农村金融机构向农村居民提高涉农贷款和担保等资金支持造成消极影响，或延缓我国农村金融服务创新发展的进程。因此，推动我国农村金融服务创新发展必须首先完善农村金融服务创新的风险管理体系。我国正处于经济体制转型的关键时期，在推进社会主义新农村经济建设、加快解决"三农"问题的背景下,加快农村金融服务创新发展和风险管理体系建设是我国当下最紧要的任务之一。

6.3.1 加强风险管理意识

我国农村金融机构的企业文化是一种相对保守的企业文化,产品和服务创新与客户需求往往容易被忽视。在这种情况下,我国农村金融机构缺乏一定的风险管理意识、明确的经营目标和战略。因此,农村金融机构在进行创新性金融服务过程中要强化风险管理意识,建立重视风险管理与风险防范的企业文化,制定科学严谨的风险管理机制,才能使农村金融创新服务健康有序发展。一方面,具备先进的风险管理意识有利于农村金融机构开展创新服务的水平更加社会化和专业化;另一方面,也有利于农村金融机构员工养成合规与注重风险管理的意识,强化员工遵守企业规章制度,确保企业风险管理措施有序执行,保障风险管理措施的有效执行,减少农村金融机构经营过程中的不确定性,进一步提高自身的风险管理与抵御能力。具有全面的风险管理意识,不仅表现为先进的企业文化、全体从业人员的风险管理理念、农村金融机构经营战略中的风险管理意识,还体现在要把风险管理意识贯穿于企业的风险管理制度,进一步加强风险管理。

(1) 制定风险管理办法

根据贷款五级分类法,农村金融机构可以从风险管理的识别、评估、防范以及化解等流程进行总体系统设计,制定运营风险管理办法。其中的关键是要明确各个部门的管理职责,保证农村金融机构风险管理办法制定的合理性与规范性,从而保障我国农村金融机构风险管理办法的贯彻执行。

(2) 建立授权授信管理制度

我国农村金融服务创新主要针对"三农"行业,过于集中的授权授信业务容易引致系统风险的发生。因此,我国农村金融服务中的授权授信业务应在一定范围内进行，通过综合评价对单一客户在某一时间内的风险情况进行评估，从而确定最终的授信额度，进一步加强信贷风险管理，从而有效防范和控制农村金融服务创新过程中产生的运营风险。

(3) 健全贷后检查制度

在制定运营风险管理办法和建立授权授信制度的基础上，严格按照管理办法和相关制度贯彻执行是关键。除此之外，还应健全贷后检查制度，进一步优化贷后检查方法和流程，及时跟踪客户的信贷信息，同步更新其信用评级数据，做好后续保障工作。同时，完善贷后检查追责制度，及时对渎职与失职等行为进行处罚。

6.3.2 加快人才队伍建设

农村金融机构在吸收存款和发放贷款方面的能力较弱，且从业人员的学历、专业知识和技能以及业务素质普遍较低，间接导致农村金融服务创新效率低下，农村金融服务创新产品种类较少，难以满足农民和农业生产日益增长的多样化需求。农村金融服务创新需要人才，而我国农村地区由于基础设施和经济发展相对落后，长久陷入人才流失、人力资源匮乏的窘境，从而造成农村金融服务创新发展缓慢的局面。因此，我国农村金融机构必须加快人才队伍建设，不断提高从业人员的整体素质。

(1) 建立创新人才队伍，完善员工管理机制

农村金融服务创新是一项知识密集型劳动，需要依靠专业的人才队伍。农村金融机构从业人员虽然能够掌握大量农村信贷需求等信息，但往往会受到技术条件和专业人才的制约，导致农村金融机构创新金融产品和服务的供给不足。因此，要建立创新人才队伍，完善员工管理机制，健全信息反馈机制，积极获取农村金融市场需求信息，有针对性地开发创新金融产品和服务，及时满足农村居民的资金需求。

第一，吸收和培养专业的人才队伍。加快吸收和培养创新人才队伍是推动我国农村金融服务创新发展的前提，也是开展我国农村金融服务创新工作的基础。我国农村金融机构应积极与政府、高校以及科研院所等部门展开合作，聚集一批农村金融领域的专家为我国农村金融服务创新发展提出具有针对性的政策建议。同时，推进我国农村金融服务创新发展还要吸收一批具有先进的营销理念、科学的市场营销策略、完备的运营机制与服务手段的专业人才。

第二，建立科学的人才培训机制和考核标准。我国农村金融服务创新发展要求农村金融机构建立科学的人才培训机制和系统的考核标准。首先，可以通过强化从业人员的行为规范与培训力度，打造完备的人才培养方案和培训机制；其次，应对农村金融机构工作人员定期进行专项风险管理培训，进一步提高员工的风险管理能力，同时制定科学系统的考核标准，定期对从业人员进行系统培训与考核。

第三，建立完善的岗位责任制。我国农村金融机构应结合各个部门的不同岗位进行具体划分，做到责任到岗、责任到人，进一步明确不同岗位从业人员的具体责任。当业务办理过程中出现问题时，可直接追究业务负责人的责任。一方面，能够促进我国农村金融服务更加高效；另一方面，以便于更好地激励从业人员认真对待本职工作，也在一定程度上降低了操作风险发生的可能性。

（2）加强员工技能培训，提高员工整体素质

通过加强对农村金融机构人员的技能培训，提高员工的整体素质，将会极大地降低我国农村金融服务过程中由于人为因素造成的操作风险，能够进一步减少因操作失误造成的资产损失，进而提高我国农村金融机构的资产安全性，提升农村金融机构的风险管理能力，有利于我国农村金融机构更好地服务于"三农"。由于我国农村金融机构从业人员的整体学历偏低、专业知识积累不足、业务能力有待提升。因此，我国农村金融机构要不断开展员工专业技能培训，将其培养成懂得农村金融服务特点、了解农村居民金融需求、

熟悉机构业务流程、具有风险管理意识的复合型人才，只有这样，才能进一步提升我国农村金融机构的服务效率，更好地推动我国农村金融服务创新不断发展。首先，应加强农村金融机构从业人员对农业生产、农村金融市场和农民资金需求等方面的全面了解。其次，要强化对业务人员专业知识与技能的系统培训，使其熟练掌握业务办理流程与规范的操作方法，不断提高从业人员的业务水平。同时，还要培养员工的风险管理意识，使其能够在工作中识别和防范金融风险，进一步提升农村金融机构从业人员的整体素质。

6.3.3 完善风险管理系统

目前，我国农村金融服务创新风险管理体系尚不健全，农村金融机构在推进服务创新过程中对于金融风险的识别与防范还不完善，农村金融市场的信贷评价机制还不成熟，对于涉农企业和农村居民信贷业务的风险准确评估仍存在一定的局限性。因此，完善农村金融机构风险管理机制、建立系统的农村金融服务创新风险管理体系成为推进我国农村金融发展的必要环节。因此，要想进一步完善我国农村金融服务创新的风险管理体系，就要建立科学系统的风险管理系统，制定出科学合理的贷前风险评估和有效的贷后管理方法。

（1）丰富农村金融服务主体

第一，要科学引导民间金融组织发展。民间金融组织是随着农村经济发展自发形成的，因此民间金融属于内生性的金融组织，民间金融组织的贷款手续简单且获取门槛相对较低，在某种程度上对部分农村金融机构的存贷款业务形成了分流，既减轻了农村金融机构的信贷压力，同时也缓解了涉农企业和农村居民的融资困境。因此，政府要鼓励和引导民间金融组织向着合法合规的方向健康发展，使其为我国农村经济发展贡献力量。但与此同时，也要做好风险防控与风险管理，民间金融组织属于自发形成的，监管主体尚不明确，为此，监管部门应加快落实民间金融组织的监管政策，进一步完善我国民间金融组织相关的监管细则。

第二，要重视培养内生性金融主体。我国是农业大国，涉农企业和农村居民基数较大，从而造成我国农村金融市场的资金需求规模较大，仅仅依靠农村金融机构是远远不够的。因此，要积极拓展资金来源渠道、鼓励中小型金融机构开展农村金融服务创新，致力于解决涉农企业和农村居民面临的融资难、融资贵等难题。首先，可以通过成立农村金融机构互助组织，进一步实现信息共享与资源互通；其次，由于农机农具等农业器械投资金额高，且使用频率低，因此可以通过在农村地区成立农村金融租赁公司，实现规模经济。一方面可以减轻涉农企业和农村居民购买农机设备的压力，另一方面可以降低涉农企业和农村居民因违约等行为对农村金融机构造成的信贷风险。为此，应适当降低中小型金融机构的准入门槛，同时加强风险防控，做好农村金融服务的贷前审查与贷后监管。

第三，要保障政策性农业保险的有效供给。农业保险对于遭受了自然灾害影响的农户来说发挥了一定的风险分散作用，因此，提供政策性农业保险的有效供给对于涉农企业和农民获得稳定收入而言十分必要。综合考虑我国国情，政府应鼓励和引导以保险公司为代表的金融机构进军农业保险市场，为农业生产提供有针对性的涉农金融产品与服务，打造全新的"政府+保险公司"的联合支农模式。现阶段，我国农业保险都是以政策性保险产品为主，一旦发生保险补偿，往往会加大政府的财政压力，而引入保险公司或商业银行等金融机构承担再保险，接受政府委托为涉农企业和农户办理农业保险业务不仅能够分担财政压力，同时还能扩大农业保险的受众面。

（2）完善农村金融服务体系

完善农村金融服务体系，既要对正规金融机构进行全面深化改革也要适时规范农村非正规金融组织的进一步发展。

第一，深化正规农村金融机构改革。我国农村金融体系中正规金融机构主要包括：政策性银行、合作社、商业银行、贷款公司和资金互助社等新型农村金融机构。其中最具代表性的便是中国农业发展银行，农发行是专门面向我国农业发展设立的政策性银行，也是致力于我国农村基础设施建设的重要金融机构。但长期以来，职能调整、资金来源和去向应用不匹配以及信贷失衡等原因，致使农发行的服务范围有限。要想承担起服务好"三农"的任务与使命，仅仅依靠中国农业发展银行是远远不够的。为此，应加快对于正规农村金融机构的深化改革，建立以政策性银行与合作社性质的金融机构为主，商业银行、贷款公司和资金互助社等新型农村金融机构为辅的发展模式。对于农村金融机构本身来说，一方面要从自身入手持续进行自我改革，加强农村金融机构服务"三农"的支持力度和创新力度，通过系统的深入调查研究，分析涉农企业和农村居民的贷款特点，从而明确资金供求主体的资金需求，进而提供与其相匹配的信贷产品和服务。另一方面，对于我国新型农村金融机构来说，政府有必要加大扶持力度，提供相应的优惠政策，鼓励新型农村金融机构服务"三农"的力度，发挥新型农村金融机构的资金优势，致力于加强与农村基础设施建设、农业生产企业以及物流建设等展开合作，不仅能够提高我国农村金融机构的经营收益，还能够为我国农村经济发展发挥重要作用。

第二，规范非正规金融组织发展。由于我国正规金融机构存在功能性缺位，同时涉农企业和农村居民在进行农业生产过程中对于资金的需求日益增加，这就为非正规农村金融组织创造了发展空间。但随着我国非正规金融机构的快速发展，暴露的问题也越来越多，尤其是风险管理问题。由于我国非正规金融机构尚缺乏规范化监管主体与监管细则，导致其潜在风险巨大。因此，政府相关部门应及时完善我国非正规金融组织的风险监管体系，科学引导非正规金融组织的规范运营，使其早日成为服务于我国农村金融市场中的重要主体之一。具体来讲，可以通过以下两个方面采取措施：一是严格规范民间借贷行为。目前，我国在民间借贷方面还未健全相关的法律法规，所以我国农村地区的民间借贷尚处于监管空白，这无疑会加大农村金融市场风险。因此，将民间借贷行为纳入监管、出台相关法律法规已刻不容缓。早日促使民间借贷有法可依、有法必依，使非正规金融组织合法化、规范化，逐渐降低我国非正规金融组织可能产生的金融风险非常有必要。二是加大对民间借贷行为的监管力度。监管部门要联合起来对农村非正规金融机构进行定期监管，尤其要加强对于民间借贷利率的调控，利用政府这只无形的手将民间借贷利率控制在法定范围之内，加强防范金融诈骗和非法集资，使民间金融团体的信贷活动在国家允许的范围内开展。另外，政府相关部门、农村金融机构和法律援助中心等部门也应积极组织民间借贷相关法律法规的讲座等活动，帮助农村居民掌握有关民间融资的相关知识，增强农村居民的信用意识和法律意识，为农村金融市场营造一个良好的信用环境。

(3) 建立风险管理信息系统

由于我国农村居民的资产信息不能通过一系列的财务报表呈现出来，往往使得农村金融机构对农村居民的资产信息掌握不足，由此造成严重的信息不对称。对此，我国农村金融机构应采用区别于大企业的方法来评估涉农企业和农村居民的信用风险。

第一，建立征信信息平台。首先，对于涉农企业来说，农村金融机构可以调查其征信情况来评估其还款能力，通过分析企业的销售订单等信息了解企业的经营动态与收入情况，还可以通过研究该企业上下游产业链的盈利情况以及征信情况反映涉农企业的经营情况，并基于此进一步对涉农企业的风险等级进行评估，在完成贷前审核与评估工作后，依据企业风险等级决定是否为其发放贷款等。其次，就农村居民而言，农村金融机构可以通过查询客户的贷款记录了解其违约情况，还可以通过清点可变现资产等方式对其进行风险等级评估。由于涉农企业和农村居民具有基数大且个体小的特点，从而给监管部门带来了极大的困难和挑战。在此背景下，农村金融机构应根据国家政策导向了解该行业的宏观发展方向，进一步熟悉该行业的发展动态和市场前景，最后，通过收集贷款人和贷款企业的资产负债情况、流动资金使用情况以及其上下游企业的资产情况等信息建立征信信息平台与贷后风险监控体系，对贷款主体的资金去向进行密切跟踪，加强贷后风险监控，进一步降低贷后风险。

第二，完善风险管理系统。首先，建立科学有效的风险管理系统需要设立完善的企业组织机构、健全内部控制机制，通过完善风险管理系统，加强农村金融机构各部门之间的实时交流，对农村金融机构的信贷业务进行实时监管，关注涉农企业与农村居民的信用变动情况，在合理规避风险的同时提高我国农村金融机构的服务创新水平。其次，应采取岗位职责分离的管理措施，将风险管理权限下放，落实到基层，具体到个人，实现职权统一，能够在一定程度上降低内部控制风险。最后，要建立科学高效的从业人员培训考核机制，提高我国农村金融机构工作人员的整体素质和风险防范意识，降低由于人为主观因素引起的操作风险。

（4）完善农业保险与担保体系

第一，完善涉农贷款担保体系。首先，中央政府应作为引领者，地方政府作为执行者，由财政提供资金成立农户贷款风险补偿基金，力求实现各地农村地区全覆盖。其次，要鼓励地方政府牵头成立涉农贷款担保机构，进一步促进农业生产平稳健康发展。建立农户贷款担保机制，不仅能够加快农村金融机构信用体系建设，还能改善我国农村金融市场的信用环境。另外，我国各地区之间、各农村金融机构之间可以加强合作，本着合作共赢、风险共担的原则积极响应政府号召建立涉农贷款担保机制；鼓励涉农企业和农村居民在当地农村金融机构办理贷款业务的同时向农业保险机构进行投保。一旦发生违约风险，农业保险机构会依据风险类型对农村金融机构遭受的损失进行受理与赔偿，如此一来，既能够减少农村金融机构遭受的风险，又能实现风险共担和分散风险的目的。

第二，完善农业保险体系。根据我国农村金融服务创新过程中出现的不同风险特征，完善农业保险体系，建立风险分散和风险补偿机制，进一步推动我国农村金融市场稳健运行，在一定程度上降低了我国农村金融机构可能产生的风险，促使其健康可持续发展。首先，政府部门有责任通过财政拨款为农村农业生产完善农业保险体系，对由于自然风险造成的农户损失进行风险分散和风险补偿，也进一步减轻了农村金融机构的涉农贷款损失。在农业保险体系建立以后，政府应积极主动地对农业保险体系的重要作用进行宣传，科学引导贷款农户自觉投保，农业保险机构可以通过实行相关优惠政策来吸引涉农企业和农户自觉投保，通过向涉农企业和农户提供保费优惠和保费补贴等优惠政策的方式激励农户参与投保。必要时可以采取强制措施使涉农企业和农户参与投保，尤其是关系到我国民生大计的主要农产品，如玉米、大豆、小麦、棉花等农产品。政府可以通过科学引导和财政补贴等方式，联合商业性质的保险公司加入农业保险体系，由于我国农业生产具有遭受自然灾害频繁、受灾农户广、损失金额高等特点，往往造成农业保险机构需承担较高的赔付风险，为了解决这一问题，中央政府可以在全国范围内出资建立农业再保险风险补偿机制，在一定程度上分担我国农业保险机构的风险损失。另外，还可以开放农产品期货市场，发挥套期保值功能，通过套期保值进一步降低涉农企业和农户的市场风险，从而降低农村金融市场风险。其次，有必要加强我国农村基础设施建设，加大对我国农村公共设施体系的政策扶持以及投资力度，鼓励农户自身加强农业基础设施投资，逐步改善种植生产条件，进一步提高生产效率。另外，还需加强涉农企业和农村居民的防火抗灾意识，加大宣传力度，提高农户的救灾抗灾能力，尤其是水利和防火抗灾方面，应给予高度重视。

6.3.4 完善风险预警机制

众所周知，风险普遍存在于金融体系，我国农村金融机构也不例外。因此，建立有效的风险识别与风险防范体系，完善风险预警机制是我国农村金融机构进行风险管理的重要环节。其根本目的在于根据农村金融市场的变化趋势做出科学研判，然后制订相应的风险防范方案，确保我国农村金融体系得以稳健运行，为我国农村金融服务创新提供有效支持。总之，我国农村金融机构要加快建立并完善金融服务创新与风险预警机制，将可能发生的金融风险降到最低。

（1）完善风险监管与预警机制

我国农村金融机构在进行服务创新过程中要对风险发生概率高、风险损失大的业务进行特别关注。首先，应结合我国农村金融服务特征，有针对性地选取科学合理的风险衡量指标，建立系统的风险管理体系和完善的风险预警机制，对农村金融机构可能出现的风险进行精准识别、度量和控制，一旦识别出可能出现的风险事件，立即采取有效措施防范化解金融风险，争取将损失降到最低。其次，应建立金融服务创新与风险预警为一体的风险管理系统。在此基础上，准确评估客户违约的可能性与可能造成的风险损失程度，为防范化解金融风险和及时制定应急预案等工作提供参考和依据。最后，我国农村金融机构还应制定科学、规范的风险应对措施和应对流程。例如组建风险防范领导小组和对应的监管部门，避免可能引发风险的内外部因素，从而减少风险损失。综上所述，加强风险管理，建立系统的风险管理体系和完善的风险预警机制对于我国农村金融服务创新来说不可或缺。

（2）加快涉农客户信用评价体系建设

我国农村金融机构应结合自身实际加快涉农客户信用评价体系建设，科学合理地对农村金融相关业务的风险水平进行评估，然后建立具体的风险管理措施。首先，应加快我国农村金融机构涉农企业和农村居民的信用档案建设，通过构建科学合理的信用评价体系对涉农企业和农村居民的征信水平进行评价，进一步减轻逆向选择与道德风险。同时，还可以运用大数据和互联网平台进一步推动我国农村金融机构信用信息的共建共享。其次，还应加强涉农企业和农村居民信用意识宣传和征信知识的普及，引导企业和居民重视自身的信用数据，完善涉农企业和农村居民的征信信息在农村金融市场的采集，并进一步合理扩大其应用范围。最后，通过对涉农企业和农村居民进行信用评价，可以为信用较好的涉农企业信贷和农村居民小额贷款提供优惠利率，从而降低涉农客户的融资成本，进一步减少违约风险。既为我国农村农业生产提供了更加便利的资金支持，又极大地发挥了我国农村金融机构的社会责任。

6.3.5 加强风险管理监督

近年来，我国农村金融服务创新迅速发展，由此带来的金融风险也不容忽视。如何识别、防范、化解农村金融服务创新过程中形成的金融风险是我国农村金融机构、政府部门以及监管部门亟待解决的问题。就理论层面而言，构建多层次的风险管理体系、完善风险预警机制是解决这一问题有效措施；但从我国农村金融机构的实际情况出发，依靠我国农村金融机构的行业自律来降低自身风险、提高自身风险管理能力，在未来相当一段时间内难以实现。另外，我国监管部门虽然具备外部监管权力，但这种监管往往是原则性监管和事后监管。因此，对于我国农村金融机构而言，要想推动自身服务创新发展，做好内部监督是关键。当然，做好我国农村金融机构内部监督的同时也要加强其外部监管，我国农村金融体系的风险管理水平才能得到有效提升。

（1）加强农村金融机构的内部控制

我国农村金融机构的内部控制是机构本身的一种监督和管理行为，是农村金融机构为防范金融风险、实现经营目标、维持机构平稳运行的内部监督和管理行为的总称。完善我国农村金融机构内部控制是有效防范经营风险、规范农村金融机构经营行为的基础和前提，是评价我国农村金融机构监管水平的重要衡量因素之一，也是推进我国农村金融服务创新的关键环节。因此，必须加强我国农村金融机构的内部控制建设，进一步规范我国农村金融机构的经营管理，有效识别和防范服务过程中可能引发的金融风险，也是提高我国农村金融服务创新效率、促进我国农村金融机构可持续发展的重要举措。

第一，健全我国农村金融机构的内部组织机构。我国农村金融机构要进一步健全内部组织机构，包括股东会、董事会、监事会和高级管理人员等。一方面，要严格规范控股股东和高管等人的行为，避免个人因独揽大权而做出关联交易等不利于公司权益的事，防止金融机构内部资本被侵吞等其他影响农村金融机构稳健运行的情况发生，减少因从业人员操作失误等行为使我国农村金融机构资本遭受损失。另一方面，建立健全内部控制机制，完善风险管理体系，对相关部门和岗位实施严格的职责分离机制，及时对农村金融服务创新过程中产生的金融风险进行识别与管理，防止风险进一步扩散和传导，也在一定程度上降低了我国农村金融机构的内部控制风险。

第二，完善我国农村金融机构的内控制度。完善我国农村金融机构内控制度是农村金融服务创新顺利开展的前提。然而，即使我国农村金融机构具备完善的内控制度，但如果没有严格依据既定的制度和规则对公司内部进行监督管理，内控制度便形同虚设，难以发挥其监督和约束功能。因此，完善我国农村金融机构的内控制度、提高其有效性是降低我国农村金融机构内部风险的关键，能够在一定程度上降低金融风险。

（2）加强农村金融机构的外部控制

为了保障我国农村金融机构资本安全，提高我国农村金融服务创新效率，除了加强我国农村金融机构的内部控制，做好内部风险管理以外，强化我国农村金融机构的外部控制也是必不可少的。相关政府部门和监管机构应进一步加强我国农村金融机构的外部控制。集中监管资源，提高监管水平。充分发挥监管机构的外部控制功能，更好地服务于我国农村金融服务创新；加强政府职能，进行合理干预。为防范化解农村金融市场风险制定更加明确具体的引导意见，为优化我国农村金融服务创新环境贡献政策力量。

第一，集中监管资源，提高监管水平。我国金融机构的相关监督管理部门，对我国农村金融机构具有很强的约束力，在推动我国农村金融服务创新过程中发挥了重要的监管作用。因此，本节将围绕集中监管资源、提高监管水平两方面提出切实可行的对策建议：首先，我国监管部门应积极实施分离分类监管，合理配置监管资源，充分利用网络监管资源，将网络监管与现场监管相结合，密切关注我国农村金融服务创新过程中可能出现的风险情况与风险损失程度，尤其是我国农村金融机构的资本安全与资产质量情况；建立网络监管与现场监管相结合的制度体系，设置专门监督农村金融机构的管理人员，定期实施现场督查，重点整治超出业务范围经营等违规行为。另外，监管部门还应加强监督网络监管数据的实时报送，及时公开披露行业相关信息，鼓励同业金融机构之间相互监督，进一步减少农村金融体系的系统风险，共同助力我国农村金融市场平稳运行。其次，监管部门有必要针对我国农村金融机构的基本特征，建立科学高效的农村金融机构内部控制和风险管理机制，积极引导我国农村金融机构完善内部组织结构与治理体系，加强内部管理与控制；选取合理的风险衡量指标，建立系统的风险管理体系，完善风险预警机制。我国监管部门可以通过上述办法，充分发挥其监管职能，加快推进我国农村金融机构迅速发展，进一步提高我国农村金融创新服务效能。

第二，加强政府职能，进行合理干预。虽然我国经济实行的是市场经济体制，政府部门不应对市场运作进行过度干预，但我国是农业大国，农业生产是我国国民经济的基础产业，而我国农村金融机构自成立以来就肩负着服务"三农"的特殊使命，在解决"三农"问题上扮演着重要且特殊的角色。因此，政府部门有必要对我国农村金融机构加强监管，进行合理干预，进一步加大我国农村金融机构的政策扶持力度、优化我国农村金融服务创新环境、塑造公平竞争的农村金融市场、引导资金更多地流向农业生产，同时降低可能发生的金融风险。首先，政府部门可以借鉴国外针对金融机构监督管理的先进经验，在此基础上对我国农村金融服务过程中可能导致的金融风险进行严格监督与管理，进一步提高我国农村金融机构的服务创新效率与资本安全性。我国农村金融机构还可以对不良资产采用资产证券化等方式进行集中处理，由此产生的现金流既能够偿还农村金融机构发放的贷款，也在一定程度上降低了我国农村金融机构的信用风险。其次，应加大我国农村金融服务相关的政策支持力度，针对我国农村金融机构融资渠道单一、融资成本偏高等问题，政府部门也应尽快出台支持性政策，并加大对于我国农村金融服务创新的支持力度。例如，在我国农村金融机构开业后的三年内给予一定的财政补贴与政策扶持，使我国农村金融机构尽快实现盈亏平衡，促进我国农村金融服务创新发展。另外，地方政府也可以因地制宜出台有助于我国农村金融机构健康持续发展的地方性优惠政策，进一步增强我国农村金融机构的资产安全性，助力农村金融机构服务创新发展。这不仅有利于推动我国农村经济高质量发展，还能加快我国"三农"问题的圆满解决。

6.4 完善农村金融服务创新的风险管理保障体系

完善的风险管理保障体系是顺利开展农村金融服务创新活动的保障和前提。然而，缺乏风险管理的保障体系做后盾，再完善的风险管理体系也会形同虚设，成为一种摆设。因此构建农村金融服务创新风险管理保障体系是防范风险不容忽视的重要环节。

6.4.1 建立专门的风险缓释基金

风险缓释基金是一项政府用于解决科技型小微企业融资难问题

的专项资金,当贷款本金发生损失时,金融机构可以按贷款额度的一定比例获取相应的补偿。金融市场风险因其外部性效应而具有扩散性特征,局部金融波动会通过企业资金链产生连锁反应,进而波及整个金融市场。及时化解风险、消除局部风险,是风险管理体系的重要任务。风险缓释基金主要针对向农民和农业企业提供支农贷款、融资性担保、保险服务的银行、保险、融资性担保公司。风险缓释基金的建立能够显著提高我国农村金融机构应对突发事件带来的风险处理能力。

(1) 建立完善的农业保险体系

农业保险体系的建立可以在一定程度上起到分散风险和补偿损失的作用。根据农作物品种、生长周期不同等设立不同的农业保险种类,丰富的农业保险种类,可以覆盖更广泛的农业品种,吸引更多的农户参保投保。一方面,政府应积极进行政策引导,加强对农业保险的宣传,鼓励农户参保投保。另一方面,农业保险机构可以通过开展讲座、专员讲解等方式向农户介绍农业保险的保险范围和赔付流程,使农户更多地了解农业保险;同时,可以通过向农户提供保费补贴、保费补助等投保优惠政策吸引更多的农户参与。农业保险体系是一种事后补偿机制,为了降低损失,提高应对风险的能力,还应该重视事前准备工作,比如加大对农村防火救灾、水利建设等基础设施的投资,提高生产效率,增强抗风险能力,降低风险损失。因农业生产的特殊性,一旦发生自然灾害,保费金额大,会给农业保险机构带来巨大的赔付压力,最终由政府出资建立农业再保险风险补偿机构,用以减轻农业保险机构的赔付压力。

(2) 建立健全的涉农贷款担保

完善农村信用体系建设,健全涉农贷款担保机制。政府应成立覆盖全国农村区域的涉农贷款风险补偿基金组织,同时地方政府成立涉农贷款担保机构,共同形成中央和地方的双重贷款担保组织结构。中央和地方的涉农贷款组织不是割裂关系,而应该相互合作,信息共享。各地区金融机构在鼓励农民、涉农企业进行贷款的同也要积极投保，对于自觉主动投保的农民和涉农企业，金融机构要给予优惠政策和提供便捷服务。另外保险公司可以与农村金融机构签订合作协议，参考农户和涉农企业在农村金融机构的信用情况定保费。对于有过信贷违约情况的借贷用户，保险公司可以酌情调高保费费率，以此来激励农户和涉农企业注重信用资质，减少违约情况。对于农村金融机构的信贷损失，各金融主体可以协商确定各自分担的损失比例，达到信息共享、利益共担、风险分散的目的。

(3) 构建信贷风险补偿专项基金

信贷风险补偿专项基金是针对特殊群体，以解决因缺乏足值有效的抵押资产而设立的专项基金。农民、涉农企业由于缺乏有效的抵押资产，且无法承担过高的贷款利息，因此，有必要针对农民、涉农企业构建信贷风险补偿专项基金。信贷风险补偿专项基金一般是由政府发起，由金融机构向贷款申请人发放贷款，并按约定比例承担损失的基金组织。首先贷款申请人向政府申请风险补偿专项基金，政府审批通过后，贷款申请人向金融机构申请贷款，金融机构一般会降低贷款门槛并给予更优惠的贷款利息。构建信贷风险补偿专项基金可以增强金融机构对农民、涉农企业的授信意愿，提高贷款额度，增进金融机构的服务效率，同时降低农民、涉农企业的融资成本，促进"三农"发展。

银行是信用风险最为集中的金融机构，农村金融机构由于基本法律制度不完善，监管措施不到位等原因更是高风险集中地。建立金融支农的风险补偿专项基金，可以抵消部分农业生产的负外部性，减少负外部性对金融体系稳定性的损害。为了防止专项基金被用作其他用途，该项补偿款项要以贷款贴息、以奖代补等形式发放给农户，成立粮食专项风险基金，根据险种、损失等制定差异化补偿机制。对农村经济发展融资进行专项管理，并将风险补偿基金纳入年度预算，按财政预算的一定比例计提风险补偿基金，以扶持贫困地区的农业生产经营项目，增强农村金融机构的抗风险能力。

6.4.2 健全法律法规与监管体系

现阶段我国农村金融异常脆弱,对农村金融的监管压力也是十分重大的。要实现对农村金融机构的有效监管,需要从立法、监管等具体方面着手完善,主要包括完善法律法规、重塑监管体系、构建监管制度。

(1) 完善农村金融法律制度体系

农村金融作为整个金融体系的其中一环,其发展和运作同样需要受到法律的保护和约束。我国农村金融依然存在着监管体系混乱、监管制度不完善、监管资源不充足等问题,其根本原因在于农村金融机构的立法不健全,农村金融机构的经营活动受约束小。因此,建立完善的农村金融法律制度刻不容缓,具体来说,主要从以下几个方面来实现。

第一,修订农村金融法律总体框架和制度体系。一个国家的整体金融环境依赖于一国法律制度的科学程度和完善程度,然而,我国农村金融体系由于成立时间晚,所以尚未形成完善的法律制度体系。最主要的方面体现在农村金融机构尚无适用的银行法,一直沿用的是农村信用合作社管理办法,但这一管理办法存在法律地位低且规范内容笼统抽象的弊端,实施起来缺乏针对性;农村金融机构形式上最接近的政策性银行是中国农业发展银行,但由于中国农业发展银行缺乏法律层级规范,其业务范围和规则不适用于市场经济环境下农村金融机构的发展,"三农"资金缺乏基本的法律保障。监管机构在法律法规缺失的情况下,就很难有所为。因此基本立法的确立和完善是监管职能发挥作用的前提和基础。

第二,修改和完善现行的农村金融法律法规。法律法规的完善和修订要因地制宜,结合当地农村建设情况和经济发展水平,适宜的法律法规不但可以有效约束农村金融机构的借贷行为,合理规范金融机构的日常运营行为,有力地降低农村金融机构发生信用风险的概率，同时也为监管部门提供了着力点，监管部门在监管中可以做到有法可依。物联网大数据时代要求法律法规也要及时不断地更新完善，使其跟上现代化金融发展的步伐，使金融更好地为农业供给侧结构性改革服务。

（2）重塑农村金融监管机构体系

我国农村金融监管机构体系的重塑主要从构建多元化的监管主体和构建监管主体间职能协调两方面入手。

第一，要建立多元监管主体。现阶段我国两大金融监管主体主要包括"金融当局"和非官方的民间机构。金融当局主要指"一行两会"，金融当局对涉农金融机构的监管对象主要包括中国农业发展银行、中国农业银行及农村信用合作社等正规金融组织，非官方民间机构的监管对象主要有农村合作基金会和民间借贷等非正规金融组织。正规金融组织因受国家统一调控，受金融当局监管，所以其制度规范，运营合规，其活动被纳入我国金融监管体系的范围。而非正规金融机构是由市场供需自发形成的组织形式，因此受民间私人机构的监管，但这种监管不具有组织性和强制性。由于我国农村区域经济发展水平的不同，考虑到地区异质性以及金融机构业务类型不同，我国农村金融监管体系应该更全面，统筹的范围应该更广泛。原来的两种监管主体不足以覆盖如今快速发展的农村金融体系，金融当局和民间监管机构之间也应该统筹监管职能，提高监管效率。

第二，构建监管机构协调机制。农村金融机构不仅要接受国家金融监管机构的统一监管，也要服从地方政府建立的金融监管机构的监管，同时还要接受行业自律组织、遵守机构内部的规章制度的约束。各监管主体的监管目标、监管细则、监管要求不一致，难免会导致农村金融机构的监管区域出现空白，容易产生风险漏洞。因此为了避免各监管主体监管的空白区域和交叉区域，有必要构建金融监管主体之间的协调机制，这一机制主要是为了厘清各金融主体的职责所在，认清各自的职能分工。构建监管机构协调机制主要从提升政府行政效率和金融监管效率两方面入手。首先，在统一监管权上，可以由相关监管部门接收各监管主体的监管权，实行统一监管，从而提升政府行政效率；其次，在提升金融监管效率上，要合理分配地方政府在金融监管中的权利，发挥政府的管理职责，避免过度干预金融监管具体事宜。

（3）构建科学的农村金融监管制度

监管制度要根据监管对象的不同而不同，农村金融机构没有资产负债表、利润表、现金流量表等呈现自己的经营状况，这给监管机构的监管工作带来了困难，因此不能直接将城市的监管政策直接用于农村金融机构的监管中，要结合区域异质性、当地农村发展水平、金融市场的发展情况等制定相应的监管政策。农村金融监管制度主要从收集金融监管信息，建立差异化监管体制入手。

第一，打造科学高效的金融监管信息收集体系。目前，我国金融监管信息系统还未达到实时共享、及时报送的状态，信息收集效率低，不利于风险防控。首先要加快搭建金融监管信息共享的平台。风险产生于不确定的环境中，当金融体系对实体经济部门的财务信息或信贷信息掌握足够充分，就可以实时监测和防范风险的发生，甚至可以挖掘并化解潜藏的风险因素，从而保障金融市场的稳定运行。金融监管信息共享平台要覆盖金融机构内部、监管当局以及监管当局之间的监管网络化建设，以提高信息准确度和数据透明度。这样既可以加强监管部门对金融机构的监管，也有助于监管部门之间的信息共享与获取。另外，要完善农村地区的征信系统。征信系统也是实现各部门信息共享的平台，农村地区因缺乏信用环境建设导致金融机构无法准确评估农民的信用情况，金融机构为了避免信用风险，才出现了农民贷款难，贷款高的问题。为解决这一问题，完善农村征信体系也是必不可少的。为了增强农民对征信体系的重视度，可以绑定征信体系与信贷申请，对于征信有问题的，可以取消贷款申请资格或提高贷款申请门槛，对于征信良好的，可以提供便捷的信贷获批流程，以鼓励大家重视自己的征信情况，保持良好的征信水平。

第二，构建差异化的监管制度。农村金融发展同城市金融发展不同，农村因地域特色及产业差异化呈现出不同的发展形势，一刀切地采用同城市一样的金融监管制度，不利于农村金融市场发展效率。对具有地方特色及业务类型不同的金融机构要制定不同的监管制度，实施差异化监管，对于风险防控、平衡金融机构的资产结构，提升金融运行效率具有重要作用。例如，在实际监管中，针对农村金融机构发展进程不同，制定适当的不良贷款率、流动比率等指标要求；根据农村金融机构风险水平高低，有针对性地制定出农村金融机构从入场到退出等一系列的监管策略等。构建差异化的监管制度不仅有利于农业发展，还能在一定程度上抑制农村金融"脱实向虚"。农村地区对比城市有着先天性劣势，金融先天具有"趋利性"，如果没有差异化的监管制度，农民获取不到合理的资金，农业得不到发展，导致农村金融发展"脱实向虚"。不仅如此，构建差异化的监管制度可以合理分配监管资源，还可以降低市场波动性，同时，有利于灵活、合理地响应国家宏观政策。

参 考 文 献

[1] Yadang Simi yu Yan Fu:"guo fu lun" yu Zhongguo [M]. Hangzhou: Zhejiang da xue chu ban she, 2009: 2.

[2] Jean-Baptiste Say. Zheng zhi jing ji xue gai lun: cai fu di sheng chan, fen pei he xiao fei [M]. Beijing: Shang wu yin shu guan, 1982: 552.

[3] Billy-K-L So, Myers Ramon-Hawley. Jin dai Zhongguo de tiao yue gang jing ji: zhi du bian qian yu jing ji biao xian de shi zheng yan jiu = Treaty port economy in modern China: empirical studies of institutional change and economic performance [M]. 2013: 278.

[4] Steve Bruce. The Supply-Side Model of Religion: The Nordic and Baltic States [J]. Journal for the scientific study of religion, 2000, 39 (1): 32-46.

[5] SANG-BAEK HYUN. China's Supply-side Structural Reforms for Sustainable Growth in the New Normal Era. 2018: 3.

[6] Ye Songzhong. Research on Enlightenment of Supply-side Structural Reform on the Development of Chinese Old Sports Industry. 中国江苏南京: 2018: 8.

[7] Fang Min. Supply-side structural reform from the perspective of political economy [J]. China Political Economy, 2019, 2 (2).

[8] Tu Bo. The Era Context of Supply-side Reform of China's Music Culture and Creative Industry in the New Era. 俄罗斯莫斯科: 2019: 7.

[9] Barry Naughton. Supply-side Structural Reform: Policy-makers

Look For a Way Out [J]. China leadership monitor, 2016 (49): 1.

[10] Anh-Vu Ngoc, Jae Woo-Lee, Tuan Phuong-Nam-Le, et al. A fully automated framework for helicopter rotor blades design and analysis including aerodynamics, structure, and manufacturing [J]. Chinese Journal of Aeronautics, 2016, 29 (6): 1602–1617.

[11] Yin Zuojun. Research on the Relationship between China's Supply-side Structural Reform and Enterprise Innovation—From the Perspective of Financing Constraints [J]. World Scientific Research Journal, 2020, 6 (5).

[12] Kuo Gao, Shao Xin-Xin. Fundamental problems, causes and focuses of China's agricultural supply-side structural reform [J]. Journal of interdisciplinary mathematics, 2018, 21 (5): 1375–1379.

[13] Du Peng. Exploration and Practice of Diversified Talent Training Mode in Vocational Colleges based on the Supply-side Structural Reform [J]. International Journal of Social Science and Education Research, 2021, 4 (4).

[14] KUBOTA Toru. Sustainable Agricultural Technologies in Brazilian Cerrados [J]. Japanese Journal of Tropical Agriculture, 1999, 43 (3).

[15] G Dlott, Maul J-E, Buyer J, et al. Microbial rRNA: rDNA gene ratios may be unexpectedly low due to extracellular DNA preservation in soils [J]. J Microbiol Methods, 2015, 112–120.

[16] Kateryna Buyar. The Improvement of HR – management as a Factor of Increasing of Companies' Competitiveness in the Labour Market [J]. Studia commercialia Bratislavensia, 2015, 8 (31): 340.

[17] Milica Jovanovic, Djokic Milica. Innovativeness of Serbian Enterprises as a Factor of Competitiveness Improvement at the International Market. Cham: Springer International Publishing, 2020: 101–115.

[18] R-H Headrick, Lynch J-F, Kemp J-N, et al. Acoustic normal mode fluctuation statistics in the 1995 SWARM internal wave scattering experiment [J]. J Acoust Soc Am, 2000, 107 (1): 201 – 220.

[19] J-T Coppock, Warriner Doreen. Land Reform in Principle and Practice. The Royal Geographical Society, 1970: 143.

[20] Michael Lipton. Land Reform in Developing Countries: Property Rights and Property Wrongs [M]. 2009: xiii – xiii.

[21] Ronald-Philip Dore, Royal Institute-Of-International-Affairs. Land reform in Japan [M]. London; New York: Oxford University Press, 1959.

[22] Vermeulen Patrick. Managing Product Innovation in Financial Services Firms [J]. European Management Journal, 2003, 22 (1).

[23] R-A Bray, Hurley C-K, Kamani N-R, et al. National marrow donor program HLA matching guidelines for unrelated adult donor hematopoietic cell transplants [J]. Biol Blood Marrow Transplant, 2008, 14 (9 Suppl): 45 – 53.

[24] Li Juan. The Value Orientation of the Legal System Innovation in Rural Financial Organizations in China [J]. 学术界, 2013 (8): 269 – 275.

[25] W-B-Bos Jaap, James W-Kolari, Ryan C-R-Van-Lamoen. Competition and innovation: Evidence from financial services [J]. Journal of Banking and Finance, 2013, 37 (5).

[26] L-Yawe Bruno, Jaideep Prabhu. Innovation and financial inclusion: A review of the literature [J]. Journal of Payments Strategy & Systems, 2015, 9 (3).

[27] Gomber, Kauffman, Parker, et al. On the Fintech Revolution: Interpreting the Forces of Innovation, Disruption, and Transformation in Financial Services [J]. Journal of Management Information Systems, 2018, 35 (1).

[28] S-M-Sadrul-Huda S., Humayun Kabir, Nurun Naher-Popy, et al. INNOVATION IN FINANCIAL SERVICES: THE CASE OF BANGLADESH [J]. Copernican Journal of Finance & Accounting, 2020, 9 (1).

[29] K O'Connell, Posthumus M, Schwellnus M-P, et al. Collagen genes and exercise-associated muscle cramping [J]. Clin J Sport Med, 2013, 23 (1): 64 – 69.

[30] C-E Cutrona, Abraham W-T, Russell D-W, et al. Financial strain, inflammatory factors, and haemoglobin A1c levels in African American women [J]. Br J Health Psychol, 2015, 20 (3): 662 – 679.

[31] Michael Danquah, Iddrisu Abdul-Malik, Quartey Peter, et al. Rural financial intermediation and poverty reduction in Ghana: A micro-level analysis [J]. Poverty & public policy, 2021, 13 (4): 316 – 334.

[32] Fostering smallholder investment and innovation through inclusive financial services [J]. Enterprise development & microfinance, 2020, 31 (1): 28.

[33] Luc Jacolin, Keneck Massil-Joseph, Noah Alphonse. Informal sector and mobile financial services in emerging and developing countries: Does financial innovation matter? [J]. The World Economy, 2021, 44 (9).

[34] Eugene-N White. BANKING INNOVATION IN THE 1920s: "THE GROWTH OF NATIONAL BANKS" FINANCIAL SERVICES [J]. Business and Economic History, 1984, 13.

[35] Manfred Zeller. PRODUCT INNOVATION FOR THE POOR: THE ROLE OF MICROFINANCE. 2000.

[36] K Patrizzi, Fasnacht A, Manno M. A collaborative, nurse-driven initiative to reduce hospital-acquired urinary tract infections [J].

J Emerg Nurs, 2009, 35 (6): 536 – 539.

[37] K Stirrnnagel, Luftenegger D, Stange A, et al. Analysis of prototype foamy virus particle-host cell interaction with autofluorescent retroviral particles [J]. Retrovirology, 2010, 745.

[38] Faiz Gallouj, Windrum Paul. Services and Services Innovation: Editorial [J]. Journal of evolutionary economics, 2009, 19 (2): 141 – 148.

[39] Vermeulen Patrick. Managing Product Innovation in Financial Services Firms [J]. European Management Journal, 2003, 22 (1).

[40] S Gomber, Bagaria A, Madhu S-V, et al. Glucose Homeostasis Markers in Beta-Thalassemia [J]. J Pediatr Hematol Oncol, 2018, 40 (7): 508 – 510.

[41] Peppard Joe. Customer Relationship Management (CRM) in financial services [J]. European Management Journal, 2000, 18 (3).

[42] Jerry-R Skees. Innovations in Index Insurance for the Poor in Lower Income Countries [J]. Agricultural and resource economics review, 2008, 37 (1): 1 – 15.

[43] Conning Jonathan. Chapter 56 Rural Financial Markets in Developing Countries [J]. Handbook of Agricultural Economics, 2007, 3.

[44] Ching-Cheng Chang. The Nonparametric Risk-Adjusted Efficiency Measurement: An Application to Taiwan's Major Rural Financial Intermediaries [J]. American journal of agricultural economics, 1999, 81 (4): 902 – 913.

[45] Douglas Southgate, Hopkins Jeffrey-W, Gonzalez-Vega Claudio, et al. RURAL POVERTY, INCOME SHOCKS, AND LAND MANAGEMENT: AN ANALYSIS OF THE LINKAGES IN EL SALVADOR [A] //2001.

[46] Ong Lynette. The Political Economy of Township Government Debt, Township Enterprises and Rural Financial Institutions in China

[J]. The China Quarterly, 2006 (186).

[47] Emmanuel-F Esguerra, Meyer Richard-L. Collateral Substitutes in Rural Informal Financial Markets in the Philippines [M]. 1992: 149 - 164.

[48] Jingbo Yu, Cui Hongwei, Rashid A-Saeed. Rural Financial Decision Support System Based on Database and Genetic Algorithm [J]. Wireless communications and mobile computing, 2022.

[49] P-MINSKY HYMAN. The Financial Instability Hypothesis: An Interpretation of Keynes and an Alternative to "Standard" Theory [J]. Challenge, 1977, 20 (1).

[50] Thomas-I Palley. The Limits of Minsky's Financial Instability Hypothesis as an Explanation of the Crisis [J]. Monthly Review, 2010, 61 (11).

[51] BHATTACHARYA SUDIPTO, CHARLES A-E-GOODHART, DIMITRIOS P-TSOMOCOS, et al. A Reconsideration of Minsky's Financial Instability Hypothesis [J]. Journal of Money, Credit and Banking, 2015, 47 (5).

[52] E-Stiglitz Joseph. Information and the Change in the Paradigm in Economics [J]. The American Economic Review, 2002, 92 (3).

[53] Marguerite-S Robinson. The Microfinance Revolution: Sustainable Finance for the Poor [M]. 2001.

[54] Jens Reinke. How to lend like mad and make a profit: A micro-credit paradigm versus the start-up fund in South Africa [J]. The Journal of development studies, 1998, 34 (3): 44 - 61.

[55] Bajari Patrick, C. Lanier-Benkard, Jonathan Levin. Estimating Dynamic Models of Imperfect Competition [J]. Econometrica, 2007, 75 (5).

[56] Hanan-G Jacoby, Skoufias Emmanuel. Risk, Financial Markets, and Human Capital in a Developing Country [J]. The Review of

economic studies, 1997, 64 (3): 311-335.

[57] Condon B. Rabble rouser (Denis O Brien of Digicel Group) [J]. Strategic Direction, 2008, 25 (1).

[58] Rufo Mendoza, Rivera John-Paolo-R. The effect of credit risk and capital adequacy on the profitability of rural banks in the Philippines [J]. Analele ştiinţifice ale Universităţii Al. I. Cuza din Iaşi. Secţiunea IIIc, Ştiinţe economice (1976), 2017, 64 (1): 83-96.

[59] Hansen James, Jon Hellin, Todd Rosenstock, et al. Climate risk management and rural poverty reduction [J]. Agricultural Systems, 2019: 172.

[60] 车海刚. "供给侧结构性改革"的逻辑 [J]. 中国发展观察, 2015 (11): 1.

[61] 刘世锦. 供给侧改革不是说需求不重要了 [J]. 中国经贸导刊, 2015 (34): 26-27.

[62] 马常艳. 解读"供给侧改革" [J]. 商周刊, 2015 (25): 18-19.

[63] 国家行政学院经济学教研部. 中国供给侧结构性改革 [M]. 人民出版社, 2016.

[64] 冯志峰. 供给侧结构性改革的理论逻辑与实践路径 [J]. 经济问题, 2016 (2): 12-17.

[65] 王一鸣, 陈昌盛, 李承健. 正确理解供给侧结构性改革 [N]. 人民日报.

[66] 陈锡文. 论农业供给侧结构性改革 [J]. 中国农业大学学报（社会科学版）, 2017, 34 (2): 5-13.

[67] 肖林. 中国特色社会主义政治经济学与供给侧结构性改革理论逻辑 [J]. 科学发展, 2016 (3): 5-14.

[68] 冯志峰. 供给侧结构性改革的理论逻辑与实践路径 [J]. 经济问题, 2016 (2): 12-17.

[69] 刘辉. 金融供给侧结构性改革的法治逻辑 [J]. 厦门大

学学报（哲学社会科学版），2022，72（2）：141-153.

[70] 沈坤荣. 供给侧结构性改革是经济治理思路的重大调整[J]. 南京社会科学，2016（2）：1-3.

[71] 厦门大学宏观经济研究中心课题组，王燕武，龚敏，等. 需求结构升级转换背景下的供给侧结构性改革[J]. 中国高校社会科学，2016（3）：79-87.

[72] 朱方明，蔡彭真. 供给侧结构性改革如何提升制造业供给质量？[J]. 上海经济研究，2022（3）：63-76.

[73] 厉以宁. 持续推进供给侧结构性改革[J]. 中国流通经济，2017，31（1）：3-8.

[74] 马晓河. 中国经济新旧增长动力的转换[J]. 前线，2017（4）：30-36.

[75] 刘世锦. 供给侧改革的主战场是要素市场改革[J]. 智慧中国，2016（9）：4-6.

[76] 陈长. 数字化赋能新时代金融供给侧结构性改革：逻辑、特征与路径[J]. 西安财经大学学报，2022，35（2）：50-61.

[77] 袁怀宇，李风琦. "双碳"目标影响供给侧结构性改革的机制与应对策略[J]. 理论探讨，2022（1）：140-145.

[78] 任保平，张越. 新经济推动生产体系变化下供给侧结构性改革的路径[J]. 北京师范大学学报（社会科学版），2021（6）：150-157.

[79] 张杰. 地方政府的介入与金融体制变异[J]. 经济研究，1996（3）：21-26.

[80] 杜晓山. 小额信贷的发展与普惠性金融体系框架[J]. Zhongguo nong cun jing ji = Chinese rural economics，2006（8）：70-73.

[81] 蒋定之. 持续推进农村合作金融改革发展[J]. 中国金融，2007（20）：10-12.

[82] 吕娜. 乡村振兴战略背景下河北省农村金融创新体系研究[J]. 湖北开放职业学院学报，2020，33（3）：114-115.

[83] 张凌云. 湘西州农村金融发展前景研究 [D]. 中南林业科技大学, 2018.

[84] 王小华, 杨玉琪, 程露. 新发展阶段农村金融服务乡村振兴战略: 问题与解决方案 [J]. 西南大学学报 (社会科学版), 2021, 47 (6): 41-50.

[85] 张林, 温涛. 农村金融高质量服务乡村振兴的现实问题与破解路径 [J]. 现代经济探讨, 2021 (5): 110-117.

[86] 冉光和, 张金鑫. 农村金融发展与农村经济增长的实证研究——以山东为例 [J]. 农业经济问题, 2008 (6): 47-51.

[87] 茅于轼. 危机中的农村经济和金融 [J]. 农村金融研究, 2009 (5): 64.

[88] 王曙光. 新型农村金融机构运行绩效与机制创新 [J]. 中共中央党校学报, 2008 (2): 60-65.

[89] 钟献兵, 潘华. 农村信用制度构建与农村金融创新路径选择 [J]. 经济问题探索, 2014 (8): 79-83.

[90] 汪发元. 乡村振兴战略背景下农村金融体系和机制创新 [J]. 长江大学学报 (社会科学版), 2020, 43 (6): 85-90.

[91] 尹豪. 系统性金融风险度量研究综述 [J]. 金融监管研究, 2020 (12): 32-49.

[92] 杜冠德, 胡志浩. 系统性金融风险度量: 一个文献综述 [J]. 金融与经济, 2019 (2): 10-15.

[93] 吴婷婷, 华飞, 江世银. 中国金融机构系统性金融风险贡献度的量化研究——基于极端分位数回归的 CoVaR 模型 [J]. 江西社会科学, 2020, 40 (9): 54-65.

[94] 丁慧, 沈雨田. 中国金融机构网络关联性与风险溢出效应研究 [J]. 财经问题研究, 2020 (8): 56-64.

[95] 屈剑峰. 基于综合指数法的金融系统性风险测度 [J]. 会计之友, 2020 (2): 105-110.

[96] 丁鑫. 西部后发地区城市商业银行系统性金融风险测

度——基于综合指数法的分析 [J]. 金融理论探索, 2020 (2): 70-80.

[97] 杨子晖, 陈雨恬, 谢锐楷. 我国金融机构系统性金融风险度量与跨部门风险溢出效应研究 [J]. 金融研究, 2018 (10): 19-37.

[98] 张怀文, 张秀全. 金融结构市场化推升了系统性金融风险吗——基于国际对比的实证研究 [J]. 经济学家, 2022 (6): 98-108.

[99] 张蕊, 马瑞婷, 郭潇蔓, 等. 金融不确定性对我国系统性金融风险的影响机制及其时变性研究 [J]. 经济问题探索, 2022 (6): 88-106.

[100] 冯锐, 郑伟钢, 张少华. 金融资源配置效率对地方系统性金融风险的影响研究 [J]. 学术研究, 2022 (5): 98-105.

[101] 沈悦, 李朝前. 新冠肺炎疫情对中国系统性金融风险的影响 [J]. 统计与信息论坛, 2022, 37 (4): 59-72.

[102] 钟莉莎. 欧美系统重要性金融机构风险处置机制及对我国的启示 [J]. 海南金融, 2022 (6): 28-37.

[103] 张岳, 周应恒. 数字金融发展对农村金融机构经营风险的影响——基于金融监管强度调节效应的分析 [J]. 中国农村经济, 2022 (4): 64-82.

[104] 聂勇, 王华. 供给侧改革背景下农村金融风险防范困境与路径优化——以广西为例 [J]. 市场论坛, 2019 (6): 24-30.

[105] 高嘉璘, 景雪梅. 有效防范新型农村金融机构风险途径 [J]. 农家参谋, 2018 (19): 43-55.

[106] 刘国奇, 舒琼. 新时代下农村金融风险的控制策略 [J]. 知识经济, 2018 (20): 47-48.

[107] 姜楠, 王福全, 高勇, 等. 浅谈水稻生物炭基质育苗技术 [J]. 新农业, 2017 (23): 14-15.

[108] 赵霞, 韩一军. 产粮大省推进农业供给侧结构性改革的

困境与建议 [J]. 经济纵横, 2017 (11): 84-89.

[109] 韩一军, 姜楠, 赵霞, 等. 我国农业供给侧结构性改革的内涵、理论架构及实现路径 [J]. 新疆师范大学学报 (哲学社会科学版), 2017, 38 (5): 34-40.

[110] 张伟. 河南省农业供给侧结构调整的重点与改革对策 [J]. 河南农业科学, 2016, 45 (12): 165-168.

[111] 姜长云. 推进农业供给侧结构性改革的难点分析 [J]. 中国经贸导刊, 2018 (15): 57-59.

[112] 张良悦. 农业供给侧结构性改革的根本任务及其路径 [J]. 区域经济评论, 2018 (2): 112-122.

[113] 史忠良. 对社会主义资金市场的几点思考 [J]. 江西社会科学, 1986 (6): 39-41.

[114] 唐中吉. 论建立和加强农村金融体系的重要性 [J]. 农村金融研究, 1982 (5): 10-13.

[115] 赵秋喜. 加强农村金融科学研究促进农业现代化 [J]. 农村金融研究, 1980 (3): 1-12.

[116] 邓学圣, 李光, 刘伟. 国家级贫困县农村经济可持续发展及其金融对策 [J]. 农业发展与金融, 1996 (9): 8-9.

[117] 白钦先, 杜欣. 农村政策性金融在建设社会主义新农村中的作用 [J]. 西南金融, 2006 (8): 7-10.

[118] 袁英华. 战后日本政策金融研究 [D]. 吉林大学, 2008.